文化と
まちづくり
叢書

菅家正瑞 監修・編
佐藤正治 編

企業メセナの理論と実践
なぜ企業はアートを支援するのか

水曜社

本書を亡き母に捧げる

幸多き　八十余年　生きて来(キ)し
　　　　憂えなき旅　夫娘(フタリ)の許へ

　　　　　　　　　　菅家チヨ

まえがき

『企業メセナの理論と実践』

　ここに、本書を刊行できることとなったのは、監修者としてまことに喜びに耐えない。
　私は、大学院入学以来今日まで経営学の研究に微力を尽くしてきたのであるが、本書はこれまでの研究に一つの終止符を打つものである。偶然ではあるが、私は2010年3月31日で定年退職を迎え人生に一区切りをつけると同時に、経営学研究も本書をもって一つの到達点に至ることとなったのである。
　最初の研究書は、企業の最高意思決定である「企業政策」に関する学説史的研究であった（『企業政策論の展開』1988年）。企業の最高意思決定の内容は各企業によって異なり多様多彩であるとしても、そこには現代企業に特有な管理構造があり、その枠組みの中で企業政策的意思決定が行われる。私が学問的に崇拝する藻利重隆博士の経営管理の二重体系論を基礎に、現代企業はその管理構造を「生産管理」と「労務管理」という二重体系（構造）から「環境管理」の成立による三重体系（構造）へと発展せしめていることを主張したのが、2番目の研究書（『企業管理論の構造』1991年）である。当時、環境問題への対応は現代の企業政策的意思決定にとって極めて重要であるにもかかわらず、環境問題や「環境管理」についての本質的な経営学的研究がなされているとは言い難いと私には思われた。環境管理は単に自然（地球環境）と企業とのかかわりに焦点を当てるだけではなく、企業を取り巻く利害関係者（stakeholder）すべてにかかわるものである。そこで、三重構造化した企業管理と環境との関連について考察したのが、3番目の研究書（『環境管理の成立』2006年）である。ここでは、2番目の研究書で示した環境管理の用語法と概念に誤解を招く恐れが見られたので、新たに成立した3番目の管理を「環境管理」から「市民化管理」に改め、企業環境の視点から三重構造化した企業管理の考察を行った。
　「市民化管理」成立の提唱は、上述した私の研究過程における必然的結果である。当然ながら、「市民化管理」についての研究は皆無であろう。そこで、提唱者である私の研究課題と責任は「市民化管理」成立の論証とその内容を提

示することにある。ここに刊行された本書はその課題と責任にこたえるものにほかならない。しかし、市民化管理について一人で研究を進めることには能力的にも時間的にも限界がある。そこで、その限界を乗り越えるべく、市民化管理の中核的内容である企業の「社会貢献」(corporate philanthropy)の中心となっている「企業メセナ」(corporate mécénat)に焦点をしぼり、同時に多くの研究者と実務家の協力をお願いすることとした。2006年に長崎大学の研究者を中心に「長崎大学経済学部企業メセナ研究会」を発足させ、企業メセナの学際的研究を開始したのである。

　研究会は前半の2年間は年4回開催し、研究者による発表と、企業メセナの実践に理解を深めるべく、我が国を代表する企業のメセナ担当者をお招きし、その実践について語っていただいた。残りの後半2年間を研究者は論文執筆にあて、さらにメセナの実務家などに実践的立場からの諸見解を述べていただくことにした。本書の主題を、「企業メセナの理論と実践」としたゆえんである。

　簡単に本書の内容について述べると、まず本書は「第1部理論編」と「第2部実践編」からなっている。理論編は4つのチャプターで構成され、企業メセナを学術的に検討している。私が担当したチャプターでは、まず企業の社会貢献の必要性について経営学的観点から述べている（Chapter-1）。ついで、社会貢献の中でなぜ企業メセナが行われるのかについて検討している（Chapter-2）。Chapter-3では、哲学、特に美学の観点から企業メセナを論じている。Chapter-4では、音楽史の中で企業メセナの位置付けが行われている。

　実践編では企業メセナにかかわる様々な立場から、経験を通した企業メセナの実践が述べられている。まず、Chapter-1では、企業メセナの実践の概要をまとめた。

　Chapter-2、3では、支援者である企業の視点から、野村證券グループのメセナ活動と、三井不動産を擁する三井グループのメセナ活動をとりあげた。Chapter-4では、舞台芸術について、劇場運営の視点からの考察をまとめ、Chapter-5、6では支援を受ける芸術家側からの意見と見解が紹介されている。また、支援企業と芸術家の橋渡し的役割を果たす物としては、音楽事務所とNPOがあげられるが、Chapter-7、8では、その橋渡し役について、国際的なメセナの橋渡し事例と、福岡という地方で活動するNPOの事例をとりあげ、

Chapter-9ではメセナの一つと考えられるアウトリーチ活動と、それに対する地域企業の支援の必要性が述べられている。最後に、Chapter-10において、音楽の聴衆の立場からの企業メセナが語られている。

　本書がなるにあたっては、実に様々な人々との出会いがあり、彼等と多くの企業のご協力をいただいた。「研究会」発足のために必要な資金調達は、主に長崎大学経済学部の同窓会組織である「瓊林会（けいりん）」と私の出身大学院である一橋大学の同窓会組織「如水会（じょすい）」の長崎在住の方々に大きく依存したが、それらの人々以外にも多数の方々から寄付を頂戴した。遠く、名古屋や水戸からもいただいたし、中には個人所有の株を売って寄付してこられた方もおられた。頭が下がる思いである。また、長崎の有力な地場企業や事業所からも寄付を頂戴した。地方新聞には、4段抜きで研究会発足の記事を掲載していただいた。

　研究会で発表していただいた企業のメセナ担当者の方々にも、この場を借りて厚く御礼申しあげる。これらの方々によるメセナ実践の報告は実に刺激的で新鮮であり、研究意欲をかき立てるものであった。改めて、皆様方とメセナ活動の今後のますますのご発展をお祈りする。

　発足当時の研究会メンバーは、研究者6名と実務家2名であったが、諸事情で出入りがあり最終的には研究者7名と実務家1名となった。その中で研究者2名の論文が得られなくなり、理論編が手薄になったのは残念である。もう一人の実務家であるアサヒビール芸術文化財団事務局長加藤種男氏にはアドバイザーを努めていただき、貴重な情報やアドバイスを頂戴した。ある時に彼が、「多くの経営者は社会貢献には理解を示すが、なぜメセナなのか？」といわれているという嘆息に接し、それが私のChapter-2の論文につながったといってもいいだろう。加藤氏には、このほか、授業でメセナについて最初に講義していただいたりと、大変お世話になった。改めて、御礼申しあげる。加藤氏を紹介いただいたのは、企業メセナ協議会の角山紘一前事務局長であり、また田代富保現事務局長には出版社やChapter-8担当の古賀弥生氏をご紹介いただいた。両局長と企業メセナ協議会に改めて御礼申しあげる。奇遇なことに、企業メセナ協議会の理事長は現NHK会長である福地茂雄氏であるが、福地氏は私が学部長を3期6年務めていた時の同窓会長でもあった。2005年に本学部創立100周年を迎えるにあたり、その記念事業をお手伝いさせていただく幸運にも恵まれた

のである。また、実務家でただ一人の研究会員であるKAJIMOTOの佐藤顧問には、幾人かの執筆者を探していただいたり、貴重な情報をいただいたりと様々な面でお世話になった。佐藤氏にも私の講義でメセナについて講義していただいたのであるが、御礼の席で「二人で共同研究をやろう」と約束し、今回、共同編者になっていただいた。約束を果たすことができ何だか肩の荷が下りたような気持ちである。

　個人的なことであるが、私は若い頃自分の将来のことについて両親を大いに悩ませ心配させてしまった。それは心の傷として未だに残っている。父が亡くなった後、母は私の故郷である、福島市で長く一人暮らしを続けていた。長男としての役割を果たせないまま、母は突然冥界に入ってしまった。手遅れの癌であったが、発見から約5カ月後のことである。延命治療を一切拒み、間違いなく強力な痛みを伴うはずなのに「痛い」と一言も発せず、辞世の句を残し父と幼い頃亡くした姉が待つあの世に旅立ったのである。両親とも会津の農家の出身であるが、母はやはり、控えめでありながら強い意志を持ちいざという時には死も辞さない会津女であった。本書を、亡き母に捧げることをお許し願いたい。

　最後に、出版事情が悪化している現在、このような市場性の乏しい本書の出版を初対面にもかかわらず快く引き受けていただいた水曜社の仙道弘生社長に深く感謝申しあげる。また、厄介な校正作業や編集作業を担当していただいた同社福島由美子氏に御礼申しあげる。

菅家　正瑞

企業メセナの理論と実践 ― なぜ企業はアートを支援するのか ―　　contents

まえがき —— 3

理論編

Chapter-1　企業はなぜ社会貢献をするのか
　　　　　―企業管理と企業フィランソロピー―
　　　　　菅家 正瑞 —— 15

Chapter-2　企業はなぜメセナをするのか
　　　　　―市民化管理と企業メセナ―
　　　　　菅家 正瑞 —— 42

Chapter-3　企業メセナを哲学する
　　　　　―企業メセナと社会―
　　　　　岡部 勉・岡部 由紀子 —— 82

Chapter-4　音楽史から企業メセナを考える
　　　　　―企業メセナの音楽史―
　　　　　木村 博子 —— 107

第2部 実践編

Chapter−1 「企業メセナ」再考
― 企業メセナをめぐる俗説と本質 ―
太下 義之 ── 135

Chapter−2 野村グループのCSRと社会貢献
― 支援企業からみた企業メセナ ―
山川 敦子 ── 154

Chapter−3 企業はなぜ美術館を持つのか？
― 三井グループのメセナ事業とは ―
大室 康一 ── 177

Chapter−4 舞台芸術にとってメセナとは
― 公共文化ホールのファンドレイズ ―
高萩 宏 ── 190

Chapter−5 企業メセナは音楽家を成長させる
― シリーズ「大好きな長崎へ音楽のプレゼント」（通算4回）とともに ―
大室 晃子 ── 200

Chapter−6 東京フィル・サポーターズ メセナの流儀
― 企業メセナを「語る」―
池田 卓夫 ── 227

Chapter—7　メセナは見返りを求める
　　　　　　— 三つの事例から見えてくる実状 —
　　　　　　佐藤 正治 —— 238

Chapter—8　NPOは企業メセナの潤滑油
　　　　　　— アートNPOとメセナ活動の連携 —
　　　　　　古賀 弥生 —— 262

Chapter—9　企業メセナと音楽教育
　　　　　　— スクールコンサートを事例として —
　　　　　　加納 暁子 —— 276

Chapter—10　聴衆と企業メセナ
　　　　　　— 聴衆にとってメセナ運動と企業の後援とは —
　　　　　　片倉 康行 —— 285

カバー・扉：福田繁雄「世界への微笑」
二戸市シビックセンター・福田繁雄デザイン館蔵

執筆者紹介

菅家 正瑞（かんけ まさみつ）　長崎大学経済学部教授。1973年一橋大学大学院商学研究科修了。同年長崎大学経済学部助手、講師、助教授を経て1989年教授（経営管理論）。以降同大経済学部長等を歴任。大学院経済学研究科博士課程にて研究指導など担当。1992年オーストリア・リンツ大学客員教授。1994年経済学博士（東北大学）。著書に『企業政策論の展開』『企業管理論の構造』『環境管理の成立』（いずれも千倉書房）など。

岡部 勉（おかべ つとむ）　熊本大学教育機能開発総合研究センター長。1978年東京大学大学院人文科学研究科修了。同年熊本大学法文学部講師。文学部助教授を経て1997年教授（哲学、芸術学、コミュニケーション学）、2008年度から現職。1994年文学博士（九州大学）。著書に『行為と価値の哲学』（九州大学出版会）『合理的とはどういうことか』（講談社）など。

岡部 由紀子（おかべ ゆきこ）　熊本保健科学大学副学長。1979年東京大学大学院人文科学研究科博士課程退学。1983年銀杏学園短期大学講師、助教授を経て、1998年教授。2003年熊本保健科学大学保健科学部教授（哲学、倫理学、芸術学）。2003年から2007年まで学術研究部長、2007年から現職。2000年哲学博士（慶應義塾大学）。著書に『アウグスティヌスの懐疑論批判』（創文社）など。

木村 博子（きむら ひろこ）　熊本大学文学部教養学部総合人間学科准教授。1978年東京藝術大学大学院音楽研究科音楽学専攻修了。1980年熊本大学教養部助手、講師を経て現職。専攻は音楽学（西洋音楽史）及び音楽療法。主な論文に「音楽療法的アプローチによる現代音楽の理解」（『文学部論叢』、2003年）など。

太下 義之（おおした よしゆき）　三菱UFJリサーチ＆コンサルティング芸術・文化政策センター主席研究員／センター長。『政策・経営研究』編集長。専門は芸術文化政策。東京都芸術文化評議会専門委員、豊島区文化政策推進プラン策定委員等、自治体アドバイザーも兼務。論文に「英国の『クリエイティブ産業』政策に関する研究」など。

山川 敦子（やまかわ あつこ）　野村ホールディングス株式会社 コーポレート・シティズンシップ推進室長。1988年慶應義塾大学文学部人間関係学科卒業。同年4月野村證券株式会社入社。債券のトレーディング・セールス業務を経て、2003年より現職。

大室 康一（おおむろ こういち）　三井不動産株式会社代表取締役副社長。1968年早稲田大学政治経済学部卒業。同年三井不動産株式会社入社。千葉支店長、ビルディング営業本部第三営業部長等を経て、1997年取締役ビルディング営業本部ビルディング第一営業部長。1998年常務取締役ビルディング営業本部長。2001年専務取締役。2005年より現職。

高萩 宏（たかはぎ ひろし）　東京芸術劇場副館長・多摩美術大学客員教授。東京大学文学部卒業。コロンビア大学大学院アーツ・アドミニストレーション学科中退。劇団夢の遊眠社創立メンバー。退団後英国でのジャパン・フェスティバル1991をはじめ、東京演劇フェア、東京国際芸術祭などの運営に携わる。パナソニック・グローブ座支配人、世田谷パブリックシアター制作部長を経て、2008年4月より現職。著書に『僕と演劇と夢の遊眠社』（日本経済新聞出版社）など。

大室 晃子（おおむろ あきこ）	東京藝術大学音楽学部非常勤講師（指揮科演奏研究員）。東京藝術大学、同大学院修士課程を経て2002年に渡独。フライブルク音楽大学、シュトゥットゥガルト音楽大学大学院ソリスト課程修了。イタリアなどのコンクールで入選。シュトゥットゥガルト音楽大学にて教鞭をとり2007年帰国、現職。日本各地で幅広い演奏活動を展開している。
池田 卓夫（いけだ たくお）	日本経済新聞社文化部編集委員。1981年早稲田大学政治経済学部政治学科卒業。同年、日本経済新聞社へ編集局記者として入社。以後、産業部、広島支局、証券部、国際部に勤務。1988年欧州編集総局フランクフルト支局長を経て現在にいたる。「音楽の友」「モーストリー・クラッシック」など多媒体への執筆のほか、紀尾井ホール、三鷹市芸術文化センターでの公演プロデュースや解説、音楽賞審査などを手がける。
佐藤 正治（さとう しょうじ）	KAJIMOTO顧問。一橋大学社会学部卒業。梶本音楽事務所（現KAJIMOTO）入社。1999年取締役副社長、取締役シニア・ディレクターを経て2008年現職。2003年「ゲザ・アンダ国際ピアノコンクール」（スイス）審査員。2005年イタリア政府よりコメンダトーレ勲章受章。2008年シモン・ボリバル・ユース・オーケストラ（ベネズエラ）を日本に招聘。これまでに日本国内と中国の大学にて講義を行う。
古賀 弥生（こが やよい）	アートサポートふくおか代表。久留米大学経済学部非常勤講師。1985年九州大学法学部卒業後、福岡市役所に勤務。広報、統計、都市景観などの部署を経て2001年末に退職し、2002年アートサポートふくおか設立。2006年京都橘大学大学院文化政策学研究科博士後期課程修了。文化政策学博士。著書に『芸術文化がまちをつくる～地域文化政策の担い手たち～』（九州大学出版会）。
加納 暁子（かのう あきこ）	長崎大学教育学部准教授。2004年兵庫教育大学大学院連合学校教育学研究科修了、博士（学校教育学）。2005年長崎大学教育学部講師を経て現職。著書に『演奏表現を中心とした音楽の指導内容とその学習に関する教育実践学的研究』（風間書房）。
片倉 康行（かたくら やすゆき）	片倉興産代表取締役社長。1934年生まれ。1957年慶應義塾大学卒業。同年日東紡績入社。1966年片倉工業入社、1989年取締役、1995年片倉館理事長、2004年諏訪倉庫監査役、松商学園理事など。

第1部 理論編

Chapter−1
企業はなぜ社会貢献をするのか
―企業管理と企業フィランソロピー―

菅家 正瑞 KANKE Masamitsu

1. はじめに

　現在、企業による社会貢献活動の一つとして「メセナ[1]」(corporate mécénat)活動が盛んである。1990年に「企業メセナ協議会[2]」が多くの民間企業によって設置されて以来、当時のバブル経済による経済の好況もあり、企業メセナはまさにブームとなった。しかし、バブルの崩壊とともに企業メセナブームも、それこそバブルのようにしぼんだのである。ところが、バブルの崩壊による企業メセナの縮小は、企業とメセナ活動との関連における本質を我々に意識させることとなった。すなわち、企業的必要性に基づかない流行的メセナは、その企業的意義についての認識不足という欠陥を露呈せしめ、その必要性を認識していた企業は、企業業績の悪化にもかかわらずメセナ活動を継続したのである。その後の経済の立ち直りは、再び社会貢献活動の興隆をもたらし、多くの企業がメセナ活動に取り組んだが、今回のリーマン・ブラザーズの経営破綻に端を発した世界的不況は、再度企業メセナの企業的意義を我々に問いかけているのである[3]。

　それでは、現代企業はなぜメセナ活動に取り組むのであろうか。不況時にもかかわらず流行に乗らなかった企業はなぜメセナ活動を継続したのであろうか。現在盛んになっている企業メセナ活動もかつてのブームの再来なのであろうか。あるいは、その興隆の陰には企業とメセナ活動との間に何らかの本質的変化が生じているのであろうか。

本チャプターは、以上の問題意識を念頭に置きながら、企業管理の観点から、まず現代企業と企業の社会的貢献（企業フィランソロピー[4]；corporate philanthropy）との関連を明らかにし、企業メセナの企業的必要性を明らかにする準備的考察を行うことを課題とする。

2. 企業管理の成立と発展[5]

[1] 企業管理の成立
　産業革命以来、機械的生産を発展せしめてきた近代的企業[6]は、資本の集中と蓄積を促進することによって大規模化し、市場に対して影響力を行使し得る寡占的企業にまで成長したと解することができる。これらの企業を我々は「現代企業」（modern corporation）と称することとする。企業がこのように発展してきたのは経済の発展によるところが大きいが、経済の発展をもたらした大きな要因の一つとして実は企業それ自体の成長と発展が大であったと解することができる。経済と企業は相互依存的に影響しあい、現在の高度に発展した企業をもたらしたのである。

①科学的管理とファヨールの経営管理
　それでは経済の発展のほかに、企業の成長と発展をもたらした要因は一体何なのであろうか。それは、企業活動の合理化を課題とする「企業管理」（management or administration of corporation or enterprise, business management or administration；Unternehmungs- od. Unternehmensfürung, -verwaltung od. -leitung）の成立と発展であろう。企業管理の成立は、経営学における一般的理解として、これを1900年前後にアメリカで成立した「科学的管理」（Scientific Management）すなわち「テイラー・システム」（Taylor System of Management）あるいは「課業管理」（Task Management）に求めることができる。これは、機械技師だったテイラー（F. W. Taylor, 1856-1915）が企業管理の初歩的形態である「成り行き管理」（Drifting Management）を批判し独自の観点からつくりあげた、工場における作業現場の合理化を目指す画期的な企業管理であった。成り行き管理は「賃金支払制度」の合理化によって能率増進を目指したが、そこでは管理職能と作

業職能はまだ完全には分化していなかったといえるであろう。科学的管理によって両者は完全に分化したが、それは成り行き管理と同じく、労働問題を生産過程の合理化によって解決しようとする「企業管理の生産管理的展開」と位置付けることができるであろう[7]。

　一方、フランスにおいて倒産寸前の鉱山会社を建て直し30年間同社の社長を務めたファヨール（J. H. Fayol, 1841-1925）は、経営者としての経験をもとに企業管理の重要性を認識し、企業のみならずあらゆる組織体に対応し得る全体的立場からの管理論を展開し、『産業ならびに一般の管理』（Administration industrielle et générale）として公表した（1916年）。その理論は、管理職能論、管理原則論、管理制度論とに分けることができるが、その内容はテイラーの科学的管理論と好対照をなし[8]、現在ではテイラーとともに企業管理論の二大源流として評価されている[9]。

② 人事管理の成立

　科学的管理は、必ずしも明確に分離していなかった企業の「管理職能」（management function）と「作業職能」（operation function）とを管理の原則を掲げることによって意識的に分化せしめ、管理の作業に対する支配を強化するものであった。すなわち、労働者が一日になすべき仕事量を「課業」（Task）として「計画」し、作業条件を標準化して課業を「遂行」させ、計画どおり課業を実現する（「統制」）という課業管理をつくりあげたのである。そして、課業を計画するために、「時間研究」（time study）と「動作研究」（motion study）を中心とする、今日の「人間工学」（human engineering）の母胎ともいうべき「作業の科学」（the Science of Laboring）をつくりあげたのである。このような「科学的管理」はそれ以降の作業管理に引き継がれ、今日における工場管理の基礎を形成しているといっても過言ではないであろう。

　しかし、科学的管理はいわゆる能率屋（efficiency expert or efficiency man）が偽物の科学的管理を各企業に売り込んだこともあって、労使双方から誤解を受けることになり、特に労働者側は科学的管理を強力に批判し科学的管理排撃運動を展開した。アメリカ労働総同盟（A. F. of L.）は1913年と1914年の全国大会で科学的管理排撃決議を採択し、アメリカ議会及び政府もこの問題に取り組ま

ざるを得なくなり、ついには議会で1915年と1917年に科学的管理の実質的な採用を禁止する決議がなされたのである。しかし、1917年にアメリカが第一次世界大戦に参戦することによって、企業は生産能率向上の必要性に迫られ、科学的管理は再び採用されることとなったのである。

労働者側が科学的管理に反対した理由は多様であり誤解に基づくものも多数あるが、科学的管理に内在する固有の欠陥も指摘された。それらは、科学的管理は労働者の作業を機械作業と同一視する「非人間的なもの」である、という非難と、科学的管理は科学という名の下に一方的に管理者から労働者に課業が与えられる「専制的管理」である、というものである（藻利はこれらの欠陥を「機械化の拙劣性[10]」と呼ぶ）。これらの二つの欠陥は、労働の非人間化による「人間性疎外」をもたらし、労働者の勤労意欲を減退させるものであった。

そのため企業は科学的管理を導入する際に、発達しつつあった人間工学によって「機械化の拙劣性」から生ずる人間性疎外を改善し、人間性を回復するための労働者対策を講ずることになった。これらの労働者対策は「人事管理」(personnel management)と称される生産管理の内容の一部を構成するもので、その本質は「機械化の精練化[11]」であり、これもまた企業管理の生産管理的展開の一つと位置付けることができる。

［２］企業管理の発展

① フォード・システムの確立

さて、企業管理はさらに発展し、画期的な企業管理が登場する。それはフォード（H. Ford, 1863-1947）による企業管理である。フォードは企業の指導動機として、「利潤動機」(profit motive)を否定し、それに代えていわゆる「奉仕動機」(service motive)を主張した。企業は社会に奉仕しなければその生存基盤を失い社会に存続できない、という主張である（これを「フォーディズム；Fordism」という）。具体的なその指導原理は「低価格と高賃金の原理」(the principle of low prices and high wages)として示される。すなわち、従業員には可能な限りの「高賃金」を支給し、製品は可能な限りの「低価格」で消費者に提供しようとするものである。この両者を実現するためには高い生産能率が要求される。そこで、フォードが生産過程に導入したのが流れ作業を基本とする「同時管理」

(management by synchronization) という生産管理方式である。さらに「高賃金」の支給という労働者対策は、生産能率を高めるための手段としてではなく、生産過程から切り離され、労働者の生活を豊かにするための手段として位置付けられる。したがってこの労働者対策は「生産管理」(production management) の一部ではなく、それとは明確に区別される狭義の「労務管理」(labor management) の一部として位置付けられる。すなわち、フォードが行った企業管理は、「最低生産費の原理」(the principle of lowest production cost) による「同時管理」(純粋な「生産管理」) と、生産管理から明確に区別される「高賃金支給」という労働者対策を内容とする「労務管理」に分かれるのである。ここに我々は、生産管理的企業管理が発展した結果として、企業管理の二重体系化あるいは二重構造化の成立を指摘することができる。

しかし、企業管理の発展はこれに止まらない。企業の発展はさらに企業管理を発展させ、企業管理の三重体系化あるいは三重構造化をもたらしたのである。

②「市民化管理」の成立

社会の維持・発展のために必要とする商品生産職能を企業の職分 (Aufgabe) として企業目的の一つとして受け入れている企業は、その限りでは商品生産の能率的生産と販売を志向する経済的存在であり、広く社会における経済的領域、すなわち「経済社会」の一員である。しかし、現代社会において企業は経済的職能のみならず、商品生産を媒介として非経済的職能をも持つ存在として理解されなければならない。その契機となったのは、企業の巨大化に伴う経済的企業権力の増大と、経済的権力を基盤とする企業権力の非経済的権力への拡大である。換言すれば、現代企業は商品生産という経済的職能にかかわる権力のみならず、それを土台として社会のあらゆる領域への影響力をも行使し得る存在になったのである。ヴァイトツィッヒ (J. K. Weitzig) が指摘するように、もはや現代企業は私的存在ではなく「準公共的存在」(quasi-öffentliche Institution) として社会の公器と認識されるようになったのである[12]。従って我々は、現代企業を、経済社会の一要因ではなく広く人間社会の一要因として認識しなければならない。

我々の社会は個々の人々から構成される「市民社会」である。市民社会の構

成員として、我々は、市民として社会に対して何らかの責任を持ち社会に貢献しながら生活している。同様に現代企業も、「擬似的市民」たる法人として市民として受け入れられている。市民の一員たるためには、「法人市民」として、権力の裏返しである何らかの社会的貢献が求められる。現代企業は、経済的存在としての「商品生産」は当然として、それ以外に非経済的存在としての「社会的貢献」が今まさに求められているのである。

　それらの企業活動を合理化するのが企業管理に他ならず、企業管理は今や、商品生産という経済的職能に関連する「生産管理」と生産過程で疎外された労働者の人間性の回復と向上を課題とする「労務管理」に加えて、企業の非経済的職能の合理化を課題とする「市民化管理」（corporate citizenship management）、そしてそれら三つの管理の統合を課題とする「総合管理」（general management）という三重構造を成していると解される。これらの発展過程の関連を図示すれば、以下のようになるであろう。

図2-1　企業管理の発展

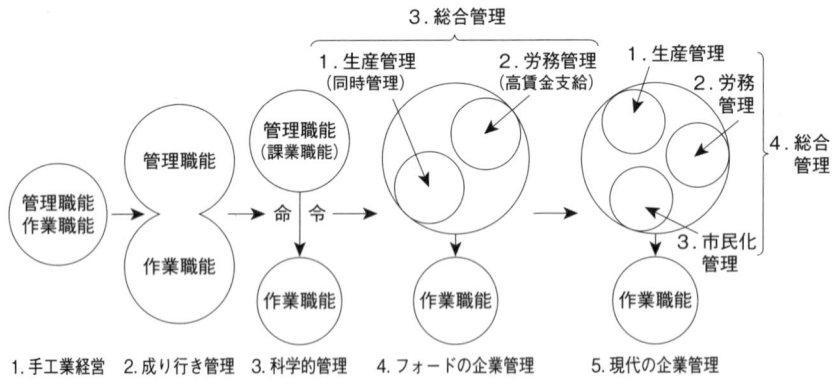

　このような企業管理の発展の背後には、企業における経営構造の発展・分化が進行していることを忘れてはならない。すなわち、始原的経営から科学的管理に至るまでは経営構造は単一的経営構造を成していたのであるが、フォードの企業管理においてそれは「経営技術的構造」と「経営社会的構造」に分化し、経営構造とそれらの合理化を課題とする経営管理の二重体系を成立せしめたの

である。すなわち、経営技術的構造の合理化を課題とする生産管理、経営社会的構造の合理化を課題とする労務管理がそれである。しかし、経営構造と企業管理の発展はこれに止まらない。現代企業では経営構造がさらに分化し「経営市民的構造」を成立せしめ、その合理化を課題とする「市民化管理」が誕生したのである。ここに我々は、現代経営構造の三重構造化と企業管理の三重体系化を認識することができる。

　我々が今問題とする「企業メセナ」は、現代企業における市民化管理の中心的な内容をなしている。したがって、企業メセナについて論ずるには、まず、企業とは一体どのような存在として理解され得るのかという問題を明らかにすることが必要であろう。「なぜ企業はメセナをするのか」という問題設定も、その検討の結果として必然的に明らかにされるであろう。

3. 企業と社会

[1] 環境適応的オープン・システムとしての企業
①「オープン・システム」としての企業
　現代企業は、「環境適応的オープン・システム」(open system as adaptation system to its environment) として理解されなければならない「社会的存在」(social being ; das soziale Wesen) である。

　まず第一に、企業は環境[13]に開かれた「オープン・システム」(open system) と理解される。企業はその環境からいわゆるヒト、モノ、カネ、情報など様々な経営資源をインプット (input) として取り入れ、それらを企業内部で結合したり、加工したり、変形したり、処理したりして新たな価値が付加された製品やサービスを創造し、それらを「商品」や「情報」というアウトプット (output) として環境に提供しながら暮らしている、あるいは環境と取引しながら生活しているオープン・システムなのである[14]。

②「環境適応システム」としての企業
　第二に、企業はオープン・システムであるがゆえに「環境適応システム」でもある。すなわち、現代企業はその環境変化に対応して自らを変化させ、ある

いは自ら最適な環境をつくりだし、その環境の中で生活していく「社会的生活体」(social living existence ; das soziale Lebenswesen) である。環境適応は、環境の変化に受動的に反応して自らを変えていく環境「順応」(Anpassung) と、自ら積極的に環境に働きかけ生活しやすい環境を創造する環境「適合」(Einpassung) とに区別されるが[15]、いずれにせよ企業は環境に適応しなければ生存し得ない「社会的生命体」(social living thing) である[16]。シュテーガー (U. Steger) は、このような企業と環境との関連を企業存続のための「流動的均衡」(Fließgleichgewicht) の維持活動と表現している[17]。

このように理解される企業が環境の中で持続的に生活していくためには、環境適応力を中心とするその「生活能力」を維持・増大していかなければならないであろう。

［2］市民社会の一員としての企業市民[18]
①市民社会と法人
企業の環境とは大きくいえば「人間社会」である。人間はロビンソン・クルーソーのように一人で生活できる存在ではなく、常に集団をつくりその中で分業によりながら様々な相互依存的関係を結んで生活している存在である。我々はそのような人間集団を「社会」(society) と呼び、その構成員を「市民」(citizen) と呼ぶ。社会の発展は、「自然人」のみならず、特定の目的達成のために組織された人間集団をも「法人」として市民の一員として認めることとなった。組織は「疑似的自然人」たる法人として人間個人の持つ限界を超えた大きな社会的役割を果たし、社会の発展に貢献し得る構成員と解されるからである。

②市民社会と企業
社会には様々な組織（法人）が存在するが、その中でも「企業」が果たす役割の社会的重要性とその強い影響力を否定する者はいないであろう。企業は、市民が豊かな生活をおくり市民社会を維持・発展させるために必要な「商品」（財とサービス）を生産し提供することを、その社会的役割としているからである。企業の存在なしに我々の社会は存続し得ないのは明らかであるから、企業は市民社会にとって不可欠の構成員であり、既述したように我々は企業を市民社会

との関連で「企業市民」(corporate citizenship) と称しているのは周知の事実であろう[19]。

［3］企業の「社会性」
①企業の経済的社会性

　企業はしばしば「社会的存在」と呼ばれる。この言葉は、企業と市民社会との相互依存的関係を的確に表現しているといえる。すなわち、社会なしに企業は存在できないと同時に、企業なくして社会も存在し得ないからである。社会が必要とする「商品」を生産し提供し得ない企業にはその存在意義は認められず、必要な「商品」が提供されなければ社会は維持され得ない。この関係を企業側から見れば、企業の存在意義は社会が必要としている「商品」を生産し社会に提供することにある。すなわち、社会的存在としての企業の「社会性」(社会の利益への企業の貢献性) は、商品生産という経済的職能にある。企業市民としての企業の役割はまずここに求められる。

②企業の非経済的社会性

　企業はもっぱら経済的社会性の高揚にその努力を集中し、その結果として市民社会を発展させると同時に、企業間競争や科学技術の発展を介して大規模化してきた。大規模化した企業は、他者に対する経済的影響力すなわち「経済的権力」(Wirtschaftsmacht) を集中すると同時に、それを基盤に政治的・社会的権力をも行使し得る存在となった。既述したようにヴァイトツィッヒによれば、現代企業はもはや私的な存在ではなくて「準公共的制度」として理解されるべきものなのである。したがって、現代企業は商品生産組織体という「経済的存在」(economic existence) のみならず、「経済的権力」を基盤とする「非経済的存在」(uneconomic existence) でもあり、それゆえに「非経済的社会性」をも要請されることとなったと解される。巨大化した現代企業は、市民社会の中で経済的職能のみならず非経済的職能をも要求される「企業法人」と見なされるにいたったのである。

［４］現代企業と企業管理
①企業管理の役割
　企業管理とは、簡潔かつ抽象的に表現すれば、企業の合理化活動である。企業とは、これも簡潔かつ抽象的に表現すれば、「営利的商品生産」を目的とする組織体である。換言すれば、企業は「営利原則」（Erwerbsprinzip）を指導原理とする商品生産組織体とも称することができる。企業管理の役割は企業目的を合理的に達成すること、すなわち企業目的を効率的・能率的に達成することにあるといえる。しかし、先に断ったように、このような企業および企業管理の概念は極めて抽象的であり、企業管理論を実践理論として展開していこうとする観点から見れば、より具体的に企業および企業管理を分析し、得られた知識を統合し、一つの科学として体系化しなければならないであろう。

②企業管理の環境志向性
　現代企業の特質についてはある程度述べたので、ここではそれを基礎として、企業管理の特質について概略的に説明する。まず、企業は環境適応的オープン・システムとして把握されるから、企業管理の課題はいかに企業を環境に適応させるかに求められるであろう。
　企業はその構成部分が強い相互関連性のもとで統合された「一つのシステム」（a system）であるから、企業の環境への適応は企業の全体的観点から考慮されなければならない。すなわち、企業管理はその体系すべての中に「環境適応」という思考を中核として取り入れ、その思考を企業管理の全体に貫徹させ、そのような観点から企業の合理化活動がなされなければならないのである。シューテーガーは、このような企業管理の特質を「横断職分」（Querschnittsaufgabe）と表現している[20]。すなわち、企業管理の全体を横断的に貫徹しているのは「環境保護」（Umweltschutz）の思考であり、それゆえに企業管理は絶えず環境志向的であらねばならないのである。

③「企業市民」の役割
　現代企業は「商品生産」という経済的活動によって市民社会に貢献し、経済的「社会性」によって市民社会の一員として認められる「企業市民」である。

しかし、現代企業と市民社会との関連はそれだけではない。企業の発展は企業の大規模化をもたらし、その結果として現代企業は商品生産という経済的職能（役割）のみならず、強力な経済的権力を保持するがゆえに、それを基盤とする非経済的職能（役割）をも市民社会から要請される「企業市民」となった。より具体的に表現すれば、企業の大規模化は、商品生産にかかわる経済的「利害関係者」(stake holder) あるいは「利害者集団」(interest group) のみならず、それ以外の非経済的「利害関係者」あるいは「利害者集団」を生みだし、結果として非経済的職能（役割）をも要請され、それらに対応せざるを得なくなったのである。

現代企業は、非経済的「社会性」をも求められる市民社会を構成する一員であり、「経済的職能」と「非経済的職能」とを有する「企業市民」として、その維持・発展を目指す「社会的生活体」として理解されなければならない。それは、現代企業に、「商品生産」という経済的職能の合理的遂行を課題とする企業管理（「生産管理」と「労務管理」）とならんで、非経済的職能の合理的遂行を課題とする「市民化管理」という新たな企業管理の必要性を認識させることとなる。

ところで、企業と経済の発展は企業とその環境の変質をもたらし、それは同時に企業の持つべき社会性の内容をも変質させることとなった。したがって、現代の企業管理を考察するためには、それらの変質について述べなければならない。

4. 企業環境の変質

［1］経済的環境の変質
①市場経済体制の変質

企業はまず市民社会が必要としている財やサービスを生産する経済的制度として理解されるから、企業にとって最も重要な環境は「経営資源」を調達し「商品」を販売する「市場」(market) であり、それら企業の「調達市場」と「販売市場」と密接に関連する「経済的環境」(economic environment) であることに異論はないであろう。しかし、経済と企業の発展は、経済的環境の基本的枠

組みを規定する資本主義経済体制の変質をもたらし、様々な形で企業活動に影響を及ぼしている。

経済的環境の変質を端的に代表する例は「市場」そのものの変質である。経済の発展は大企業を出現させ、それに伴って市場の寡占化を進展させた。寡占化の進展は、市場経済を「自由市場経済」(die freie Marktwirtschaft) から「管理された市場経済」(die gelenkte Marktwirtschaft) へと移行させたが、これは「自由経済」(die freie Wirtschaft) から「拘束経済」(die gebundene Wirtschaft) への移行とも表現できるであろう[21]。

資本主義経済体制は、その発展とともにその内在的な欠陥を様々な形で表面化させ、その欠陥を克服するために政府の果たす役割が重視されるようになった。例えば、私的所有制度の制限、公正な競争の確保、社会保障の充実、安定的経済成長への努力、生活者重視の経済政策、国際的経済協力の推進、などに政府の果たす役割が期待されているし、現実においてもその役割は増大し、実施されている。

② 「経済的社会性」の再検討

このような経済環境の変質は、ウルリッヒ (H. Ulrich) が述べるように、企業の利害と経済社会の利害が「神の見えざる手」によって自動的に調和するという自由放任経済体制の理念を非現実的なものとし[22]、結果として企業が持つべき「社会性」の動揺をもたらすこととなる。経済的環境の変質は、企業の商品生産活動が市民社会に及ぼす影響を、社会性を確保しその高揚を図るという観点から改めて見つめ直すことを企業に要請する。

[2] 環境領域の拡大
① 企業権力の増大

大規模化した企業は現代における企業の代表的存在であり、それらは現代社会における経済活動の中核を占めることによって、我々の経済的・社会的生活に様々な影響を及ぼしている。先に指摘したように、現代企業は経済的・社会的・政治的な権力を持った存在であり、したがって、それはもはや所有者の私的な制度というより「公共的制度」と理解されなければならない存在である。

ヴァイトツィッヒによれば、権力とは抵抗に逆らっても目標を実現し得る能力であり、他人の評価過程への影響力も含む概念である[23]。現代企業は、市場における寡占的地位を確保することにより、経済的諸問題に対する強い影響力を集中させ、公正な競争を制限し排除する傾向を有している。同時に、大企業は、このような経済的権力を基盤として政治的権力をはじめ様々な社会の分野でも影響力を有し、それを行使し得るようになった。

②「非経済的社会性」の必要性
　現代企業が影響力を行使し得る領域は企業内外にまたがり、しかも経済的領域はもちろんのこと、人々を通して様々な社会的領域にも、さらには自然環境（地球環境）にまで及んでいることはもはや周知の事実である。したがって、企業の環境領域は今や非経済的領域（社会的環境）のみならず生態系（自然環境）にも及んでいることを再確認しなければならない。しかも、経済活動のグローバル化によって、それらの環境は地理的にも拡大しているのである[24]。
　このような企業環境の拡大は、企業が持つべき「社会性」を、経済社会のみならず非経済的領域をも有する「市民社会」全体においても確保することを要請する。こうして、現代企業は、「経済的社会性」のみならず「非経済的社会性」をも持つべき社会的存在として理解されなければならない。これは、現代企業はその社会性を確保するために、経済的目標のみならず、各種の社会的目標の達成をも要請されるということを意味する。

[3] 企業環境の組織化
①「企業権力」と「対抗力」
　大規模化した現代企業の市民社会への影響力の増大は、企業権力に対する社会的反作用ともいうべき現象を生み出す。企業権力の増大とその行使は、経済的・社会的弱者としての環境側に対し企業に対する意識を覚醒させ、企業権力を被る人々に自らの利害を主張し擁護しようとする運動を呼び起こす。企業環境とは具体的には環境主体、すなわち組織された「利害関係者」あるいは「利害者集団」として現れ、ガルブレイス（J. K. Galbraith, 1908-2006）のいう企業権力に対する「対抗力」（countervailing power）が形成される。

②環境の組織化

たしかに、企業権力はガルブレイス自らが認めるように必然的に対抗力を生み出すとは限らないし、企業権力と対抗力とが均衡するとは限らないだろう[25]。しかし、企業に対する潜在的対抗力の存在は企業にとって無視し得ない。その顕在化は、企業の自律性を脅かし企業行動の自由を拘束することにより、企業の生活能力を低下させるリスクを有するからである。しかも、すでにボールディング（K. E. Boulding, 1910-1993）が指摘しているように、現実には利害関係者によって多種多様な組織が形成され[26]、ドラッカー（P. F. Drucker, 1909-2005）が述べるように数多くのNGOやNPOが組織され、企業活動にかかわっているのである[27]。

③企業の自律性の低下

環境主体が掲げる企業に対する顕在的・潜在的な社会的要求は、企業環境の変質に伴って生ずる企業の「社会性」の内容を再検討する際に、重要な示唆を提供すると思われる。しかし、これらの要請が直ちに企業目的に取り入れられると即断してはならないであろう。目的とは設定主体が自らの必要性に基づいて自主的に決定するものだからである。しかし、我々は、現代企業がこれらの社会的要請を一切無視し、何らかの社会的目的も設定せず、あるいは彼らとは全く関連のない社会目的を設定し得る自由の余地が次第に失われつつある、という現実を忘れてはならないだろう。その理由は企業の発展によって生じた「企業の変質」に求められる[28]。

5. 企業の変質

企業の変質とは、「資本、労働、組織の固定化」（inelasticity of capital, labor, and organization）をその内容とする「企業の固定化[29]」（inelasticity of corporation）のことであるが、それは企業発展の必然的結果であると同時に、その発展を阻害する要因ともなり得るものである。

ウルリッヒは企業を環境適応システムとしての社会的制度として把握する。すなわち、企業は「生産的社会的システム」（ein produktives soziales System）と

して把握され、商品生産活動を営む人々の組織体として理解されると同時に、「開放的社会的制度」(eine offenen, gesellschaftsbezogenen Institution) として、環境たる社会との相互依存的関連性の中でその目標設定と行動の自律性が制限されているオープン・システムである[30]。我々が環境適応的オープン・システムとしての企業の特質を忘れたとしたら、企業の本質を見失うであろう。

そのような存在として企業は環境と交渉し発展して来たのであるが、その発展は企業の内部構造の変化をもたらしたと解される。その変化はもとより、環境適応システムとしての企業が環境との相互交渉の中で生じたものなのであるが、直接的な契機は「企業の固定化」による企業活動の非弾力化である。そして、企業の固定化それ自体も実は環境との適応過程を通じてもたらされたものにほかならないのである。

[1] 資本の固定化
① 機械化の進展

営利的商品生産を目的とする企業が市場的競争の中で存続し得るためには、商品生産活動の能率を高め生産性の高揚を求めてやまないのであるが、近代的企業における能率の増進・生産性の増加は、生産の機械化によってもたらされた。このような機械的生産を基礎とする近代的企業は、科学の発展や技術の進歩に伴ってその環境の中で存続し得るために、生産の機械化をますます高度化せざるを得ない。

機械化の進展は、まず物的生産力や人的生産力、すなわち労働力の機械化という個別的機械化として現れ、ついで機械相互間に物的体系、すなわち機械体系が形成されるに及んで組織的機械化として展開されるに至る。生産性を高めるための機械化はさらに企業のあらゆる領域にまで及び、機械化思考は経営的生産を指導する原理となり、企業におけるあらゆる生産的関連はそれに基づいて形成されることになる[31]。

② 資本の固定化

このような生産の機械化の進展は、企業に長期間拘束される固定資本を絶対的にも相対的にも増大させることとなる。いわゆる「資本の固定化」が近代的

企業の特質をなすのである。生産性の増大という市場的要請は、特殊専用機械からなる機械体系を形成せしめ、科学技術の発展とともに投下固定資本の絶対額を増大せしめると同時に、流動資本と比較したその割合をも増大させる。

特定製品生産目的のための特殊専用機械は特定製品の生産にのみ使用価値を有するのであり、その流動化は極めて困難であるといわなければならない。資本の固定化は、「製品選択の非弾力化」を高め、その結果資本回収の危険を高めていると解される。生産性の向上による環境適応力の強化という企業的努力は、その反面新たなリスクを企業にもたらすことになったのである。

[2] 労働の固定化
①労働運動の進展

企業はその目的遂行のために人的生産力、すなわち労働力を大量に雇用せざるを得ないのであるが、企業の発展は労働問題を発生させ、社会的弱者としての被用者側はその利害を擁護するために団結し労働組合を結成する。労働組合は企業の環境を構成する利害関係者であり、その発展に伴い企業は環境主体としての労働組合の要求に対応せざるを得ないこととなる。

その結果、一方において雇用量が生産量に対して弾力性を喪失すると同時に、他方において賃金水準が次第に引き上げられざるを得ないという、いわゆる「労働の固定化」が発現することになる。しかも労働の固定化は、労働組合の発展という企業環境に対する消極的適応として生じたものとしてのみ理解してはならないだろう。それは同時に、企業が環境の中で積極的にその生存を確保するための企業的対応の結果として生じたものとしても理解しなければならないのである。

②労務管理の成立[32]

すでに述べたように、企業は生産性を向上させるために生産の機械化を高度化せざるを得ないのであるが、機械化原理は人間労働にも及びそれを支配する。しかし、機械化原理は本質的に人間性とは相入れない原理であり、機械化の高度化は生産過程における労働者から人間性を喪失せしめ、人間性の疎外をもたらす。人間性疎外は労働者の勤労意欲を減退させ、それは生産性向上を阻害し

企業の市場環境への適応を危うくする。

　したがって、企業の生存を確保するためには疎外された労働者の人間性を回復し、その実現によってさらに生産性を向上せしめなければならない。それは生産過程の中で行われる労働力としての労働者対策（「人事管理」）ではついには不可能であり、企業内に成立している経営社会の中で、それを構成する生活者としての労働者対策としてのみ可能なのである。経営社会は生産非機能的な人々の関連をなし、そこでの生活者としての労働者の生活を安定させ、その向上を図ることが人間化の前提をなす。したがって、労働者の雇用と賃金を保障することが企業にとって必要な方策となり、それは環境適応のための企業的対応として理解される。

③賃金の固定費化
　労働の固定化は賃金費の固定費化をもたらしそれを増大せしめるのであるが、それは資本の固定化による固定費の増大、企業組織の大規模化によって発生する固定費的性格をもつ組織維持費と一体となって、企業の固定費をますます増大せしめる。固定費の増大とその圧力は、資本の固定化に伴う「生産量の非弾力化」をますます増大せしめる。環境適応のために発現することとなった生産量の非弾力化は、逆に企業の環境適応能力を喪失せしめざるを得ないのである。

［3］組織の固定化[33]
　機械化の進展による企業の大規模化は企業組織の大規模化をもたらさざるを得ないのであるが、組織が大規模になると「組織の固定化」が進むことになる。現代企業における意思決定は分業による組織的意思決定が中心にならざるを得ないのであるが、それは組織の固定化あるいは意思決定の非弾力化の問題を発現させる。

①意思決定の固定的反応
　組織の固定化の要因の一つは、固定的反応による意思決定の非弾力化である。企業組織における意思決定の多くは常軌的意思決定であり、それは特定状況に

適合するようにあらかじめプログラム化された意思決定である。この意思決定が反復され行動が固定化すると、状況変化にもかかわらず以前と同一の意思決定が行われることが多い。これが組織の固定的反応と称される意思決定の非弾力化である。

② 意思決定の長期化

その第二のものは、意思決定の細分化による意思決定の時間的硬直化である。意思決定が小さな部分まで細分化され、それらが専門的知識に基づいて決定され、再びそれらが結合されて全体意思決定が完了するのであるが、時間的硬直化とは全体意思決定に要する時間が長期化し、いわゆる「懐妊期間の長期化」と称される現象が発現することを指す。同時に、時間的硬直化は企業組織を構成する成文組織（formal organization）・自生組織（informal organization）・個人の相互間で生まれる目標・利害対立によっても生ずる。利害対立は組織間に緊張状況を生み出すとともに、対立解消のための調整を必要とするのであるが、それらは意思決定時間を長期化させる。

③ 意思決定の不確実化

第三の要因は、組織の内部不確実性の増大に基づく意思決定の不確実化である。それは組織内の意思疎通体系（a system of communication）における障害要因によって内部不確実性が増大し、状況に適合しない意思決定がもたらされることを意味する。これらの要因は、組織の固定化すなわち組織的意思決定の非弾力化を招く。

組織の固定化は、企業組織の大規模化に伴う意思決定過程の組織化によって発現するものであり、それは企業の環境適応の必然的結果といえるであろう。ここでも、企業の存続のための環境への適応努力は新たなマイナス要因を発生せしめているのである。

[4] 新たな企業管理的対応の必要性

① 企業体質の脆弱化

以上のように理解される企業の固定化による企業活動の非弾力化は、企業の

環境変化に対するその適応能力を著しく弱めざるを得ないであろう。向井が述べるように、環境への企業の適応努力は皮肉なことに環境変化に対して極めて脆弱な企業体質をつくりあげ、企業の環境適応能力をかえって逆に喪失させているのである[34]。もちろん企業はこのような体質を回避し、弾力性を高めるための様々な対応を講ずるであろう。実践における企業的方策の多くは、企業活動の弾力性回復を目指す努力として理解され得る。しかし、それにもかかわらず、長期的には企業の固定化は避け得ない一般的傾向と解される[35]。

②新たな企業管理の成立

　組織の固定化は企業の大規模化に伴って生ずるものであり、それは現代企業の環境適応的行動の必然的結果である。ここでも、企業存続のための環境適応努力は新たなリスクを生み出していることが理解できる。特に、組織の固定化による意思決定の弾力性の喪失は「資本の固定化」・「労働の固定化」と相まって、企業の生活能力を著しく低下させる決定的要因である。意思決定こそが企業管理の中核であり、環境適応的行動の出発点だからである。ここに、現代企業がその存続を確保するためには、企業の固定化に対して何らかの新たな企業管理的対策が要請される。それは、企業管理のすべてに「環境調和の思考」を取り入れ、環境適応のための企業管理すなわち「環境管理[36]」を構築すると同時に、企業の非経済的側面における環境適応を課題とする「市民化管理」の成立が求められるからである。

6. 市民化管理と企業メセナ

[1] 企業と環境
①市民社会と企業市民

　社会的存在としての現代企業は、市民社会において「経済的職能」と「非経済的職能」を果たすことによって存続し得る「企業市民」たる社会的生活体である。換言すれば、市民社会における企業は、「企業市民」として経済的職能（「商品生産」という経済社会への経済的貢献）と非経済的職能（「企業市民」としての市民社会への非経済的貢献）が要請されるその構成員の一員である。したがって、

現代の企業は商品生産という経済的分野においてはもちろんのこと、非経済的分野においても市民社会において生活する企業市民としてその社会性を確保し高揚しなければならない。

② 企業管理と環境管理

　大規模化し様々な権力を持つに至り、「公共的制度」あるいは「社会の公器」といわれるようになった現代の企業にとって、市民社会における経済的職能においても非経済的職能においても、環境主体との関連を改善することによってその社会性を確保・高揚し、その生活能力を維持・拡大することを目指す「環境管理」の構築は不可避である。

　しかし、環境管理は、独立的で自律的な一つの完結的管理として企業管理の体系を構成する要素ではない。市民化を目指すいわば広義の環境管理の原理は企業管理全体を貫く基本的思考であり、企業とその構成員の活動を指導する基本的理念であり、環境志向の企業文化が具体化された価値なのである。企業を一つの生命体とすれば、環境管理は企業管理全体を網羅する血管とその中を流れる血液に相当し、その血管が「生産管理」、「労務管理」、「市民化管理」そして「総合管理」の内部に縦横に張り巡らされ、その全体が「企業管理」の全体像なのである。シュテーガーがしばしば言及する、環境管理は「横断職分」であるという言葉は、環境管理をこのように認識することによってはじめてその本質的意味が理解され得るであろう。

[2] 企業の生活能力
① 企業の社会的存在構造

　我々の以上の見解をここで総括的に整理して見よう。その基礎にあるのは、ゴットル（F. v. Gottl-Ottlilienfeld, 1868-1958）の見解を基に、企業、企業管理および経済社会との関連を展開している藻利の「企業の社会的存在構造と企業管理」に関する見解である[37]。

　我々は、企業活動を経済社会を包含する「市民社会」におけるその存在性の維持活動としてとらえる。それはまた、市民社会における企業の「生活能力」の維持・拡大活動ともとらえられ、端的に表現すれば「企業維持活動」そのも

のにほかならない。企業の生活の場を「経済社会」に限定しないのは、ウルリッヒが述べているように、経済活動はそれだけを社会から切り離すことができる孤立的活動ではないから、企業活動は非経済的価値にも関連し、それらからも判断されざるを得ないからである[38]。

企業の生活能力は、市民社会において企業がどのような関連を持って存在しているかという「企業の社会的存在構造」の内に求めることができる。これは、経済的側面と非経済的側面を併せ持つ社会的存在としての、あるいは「企業市民」としての企業の、市民社会における基本的な存在のありさまを示すものである。

②生活境遇と生活態様

企業の社会的存在構造は、企業の「生活境遇」(Lebenslage) と「生活態様」(Lebensstand) という二つの要因から構成される。「生活境遇」とは企業の対外的・対社会的存在構造であり、企業の環境への適応関係を表す構造であり、それは「経済的生活境遇」と「非経済的生活境遇」とに分かれる。「生活態様」とは企業の対内的存在構造であり、ここにおいてもそれは「経済的生活態様」と「非経済的生活態様」の二つに分かれ、当然、「経済的生活態様」と「非経済的生活態様」とは密接な関係にある。また、「生活境遇」すなわち企業の「環境関連」の変化は「生活態様」の変化をもたらし、生活境遇（環境関連）の改善は自律的には生活態様の改善を通してのみ可能である、とされる。

現代企業の生活態様は、「経営技術的構造」、「経営社会的構造」及び「経営市民的構造」という三重構造からなり、「経営技術的構造」は商品生産活動に直接的に関連する経営資源間の商品生産機能的構造であり、「経営社会的構造」は商品生産活動を契機として労働者間に生まれた経営社会や労使関係に関連する非生産機能的構造である。両者はともに商品生産という企業の経済的職能に関連して構成される、市民としての企業の経済的構造である。

これに対して、「経営市民的構造」は商品生産という企業の経済的職能に付随して現れる企業の非経済的職能に関連する構造であり、企業と市民社会との間の非経済的関連を表す構造である。具体的には、「企業フィランソロピー[39]」、「企業メセナ」、あるいは「企業の社会的責任」(corporate social responsibility)

といった企業の社会的貢献にかかわる非経済的構造である。

「経営技術的構造」を合理化するのが「生産管理」の課題であり、「経営社会的構造」を合理化するのが「労務管理」の課題であり、「経営市民的構造」の合理化を課題とするのが「市民化管理」であり、これら三つの管理を統合するのが「総合管理」の課題である。ここに我々は、現代企業における管理を体系的に理解することができる。これらの関連は、以下の図のように示すことができるであろう。

図6-1　企業の社会的存在構造

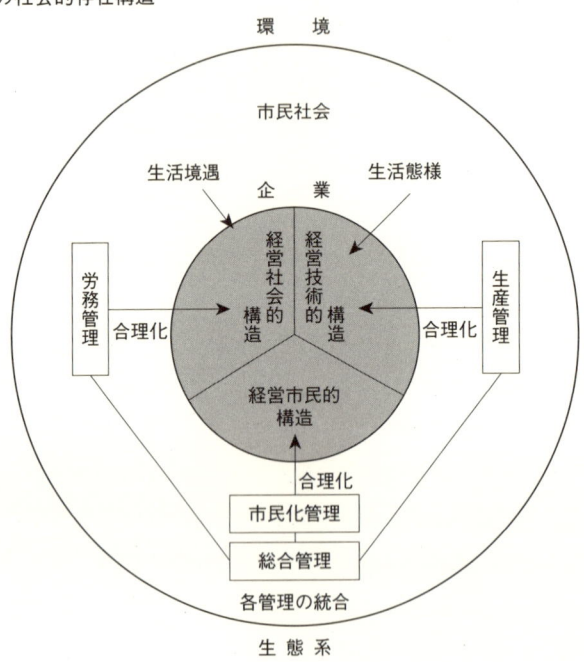

環　境
市民社会
生活境遇　　生活態様
企　業
経営社会的構造　経営技術的構造
労務管理　合理化　　　合理化　生産管理
経営市民的構造
合理化
市民化管理
総合管理
各管理の統合
生　態　系

［3］市民化管理と企業メセナ
①市民化管理の課題

現代の企業は「社会的存在」として社会の中で生活する「社会的生命体」であるから、経済的観点からも非経済的観点からも、市民社会の一員として受け

入れられなければその維持・存続は不可能であり、ましてやその繁栄や発展などは思いもよらないであろう。市民社会の構成員（企業市民）として社会から受け入れられ、さらにその存在が品格の漂う品位あるものとして社会から尊敬され社会の誇りとなることが、その企業の存立基盤を盤石なものとし、その社会性を高めるのである。

　企業管理の課題は企業の「社会性」を獲得しそれを増大せしめることにあるが、企業の持つ経済的側面（商品生産職能）の「社会性」の維持・向上に取り組むのは「生産管理」と「労務管理」である。これに対して、企業の非経済的側面における市民性を獲得しその向上に取り組むことによって、非経済的な「社会性」の維持・向上を課題とする企業管理が必要であり、我々はそれを（非経済的）「市民化管理」と呼ぶ。

②市民化管理の原理

　「市民化管理」の課題から必然的にその原理が規定される。市民社会における企業は企業市民として、すなわちその一構成員として社会に貢献しながら生活することを要請されるから、企業管理全体の原理は広く「市民化の原理」（the principle of citizenization）あるいは「社会化の原理」（the principle of socialization）と解される。

　しかし、企業の経済的側面（職能）における市民化は「生産管理」と「労務管理」の課題であり、市民社会における現代企業には商品生産以外に非経済的職能も要請されるから、「市民化管理」（正確にいえば「非経済的市民化管理」）の原理は固有の（非経済的な）「市民化の原理」あるいは「社会化の原理」以外にあり得ないであろう。

③市民化管理の内容

　「市民化管理」の課題は市民社会における非経済的職能を担当することであるから、その内容は企業そのものと市民社会そのものの特質や両者の関連性によって多種多様なものになるであろう。しかし一般的にその内容として受け入れられているものとしては、企業メセナ、企業フィランソロピー、企業の社会的責任の一部がその代表をなすと解される。芸術・文化・教育・医療・福祉・

一般的な自然環境保護など、市民社会の様々な非経済的分野への貢献活動がそれである。しかし、「市民化管理」についての研究はその緒についたばかりであり、今後なお一層の検討が必要であろう。

7. おわりに

　本チャプターにおける我々の課題は、企業と企業メセナを念頭においた企業の社会的貢献・企業フィランソロピーとの関連を明らかにし、「なぜ企業はメセナを行うのか」という問題の端緒を明らかにすることであった。我々は、現代企業の企業管理が二重体系から「市民化管理」の成立によって三重体系化し、市民化管理による社会貢献活動の一環として企業メセナ活動の企業的必要性を明らかにすることによって、その課題を果たすよう試みようとしている。しかし、本章では、企業による社会貢献活動の必要性については明らかにできたが、なぜ「メセナ」なのか、という問題については未だ明確な回答は提示されていない。

　企業メセナの企業的必要性について、仮説としては、様々な理由をあげることができるだろう。例えば、芸術は人類の最先端の知的活動であるから。あるいは、芸術は人類に多くの精神的影響を与え知的成長と創造的刺激をもたらす重要な社会的制度であるから。または、芸術は社会を豊かにし個人の精神生活に豊かさを与える存在であるから。企業は人類社会の経済活動における中心的存在としてその維持・発展に貢献しなければならない、とか。芸術活動は莫大な経済的資源を必要とするから、多くの経済的資源を有する企業がかつての王侯貴族が芸術活動のパトロンであったようにそうあらねばならない、とか、その理由は枚挙にいとまがなく、また確かな理由もない。

　この課題を解決するために確かなことは、企業管理論という一つの科学での考察では不可能である、ということである。これは様々な科学からのアプローチが必要な、学際的問題である。企業管理論によるアプローチも多様であろうし、同時に企業メセナの本質的考察が不可欠である。そこで我々は次に、この問題の解決に少しでも役立つために、企業と芸術に関する基本的な考察を試みることとする。

〈注〉
1)、2) メセナの定義及び「企業メセナ協議会」の設置については、次を参照のこと。
　　　企業メセナ協議会『なぜ企業はメセナをするのか?』トランスアート、
　　　　　第1章　入門編 ─ メセナQ&A、9頁以下。
3) 90年代以降における企業メセナの動向の概略については、次を参照のこと。
　　　企業メセナ協議会前掲書、17頁以下。
　　　同上『企業メセナ白書』ダイヤモンド社、1991年-2000年。
　　　同上『メセナ活動実態調査』報告書2001年～、メセナ協議会ホームページ。
　　　同上『メセナレポート』2001年～、メセナ協議会ホームページ。
4) フィランソロピーについては、すでに「(公益社団法人)日本フィランソロピー協会」が設立されている。http://www.philanthropy.or.jp/（ホームページ)。
5) 本節の論述は、下記の文献に拠るところが大きい。
　　　藻利重隆『経営管理総論(第二新訂版)』千倉書房、1965年、
　　　　　　第一章　経営管理の発展、第二章　テイラー・システムの本質、
　　　　　　第三章　フォード・システムの本質。
　　　同『労務管理の経営学(第二増補版)』千倉書房、1976年、
　　　　　　第一章　労務管理の発展とその本質、第二章　生産管理と労務管理、
　　　　　　第三章　人事管理と労務管理。
6) 近代的企業とは、産業革命を契機として機械的生産が中心となった企業を指す。
7) 成り行き管理と科学的管理については、次を参照のこと。
　　　藻利重隆『経営管理総論(第二新訂版)』第一章　1頁以下。
8) テイラーとファヨールの管理論の比較については、次を参照のこと。
　　　拙稿「経営管理」、佐々木弘・小松章(編著)『現代企業の経営学』八千代出版、1995年、第4章　経営管理、78頁～79頁。
9) ファヨールの管理論については、次を参照のこと。
　　　H. Fayol, *Administration Industrielle et Générale*, Dunod, 1925.(佐々木恒男(訳)『産業ならびに一般の管理』未来社、1972年)。
　　　雲嶋良雄『経営管理学の生成(改訂版)』同文舘、1966年、第二章　経営管理学の源流としてのテイラリズムとフェイヨリズム　73頁以下。
　　　佐々木恒男『アンリ・ファヨール』文眞堂、1984年。
10)、11)「機械化の拙劣性」と「機械化の精練化」については、次を参照のこと。
　　　藻利重隆『労務管理の経営学(第二増補版)』、16頁-17頁。
12) Vgl., J. K. Weitzig, *Gesellschaftsorientierte Unternehmenspolitik und Unternehmensverfassung*, Berlin und New York 1979, S.11.
13)「環境」の概念については、次を参照のこと。
　　　拙著『環境管理の成立』千倉書房、2006年、　第2章　企業とその環境。
14) 伊丹・加護野『ゼミナール　経営学入門(第2版)』日本経済新聞社、1993年、2頁-3頁。
15) 環境順応と環境適合については、次を参照のこと。
　　　藻利重隆『経営学の基礎(新訂版)』森山書店、1973年、54頁。
　　　同「企業と環境」『国民経済雑誌』第142巻第2号　神戸大学経済経営学会、昭和55年、10頁。
　　　拙著『企業管理論の構造』千倉書房、1991年、161頁-162頁。

なお、トヨタ自動車の奥田碩前会長（前日本経団連会長）（当時）は「強者や賢い企業が生き残るのではなく環境変化に対応したものが生き残る」と口癖のようにいう、と日本経済新聞社「社説」（2006年11月1日付）で紹介されているが、これは企業の環境適応の重要性を実務体験に基づいて指摘されたものと解される。

16)「社会的生命体」としての企業については、次を参照のこと。
　　伊丹敬之・加護野忠男前掲書、11頁以下 参照。
　　藻利重隆前掲書、54頁。

17) Vgl., U. Steger, *Umweltmanagement – Erfahrungen und Instrumente einer umweltorientierten Unternehmensstrategie –*, 2. Aufl., Wiesbaden 1993, S.58.

18) 以下の論述については、次を参照のこと。
　　梅沢正『企業と社会』ミネルヴァ書房、2000年。特に、7.企業の社会的存在意義（241頁以下）。
　　なお、企業の社会性については、藻利重隆『現代株式会社と経営者』千倉書房、1984年、11頁以下、及び、拙著『企業管理論の構造』千倉書房、1991年、164頁-166頁 参照。

19)「企業市民」については、次を参照のこと。
　　宮本惇夫『企業市民』日本能率協会、1991年。
　　田淵節也（監修）『コーポレート・シチズンシップ』講談社、1990年。

20) Vgl., U. Steger, *a. a. O.*, S. 58.

21) Vgl., E. Schmalenbach, *Der Freien Wirtschaft zum Gedächtnis*. 3. Aufl., Köln und Opladen 1958, S.67ff.（土岐政蔵・斉藤隆夫（訳）『回想の自由経済』森山書店、1960年、64頁以下 参照）。
　　Vgl., K. Mellerowicz, *Allgemeine Betriebswirtschaftslehre*, Ⅰ, 14. Aufl., S.73ff.
　　拙著『企業政策論の展開』千倉書房、1988年、77頁以下 参照。

22) Vgl., H. Ulrich, *Unternehmungspolitik*, Bern und Stuttgart 1978, S.153.

23) Vgl., J. K. Weitzig, *a. a. O.*, S.51.

24) 企業環境の地理的拡大は国際企業の発展とともに進展し、国際的環境管理の成立と発展を促すこととなる。この問題に関しては、次を参照されたい。
　　拙稿「企業の国際化と国際的環境管理」『東南アジア研究年報』第47集 長崎大学経済学部東南アジア研究所、2006年。

25) Cf., J. K. Galbraith, *American Capitalism, The Concept of Countervailing Power*, Boston 1952, p.115ff.（藤瀬五郎（訳）『アメリカの資本主義』時事通信社、1955年、142頁以下 参照）。
　　なお、ガルブレイスは日本経済新聞に掲載された「私の履歴書⑱」（2004年1月19日掲載）の中でCountervailing Power（「拮抗力」と訳されている）について触れ、拮抗力という考え方をいささか誇張しすぎたと思っており、これだけで巨大企業に対抗するのは無理がある、という旨を述べている。

26) Cf., K. E. Boulding, *The Organization Revolution*, New York 1953.（岡本康雄（訳）『組織革命』日本経済新聞社、1972年、参照）。

27) Cf., P. F. Drucker, *Managing the Nonprofit Organization.*, New York 2006.（上田惇生・田代雅美（訳）『非営利組織の経営』ダイヤモンド社、1991年、参照）。

28) 企業環境の変質については、次も参照されたい。
　　向井武文『フォーディズムと新しい経営原理』千倉書房、1984年、120頁-123頁。

拙著『企業管理論の構造』、163頁-164頁。
29)「企業の固定化」については、次を参照されたい。
　　藻利重隆『経営学の基礎〔第二新訂版〕』、532頁-535頁。
　　向井武文前掲書、123頁以下。
　　拙著前掲書、129頁以下。
30) Vgl., H. Ulrich, *a. a. O.*, S.13.
31) 藻利重隆『労務管理の経営学（第二増補版）』千倉書房、1976年、176頁-177頁 参照。
32) 藻利重隆上掲書、16頁-19頁、60頁-62頁 参照。
33)「組織の固定化」については、次を参照されたい。
　　向井武文前掲書、130頁以下。
　　拙著『企業管理論の構造』、131頁以下。
　　E. Heinen, *Grundlagen betriebswirtschaftlicher Entscheidungen, Das Zielsystem der Unternehmung*, 2. Aufl., Wiesbaden 1971. S.222ff.
34) 向井武文前掲書、135頁-136頁 参照。
35)「企業の固定化」がもたらすリスクについては、向井武文前掲書、126頁以下を参照されたい。
36)「環境管理」については、次を参照のこと。
　　拙著『環境管理の成立』。
37) Vgl., F. v. Gottl-Ottlilienfeld, *Wirtschaft und Wissennschaft*, 2. Bd., Jena 1931, S.745ff.
　　藻利重隆前掲論文、8頁以下及び53頁以下 参照。
　　同『経営学の基礎〔新訂版〕』、25頁以下 参照。
38) Vgl., H. Ulrich, *a. a. O.*, S.149ff.
　　拙著『企業管理論の構造』、20頁以下 参照。
39)「企業フィランソロピー」については、次を参照のこと。
　　長坂寿久『企業フィランソロピーの時代』日本貿易振興会、1991年。
　　本間正明（編著）『フィランソロピーの社会経済学』東洋経済新報社、1993年。
　　島田晴雄（編著）『開花するフィランソロピー』TBS・ブリタニカ、1993年。

Chapter−2

企業はなぜメセナをするのか
―市民化管理と企業メセナ―

菅家 正瑞 KANKE Masamitsu

1. はじめに

　我々は市民化管理の成立とその課題を明らかにし、企業フィランソロピーの企業的必要性を示してきたが、企業フィランソロピーの一つである「企業メセナ」の企業的意味とその必要性については解答を得ることができず、課題として残っていた。そこで本章では、社会的責任論者として著名なイールズ（R. Eells）の著書『企業と芸術[1]』をとりあげ、その検討を通してその課題にこたえることとする。この著書は、アメリカ経済の黄金時代といわれる1960年代の1967年に出版されたもので、学術的には古い文献ではあるが、その内容は新鮮さを失ってはいない。しかし、我々はその検討に際して、当時の時代背景に注意する必要があるだろう[2]。

　イールズがこの著書を著したのは、従来ではほとんど顧みられなかった「企業と芸術との関連」（the corporate-arts nexus）について、読者の関心を喚起するためである。イールズは次のように述べて、この研究の方向を示している。「明らかに企業−芸術関連にはたくさんの関係が存在する。研究のこの段階では、確かな方向の道筋を定めることに主要な努力がなされ、ルートの数が提示されなければならない」（*op.cit.*, p. 6.）。本書で、企業メセナは彼の研究の重要な部分を構成し論じられている。ここに、我々が彼の所論をとりあげるゆえんがある[3]。

2. 芸術の定義

[1] 芸術と企業

　イールズによれば、「現代企業[4]」(modern corporation) と「芸術」(arts) とはアメリカにおける二つの主要な「制度[5]」(institution) である。両者は、驚くべき変化を経験し密接に接触し、企業と芸術に深い関係を持つ「集中的発展」をもたらした。この集中は、多くの人々にとっては明確ではないが、回避することはできず、現在も生じており、体系的にもたらされているのである (cf., *op.cit.*, p. 1.)。

　例えば、企業と芸術との関係は「企業メセナ」に見られる。あるいは「政府パトロン制」(governmental patronage) と並んで、「企業パトロン制」(corporate patronage) がある。芸術家への財務的支援は、芸術家の繁栄と文化的生活の生命力への貢献をもたらしており、必要であり避けられないと彼は考えている。「社会における芸術の役割と文化的成熟への芸術の貢献について、適切な意味が結びついた問題は回避できない」(cf., *op.cit.*, pp. 1-2.) のである。

　芸術は次第に、公共と私的な領域の両指導者によって不可欠であると認められた。「芸術への支援は基本的であり、問題は我々が合理的理由を得るまで守られるであろう」(*op.cit.*, p. 2.)。このように、芸術は、公的領域でも私的領域でも、指導者たちによって次第に独立した存在として認められつつあり、芸術への支援は基本的問題なので、理由を見つけるまで何としてでも支援されなければならない、と彼は主張する。しかし、問題は芸術への財務的支援だけがすべてではない。「中心的問題は、包括的に、歴史的に、相対的に見れば、スケールの大きい制度的相互関係の一つ」(*op.cit.*, p. 2.) なのである。必要なのは、企業と芸術の両者の発展における時間と深さへの展望である。このように、彼はこの研究における問題提起を示している (cf., *op.cit.*, p. 2.)。

[2] 芸術の概念

　さて、考察を展開するためには、いくつかの用語の定義と何らかの前提条件が必要である。ここでは、何よりもまず「芸術」とは何か、という困難な概念規定が不可欠であろう。

芸術という言葉にはたくさんの概念があり得るし、定義のいかんによっては彼の研究のテーマである企業－芸術関連についても異なるであろう。彼は、それらについて入念な考察を行っているにもかかわらず、中心的テーマに取りかかるには厳格な概念規定は不必要である、と述べる。しかし、少なくとも試験的定義は必要であろう。そこで、彼は、教義的で学術的定義は役に立たないとして、自由主義的見解に立つ。それは、いわゆる「ファイン・アート[6]」(fine arts) から「マスコミ文化」(mass culture) にまで及ぶ極めて広い領域を持った概念である (cf., *op.cit.*, p. 3.)。「『芸術』の定義は、ほかの何よりもより定義者の関心に依存し、……我々のここでの関心は、定義ではなく、企業の環境における芸術の影響と範囲にある」(*op.cit.*, p. 8.)。

　このように、彼の論議の出発段階における芸術の定義は極めて広く、その定義自体も必ずしも明確ではない。彼の論述から推察すれば、企業と芸術の関連を研究する場合、自由な論議を展開するためには極めて広い概念から出発することが有益であると思われる。

[3] 芸術と非人間化

　イールズは、芸術の概念を模索するために芸術の持つ多様な側面に触れているが、ここではその一つとして芸術の非人間化についての主張を見てみよう。

①芸術の機械化

　科学はほとんど理解不能な方法で芸術に影響を与えた、とイールズは考える。科学は、ファイン・アートからその有用性を引き離し、人間奴隷制度について普遍的な命題を設定した。マニュアル的仕事は芸術的に見れば奴隷化であり、ファイン・アートに含まれる「基礎機械学」(base mechanics) は職人 (craftmanship) に残された。デューイ (J. Dewey, 1859-1952)[7] は両者を比較し、大量生産とファイン・アートの分離は決定的になり、重要になり強化される新しい転機を迎えた、と考える。生産は機械化され感覚的なものはその反対物になった。手工業者の選択の自由は狭まり、製品との関連は薄れ、芸術との関連も否定された。この分離は現代的文明化の中で、芸術の最も重要な要因と考えた (cf., *op.cit.*, pp. 12-13.)。このような「病理学的孤立化」(pathological isolation) の主張は、

現代的感覚が拒否することで二律背反になるかもしれない。科学的・技術的時代では、芸術は余分なものであるかもしれないのである (cf., *op.cit.*, p. 13.)。

②芸術の機能主義

イールズは芸術概念について自問自答する。我々が芸術の境界を極めて広く設定するならば、純粋に実用的に舗装された道路が企業の単なる付属物としての芸術概念だろうか、と。もちろん、答えはNOである。なぜならば、芸術は自律的であり、それは企業の基礎においても遭遇し、現代企業は芸術に基礎を与えなければならず、その過程で企業は偉大なる存在に強化されるであろうからである (cf., *op.cit.*, p. 24.)。

反対の立場に「芸術のための芸術」という見解がある。ハーバート・リード (Sir H. Read, 1893-1968)[8] は、イデオロギー的に有用な機能と正当化に有用な機能は区別されなければならない、と主張する。彼は、芸術は産業の単なる召使いでなければならないことを決して認めないが、それが産業に応用されなければ社会的病理の危険がある、と論じ、精神的にバランスが取れた生活における芸術の役割を強調する。彼の見解によれば、文明化されていない社会では完全に芸術の創造性はまだ実現されず、現代の心理学的技術と、現代的生産の利益を人間性のために獲得する決定を通して、恐れと抑圧から逃れる約束をしているのである[9] (cf., *op.cit.*, pp. 24-26.)。

芸術のこの見方は、芸術の俗物主義者を非難するが、高い芸術から除外される芸術に対しては良く取り扱う。芸術は道徳と政治によって判断されるというが、このような芸術の「非人間化」(dehumanization) は非難される。これらは、芸術の現代企業への関係についての微妙な論争であり、一方では企業目的に偏る問題であり、他方では効果のない美的目標に偏った企業目的の問題だからである (cf., *op.cit.*, p. 27.)。

芸術の機能主義 (functionarism) という「美学」(esthetics) の革命は、産業の機械化が新しい道具を提供したように、デザインの意味に新鮮な洞察を与えた。しかし、イールズは、機能主義は適切な正当性がなく人間活動への芸術の従属をあまりにももたらした、と批判する。芸術は宣伝や説教のような共通の精神的経験や活動への呼び込みではない。目標への芸術の密接なかかわりは、芸術

よりも行動を招くようなミスリードをしがちである、というのである (cf., *op. cit.*, pp. 27-28.)。

［4］芸術の定義

　芸術に対する以上の考察から、イールズはその定義について次のように結論する。

　芸術にとって重要な意義を持つ将来の発展の印を認識するのは簡単ではなく、それは歴史における重点的で継続的な印である。狭い定義は目的に貢献せず、芸術の存在理由にも貢献しない。芸術に関する何かを決定する、何らかの正当性ある永久の法則があるとも約束できない (cf., *op. cit.*, p. 43.)。

　水も漏らさない芸術の定義は、芸術と企業との間の相互作用の探求にとって必要ない。我々は、取捨選択的で経験的なアプローチで満足しなければならない。美は哲学の重要な部分であるが、そこに深入りしないし、その必要性もない。美学者にとっては、企業－芸術関連の領域の研究は実践的仕事の一つである。我々が「企業政策[10]」に影響する芸術の関係を見つけるように、芸術に関する新たな関係を学ぶのである。イールズは今や芸術を広く定義する。芸術は主として私的で地域的な主導のための事柄であり、彼の中心的な関心はこの主導性における企業の役割なのである (cf., *op.cit.*, pp. 43-45.)。

　ここで我々が注意しなければならないのは、何人かの論者が芸術の「非人間化」について語っていることである。このような主張は、我々に芸術における「人間性疎外」という重要な問題を提起する[11]。芸術が機械化され、芸術とその生産が分離し、芸術作品と芸術家の関連が希薄化する、という芸術の「人間性疎外」の進展の出現である。イールズも、社会には芸術への傾向が多く存在しながら、芸術の「非人間化」について多く語られていることは、十分矛盾に満ちている、と問題を認識してはいるが、この問題について深く追求はしていない (cf., *op. cit.*, p. 27.)。

　しかし、企業メセナの本質を究明しようとする我々の観点からは、決して見逃し得ない問題であることをここで指摘しておかなければならない。これは、我々が企業と芸術との関連を考察する際の、基本的問題にかかわるであろう。非人間的なものは、果たして芸術のみに限定され得るのか、という問題が存在

するからである。その考察は後に残すこととして、次に企業に関する彼の見解を見てみよう。

3. 企業の定義と現代企業の出現[12]

[1] 企業の概念

　本テーマを考察するためには、少なくとも、芸術概念とならんで、「企業[13]」の定義が不可欠である。イールズは、企業を語るとき「自由」(freedom) との関連を重視する。

　アメリカのビジネス・リーダーにとって、芸術の社会的関連が次第に重要になった。また、市民レベルにおいても明らかにある種の「自由」と「企業」に極めて関心が高い、ということが状況的に示されている。この事実を明らかにするためには、自由と企業という言葉の内容が変化していることを明らかにしなければならない。彼は、次のように説明する。

　「我々は、我が国の繁栄に到達する新たな領域の縁に立っている」(*op.cit.*, p. 5.)、と。USの文化的活動が増大する潮流の存在は、特に企業において顕著である。企業と芸術には多くの関連が存在するから、「より良い社会の精神的次元が満たされるさらなる課題に我々が移動するように、ビジネスと芸術の『同盟』(the alliance) はおそらく次第に堅く確立されるだろう」(*op.cit.*, p. 5.) と彼は予見する (cf., *op.cit.*, pp. 5-6.)。

　イールズによれば、企業と芸術との関連が決定的に強まり深まったのは、資本主義が発展し、いわゆる「現代企業」が成立してからであり、このような発展の歴史の中で企業と芸術との関連をとらえることが必要であると、彼は主張する。イールズは、アメリカにおいて文化的ルネッサンスが最新の傾向に反映しているだけでなく、「長期的な意味を持つ何かが沸き立っており」(*op.cit.*, p. 145.)、それは、芸術の制度的構造において基本的変化が潜行していると同時に、企業が社会的制度へと進化していることであると、主張する。そして、これらの企業の制度的変化と芸術の変化が遭遇し交わるならば、それは、アメリカ文化に関する新たな1ページを加えると同時に、両者が分離された研究では誰も予見できないものである、と断言する (cf., *op.cit.*, pp. 145-146.)。

[2] 二つの資本主義と企業

　彼は、企業についてその類型を示しているが、本テーマについて関連するのは、「資本と経営の分離」（separation of ownership and control）が進み、「専門経営者」（professional manager）によって支配されている大企業である。彼は、資本主義を二つの範疇に分け、さらにそれらの範疇に属する企業を区別する。

① 大衆企業資本主義（public corporate capitalism）

　イールズによれば、この範疇の目印は、株主と経営者間の「所有と支配の分離」である。この範疇の企業は巨大であり、意思決定には重い社会的責任が付随し、収益性は事業成果の唯一の基準ではない。企業－芸術関連では、社会的責任のみならず、より高い文化的目標を目指す社会に適合するよう社会的制度の側面により広く注意をはらう。この範疇の企業は三つの副次型に区別でき、芸術にそれぞれ独自の態度を持っている。それらは、ⅰ) 偉大な10億ドル企業、ⅱ) 数億から20億ドルの大企業、ⅲ) サービス型の中・大企業である（cf., *op. cit.*, pp. 158-160.）。

② 私的資本主義（private capitalism）

　イールズは、ここでは三つの副次型を区別している。ⅰ) 伝統的企業、ⅱ) ベンチャー企業、ⅲ) 山猫企業（山師企業）、がそれである。これらは、古い資本主義に適合し、大衆株主、専門経営者、取締役は持たず、所有と経営の分離はない。社会的責任への関心と新領域への活動に対する緊張はなく、私的資本主義の典型が見られる。これらの企業は混在し、境界も不透明であり、株主は投機に向かうか、大衆企業資本主義の企業に向かう（cf., *op.cit.*, pp. 161-162.）。

[3] 大衆企業資本主義と現代企業

　イールズは、二つの資本主義における企業の特徴を、以下のように整理している。

　「今日の企業制度は、伝統的な法的で経済的な伝説の企業と比較されるように、記録すべき進化を成し遂げた」（*op.cit.*, p. 146.）。企業は左翼からしばしば批判されるが、それは資本家社会の構造が概略的に二つの一般的な範疇に入る

企業型を持っているからである。第一の範疇は、「大衆的企業資本主義」あるいは「民主的資本主義」（democratic capitalism）として特徴づけられる企業である。第二の範疇は、アダム・スミスの時代を思い起こさせる、アメリカでもたくさん残っている事業単位である（cf., *op.cit.,* pp. 157-158.）。

　企業に向けられる批判は、企業は極大利潤への突撃によってのみ動機づけられるという仮説である。企業は、左翼のみならず右翼からも批判される。企業は所有者のために利益獲得の事業に厳しく邁進すべきである、というのがそれである。しかし、「ビジネス界の偉大な企業指導者達によってとられた政策は、古典的経済学と古典的社会主義の両者が受け入れた教義を物ともせず飛び込むのがしばしばである」（*op.cit.,* p. 147.）。すなわち、今日の企業はイールズのいう現在の制度的地位へと発展したのである。「企業は確かに『人工人間』（artificial person）であったが、それは、同様に西洋社会の生態的条件に対する知的人間の自然な反応であった」（*op.cit.,* p. 147.）。人間の共同的努力によって制度化した企業は、すべてが自然であり、共通目的から生まれる生命力を授けられた。企業は、人間の制度として、その政策に人間的特性を必然的に反映して以来、長期的観点をとる人々によってそのようにつくられたので、「企業政策」の「心のこもった」質にはほとんど驚かされない。だから、社会的責任をとる企業の出現に驚かない。大切なのは、「企業は召使いであり、主人ではない」（*op.cit.,* p.147.）、ということである（cf., *op.cit.,* p. 147.）。

［4］現代企業の出現

　結局、イールズが強調したいのは、企業自身の管理の構想が変化した、ということである。企業統治の構想は事業指導者自身からもたらされたが、この新しい企業統治は企業－芸術関係を考察する時には特に興味があるものである。この構想の作用から、州の立法でも、企業法における「新しい見方」（new look）という興味ある傾向が現れ、また同じ方向に働く企業権力の法的解釈の傾向もあった。全体的傾向としては、企業の自律性が強化されたが、公的所有の企業には伝統的構想が残されたままであった。一方では、企業は合理的で競争的な「経済人」（economic man）の利潤探求単位として狭く取り扱われ、他方では、「政治人」（political man）との関係で権力の体系としての現代企業の居場

所は見つからず不安定であった、とイールズは見ている (cf., *op.cit.*, pp. 154-156.)。

しかし、「新資本主義」(new capitalism) の典型である制度的大企業の陰には、まだたくさんの伝統的企業が存在する。このような豊かなシステムの多様性と弾力性は強さの源泉の一つであり、もう一つは、いわゆる資本家システムの実践的方法である。伝統的企業は現代企業とともに繁栄する。社会的に考える経営者の見える手と、古典的教義の創造的な自己統制経済は協働する余地がある、とイールズは考えているからである (cf., *op.cit.*, pp. 156-157.)。

[5] 企業－芸術関連に対する意味

以上の企業に関する検討は、企業－芸術関連にとってどんな意味を持つのであろうか。

今日の企業管理は株主の意志に関係なく独自の道を歩む、としばしばいわれている。「しかし」とイールズは反論する。彼は、投資家と管理は企業に同じ関心を持つのが事実である、と断言する。異なるのは、上述の六つの企業の型の違いは、異なった外部関係の政策を経営者に要求する、ということである。それらの相違から、これらの企業の芸術への関連に何らかの影響が現れ、それらの関連は歴史的展望の中で最良に見ることができる、と主張するのである (cf., *op.cit.*, pp. 161-162.)。

ところで、イールズが述べるには、例外的に私的資本主義の企業が芸術と文化の発展に寄与し、制度的企業は最も保守的で新しい資本主義の標準を逃がすように見えるが、新しい価値に到達したほとんどの企業は、基礎を固め新分野に進出する一般的で偉大な制度的企業と見られるべきなのである。私的領域への経済の進出は過去の10年間でほとんど実現しており、特に大衆的企業資本主義として述べられた中間の領域に進出しているのが何よりも重要である、と彼は強調する。「偉大な制度的企業の経営指導者は、全体としての政治経済の新しい類型の言葉で、未来に挑戦しなければならない」(*op.cit.*, p. 165.)。指導的企業は大衆事業を責任として考えており、「企業フィランソロピー」と関係してそのような活動を含んでいる。国家的問題を解決するのが彼等の事業ではなく、単に物を生産し販売することである、と認識しているのはほんの少数の企

業である。このような状況から、彼は、これらの傾向は、社会的責任という長く論争された問題の再考を促すであろう、と予測する (cf., *op.cit.*, pp. 165-166.)。

イールズは、アメリカは国家の繁栄に到達する新領域の縁にいる、と認識する。そして、文化的活動が増大する傾向がある、と国家の動向をとらえている。それは、企業による支援の潮流の増大である。社会の経済的土台を構築する時代から、社会の精神的次元の課題に我々が移動するように、ビジネスと芸術の同盟は次第に堅固に確立される (cf., *op.cit.*, pp. 165-166.)。

彼のこの認識は重要である。後述するように、時代は経済的問題から精神的問題に重要性を移動せしめ、精神的問題の解決に果たす企業の役割が重視されてきていると認識されるからである。

以上のようなイールズの見解から我々が注目すべきことは、ⅰ）アメリカの資本主義発展の中心は制度化された大企業であること、ⅱ）発展した大衆的資本主義において企業は本来の事業とならんで、社会的責任を要請されていること、ⅲ）社会的責任を含む企業活動は不可欠の要素として芸術を必要としていること、ⅳ）その際、社会的責任の内容は、物的・経済的問題から非物的・精神的問題に重点の移動が推測されること、である。

4. 芸術と企業の関連[14]

芸術は、経済体制とならんで政治体制とも密接に関連している。イールズは、政治が芸術に対してどのように関与するかという問題は芸術にとって決定的であり、特に芸術にとって命ともいうべき「創造性と革新の自由」(freedom of creativity and innovation) に対処するのが政治である、として以下のように述べている。

[1] 政治と芸術
①政治体制と自由
　イールズは、企業と芸術の共通性は「自由」である、という。「創造し革新する自由は、芸術が繁栄するための必要条件である」(*op.cit.*, p. 46.)。自由は、企業と芸術の相互作用にとって基本的問題であることを強調し、自由社会と対

照的な「権威主義」(authoritarian)と「全体主義」(totalitarian)がもたらす「専制政治」(despotism)における芸術の悲惨さを指摘する。同時に、彼は、「多元社会」(plural society)の重要性を指摘する。多元社会では、「連合」(association)の自由が基本であり、自由によってたくさんの連合が生まれる。ビジネスマンにとっては、それは共同的に活動する自由であり、経済の広大な協働行動を成長させた。多元主義は、連合の自由の注目すべき社会的価値であり、それは労働にも資本にも適用される。彼はそれを、芸術から経済まであらゆるものを生みだした高度な生産的システムであると評価すると同時に、権威主義と全体主義を「立憲主義」(constitutionalism)と関連させて批判する (cf., op.cit., pp. 46-48.)。

②束縛された自由

ところで、「自由と解放は、科目から科目へ、国から国へ、政治から政治へと動くときに変化する可能性がある」(op.cit., p. 50.)。共産主義と全体主義では、芸術と企業を政治的エリートの権威主義的命令に屈服させることが目的である。しかし、共産主義と全体主義が消滅しても、革新と創造性が脅かされることがないわけではない。例えば、芸術と企業の場合では、創造性と革新のために対抗するか否かが問題である。創造性と革新に必要な条件は、民主的社会の命と同じである。しかし、立憲的体制でも、制限は政府によってすなわち政治的エリートの下に置かれている。ナチス・ドイツや共産主義では、芸術は政治から解放されて栄えることはできない、とイールズは解するのである[15] (cf., op.cit., pp. 48-54.)。

[2] アメリカにおける芸術活動
①多様な社会と芸術

自由国家を標榜するアメリカでの芸術と国家権力の状況はどうなのであろうか。イールズによれば、もちろん必要な規制はあるが、「全体主義の統制と比較して、我々の公的な芸術のそれでは異なる度合いと種類があるだけである」(op.cit., pp. 57-58.)。USでは、「公的政府は公的な利害がうまく確立された理由と、立憲的手続きを通して受け入れられた公的政策義務を除いて、私的部門を侵害してはならない」(op.cit., p. 58.)という仮説がある。それにもかかわらず、

アメリカの多様な社会では、様々な要求や抗議があり、押し寄せる利害は、この動きを可能にする公的政策と私的努力が一緒になって、何が良い芸術かという岐路に潜む代理人を刺激する。芸術の国民的基金の設立に関する討論の際に問題が生まれ、創造的自由の基本問題は残され、この問題は企業経営者にとって必要な不可侵的自由の問題と密接に関連する (cf., *op.cit.*, pp. 58-59.)。

その問題とは、芸術に対する企業支援、特に彼等の創造性と自由に対する支援である、とイールズは解する。「芸術家に対する創造的自由という『必要性』はそのような支援を要求する」(*op.cit.*, p. 59.)。三段論法的にいえば、ⅰ）芸術の創造性は芸術家に対する私的部門の保護に依存している、ⅱ）企業が芸術的自律性に力を入れなければ政府支援から生まれる芸術に対する統制の危険性がある、ⅲ）よって上述の命題が証明される。また、芸術への企業支援は、科学者、技術者、企業者の革新的自由における企業利害に密接に関連している (cf., *op.cit.*, p. 59.)。

イールズは、政治と芸術の関連を具体的に検討している。例えば、ケネディ大統領（J. F. Kennedy, 1917-1963）は1963年に経営者レベルで芸術に関する大統領諮問委員会を設置したが、彼はこの文化芸術政策を高く評価する。ケネディの死後、ジョンソン大統領（L. B. Johnson, 1908-1973）はケネディの政策を受け継ぎ、以後文化・芸術に対する政府の支援は強く進められた[16]。その一つが「パトロン制」(patronage) である (cf., *op.cit.*, p. 60ff.)。

②芸術のパトロン制
　ⅰ）芸術の政府パトロン制（governmental patronage）

これは芸術への連邦政府による支援であるが、大衆は必ずしも好意的に受け取らなかった[17]、とイールズは判断している。芸術の自由な創造性という条件は確保されるのか、政府は文化の発展を本当に助けるのか、政府の控えめな支援さえも防御しなければならないのか、といった問題が論じられた。しかし、連邦政府は、芸術は重要であり義務があるという原則によって、公的な一歩を踏み出したが、これに対してさえ厳しい戦いがあったのである。「基本的問題は、まさに憲法やほかの根拠によって、芸術へどんな連邦の支援あるいは芸術の促進が認められるか、である」(*op.cit.*, p. 71.)。通常考えられる政府援助は、芸術

家と制度への財務的許可であり、減税や免税といった租税措置である。同時に何もしないことで、政府は例えば著作権のように芸術家の負担を担っている。企業を保護する連邦税と著作権の力を使用することは、企業－芸術関連の根本を得ようとする企業経営者にとって特別な利害がある、と彼は考えている（cf., *op.cit.*, pp. 68-74.）。

ⅱ）私的パトロン制（private patronage）
　芸術の保護・発展については「私的パトロン制」で対応できる、と考える人たちがまだいるが、イールズは企業支援の達成度合いについて疑問を呈する。全体の資源は急速に成長する要求に多分対応できないであろう、と彼は考えている。結果として、私的資源は使い切れない泉ではないという現実に直面し、この国では芸術スポンサー制度の混合的特徴を受け入れなければならないであろう、と予測する（cf., *op.cit.*, p. 78.）。
　そうならば、創造性と革新は次第に抑圧されるのであろうか。創造し革新する自由は、芸術の財務的支援と経済的生産システムの混合にそれほどに依存しないであろう、とイールズは推測する。その理由として彼が指摘するのは、ⅰ）高い優先的目標である創造性と革新を維持する市民社会の意志の強さ、ⅱ）この目標に到達するために選ばれた方法と手段の効率性、である。芸術は企業管理とは相容れない領域であるとはいえないし、芸術は明らかにビジネス活動に密接に類似している。それは、革新を生む人間の心と個性の質に依存しているからである。そこで、イールズの研究は個人の問題にまで及ぶのである（cf., *op.cit.*, p. 78.）。

［3］創造的自由の条件
①芸術と企業の自由
　イールズは、アメリカにおいて芸術は適切な条件を与えられて栄えるだろう、と予測する。新しい有利な技術を得るのは疑いもなく芸術家の自由であり、この自由は企業者の革新的活動を含めて、革新一般に要求される自由と何ら異ならない。企業政策形成者が芸術成長の条件に注意する必要があるのは、自由の条件が共通するからである。芸術的創造性が必要な領域で人々が自由を求める

とき、企業指導者が共通の理由をつくることは望ましいことである、と彼は述べる (cf., *op.cit.*, p. 74.)。

　自由とは捕まえどころがないものであり、それが奪われてはじめて我々はそれを最も正しく理解する。創造的個人への抑制を最小化することは、西側の伝統における基本的要求である。権力の抑制に対しては創造者と革新者が立ち上がるべきであり、それは社会を豊かにするためには必要である。しかし、「もっと何かが必要である」、とイールズは考える。政府権力の創造的利用は必要であり、これは芸術と産業にも適用されるべきである。国家権力の行使は市場の成長と繁栄に必要な条件であったが、問題は芸術と創造的自由に関する意義である。政府は、創造的人間を養育するために少なくとも第一ギアを入れたが、芸術を育てる権力を持つ憲法を改正してはならない、とイールズは強く主張する。権力の保持者が創造的人々に背を向けない抑制と、創造的能力を勇気づけ自己効率化する機会を開く政府の賢明な権力行使に加え、創造性と革新を通して進歩する芸術にとってはさらに次のような必要条件がある、と彼は述べる。ⅰ）潜在的革新者と芸術の作品の創造者が実際に存在すること、ⅱ）真に自由な社会の環境において、彼等自身の能力、「非抑制」と機会が真実であるという、能力が与えられた一部の人々の自覚、がそれである (cf., *op.cit.*, pp. 74-76.)。

　潜在的革新者や無名の創造的人間が現れることに成功するのか、彼等の能力を究極に発展させる方法を知っているのか、これが芸術的で革新的な自由に対する条件である (cf., *op.cit.*, p. 77-78.)。

②企業-芸術関連と自由

　イールズが強く主張するのは、「自由」の確保である。自由は、公的部門はもちろんのこと、私的部門においても確保されなければならない。この自由は政治と密接に関連するので、彼はいくつかの政治体制の検討によってその自由の内容を検討している。その結果、彼が認めるのは「民主的立憲制」（democratic constitutionalism）である。全体主義も独裁主義も単なる立憲制も、必要な自由概念を認めない。民主主義が浸透し「文明社会」（civilized society）が形成された段階において自由が確保される、と彼は考えるのである。

　その意味において、アメリカ社会は十分な要件を備えている、と彼はいう。

もちろん政府は無条件の自由を認めているわけではないし、芸術活動に対する基本的構想と政策によって自由を拘束している。しかし、その拘束と統制は適正に行使され、必要な抑制が行われている、と彼は評価する。したがって、アメリカにおいては自由、特に芸術活動と企業活動に絶対的に必要な「創造性と革新の自由」が保証されている、と確認するのである（cf., op.cit., p. 68ff.）。

ところで、企業活動と芸術活動にとって自由の確保と保証が重要であるとしても、企業－芸術関連についてはどんな意味があるのであろうか。自由はそれらの活動にとって不可欠であるとしても、両者の関連を強く主張することはできないであろう。自由と両者の関連を明白にするためには、より深い検討が必要であると考えられる。両者の発展にとって、この検討は不可欠である。我々は、さらにイールズの主張を検討し、企業－芸術関連の考察を深めなければならない。

5. 企業目的と芸術[18]

[1] 芸術と知識

イールズによれば、芸術は、事業の地平線を広げることに貢献できるが、これは表面的なことで、真実は、知識とアイデアのコミュニケーションを探すために、芸術と企業に共通する目的の言明を発展させる厳しい努力が必要である（cf., op.cit., p. 80.）。

それでは、芸術と企業にはどのような共通目的があるのであろうか。

①知識の獲得と企業

イールズは、経営者が、科学の発展やコンピュータと並んで、知識探求の小径（path）として芸術の価値を評価するかどうかについてはまだ疑わしい、と慎重に考える。新しい知識の探求は、事業前進の表明である。知識の新しいフロンティアの拡大は、偉大な企業の特徴である。それゆえ、今や、知識を持った芸術は、それを探求したことのない人々によって追求されている、と彼は観察する（cf., op.cit., p. 81.）。

ところで、イールズは、企業と芸術に関しての事実認識について欠陥がある

と主張するが、芸術は、「現代企業においては知識の小径として、政策者のために重要な意義があると考える」(*op.cit.*, p. 82.)。これは最も重要なことである。なぜならば、偉大な企業の生存と成長は、利用可能なあらゆる源泉から知識が継続的に流れ込むことに依存し、芸術の分野は価値ある知識のまだ認められていない源泉の一つだからである、とイールズは解する。この欠陥とそこから生まれる反感は、芸術家にも企業者にも見られる。それゆえ、もし芸術と科学と産業が同盟し共通目的追求の提案がなされたら、大きな疑いが起きるかもしれない。イールズは、実は潜在的にそのような同盟があり、これは問題を議論する共通目的のために、芸術と企業という二つの大きな制度に対する現在の傾向を検討する目的を持つ、とことの重要性を認識している (cf., *op.cit.*, pp. 82-83.)。

②科学と芸術

科学も同じ目的を持っている、とイールズは考える。夢世界が芸術の世界であるならば、反対目的がつくられなければならない、と彼はいう。夢が科学に対する抵抗部分であるならば、自分の夢を美的形式で表す芸術家と、両者は類似している。賢明な人は、科学的信憑性を問題とせず、あるいは芸術家の表現を誤解しない。

認められない職業に芸術家がついたならば、それは今日では異邦人として非難される危険と、新ギルド主義に後退する傾向が存在する。科学と芸術という二分法は、芸術家を非現実的な夢世界に落とし込み、「正確な」知識が必要ならば、自分自身を科学者と呼ぶあらゆる人にドアは広く開けられるだろう。ギルド・カードの切り直しと、入会規則の基本的修正は、正確な科学の不正確性を認め、芸術家の有効な評価を意味する。芸術家の急進主義と改革主義に対して、必ずしも目立って尊敬でき、いつも自然が選ぶとは限らないことを忘れてはならない、とイールズは忠告する (cf., *op.cit.*, p. 83.)。

③人間と芸術

イールズによれば、必要なのは、全体として人間を見ることを助け、人の感情と熱情に対して真実を貫くために、芸術家が客観的な管理者として人を助けるという真実である。したがって、人の性質をより真実に理解する方向を目指

す自由社会には、芸術家が必要である。例えば、演劇家は社会的シーンではとても重要である。演劇家が大衆に訴えるならば、彼等が打ち出す和音は演劇家とともに賛同するから、多数の人々が共鳴するだろう (cf., *op.cit.*, p. 84.)。

　倫理的な問題を述べる自由は最も重要な自由の一つである。しかし、解決は、多くの人々によって力強く問題が述べられるまで不可能である。芸術は強く要求する倫理目的を持つ[19]。しかし、疑問符が付く人間条件について述べるためには、何かが、演劇芸術を使う社会価値に対して述べられなければならない。演劇家の仕事は、「問題」を演じるよりもより効果的に自由社会の目的に貢献することであろう。なぜなら、彼等は人間条件を純粋に述べることより、想像を刺激し、社会関係のより均衡が取れた見解をもたらすからである、とイールズは解する (cf., *op.cit.*, p. 84.)。

④真実の追究と「理解の方法」(instrument of understanding)

　ケネディ大統領は次のように述べている。芸術は「争いの武器ではなく理解の手段として、最も深遠な意味で政治的であり得る」(*op.cit.*, p. 85.)、と。これは、最も広く深い意味で、理解するためのキーワードである。芸術は政治的のみならず市民的にも必要である。「広い市民−教育の意味で、芸術は神の知識と真実の知識の両者のために必要である」(*op.cit.*, p. 85.)。今、我々は科学的意味で真実の追究と芸術の役割を見ているが、そこには困難性と反抗が存在する。困難性は、科学と芸術の間に壁をつくる傾向から生ずる。知識への小径とコミュニケーションの手段としての芸術、という考えに反抗する輩は、芸術家だけではないのである (cf., *op.cit.*, p. 85.)。

　ここでイールズは断言する。科学的真実の理解の門として、芸術の必要性には論争の余地はない、と。芸術は知識の冒険の統合的部分なのである。論理的分析が失敗に対する直感的判断を提供する。それは理解力であり、極めて簡単であるが科学的な言葉では簡単には述べられない、感情の複雑性を解く鍵である。これは、理解の方法の用具として、芸術に対するケネディ大統領の指示を拡大する。拡大は、より重い企業−芸術関連を探求する人々を刺激する。企業と芸術の相互作用は強く繰り返されなければならないが、まだ汲み尽くされてはいない。両者の関係の本質は、芸術家と企業者の共通目的を探求することに

よって、より密接に接近しものを超越した真実が明かにされることで、理解の用具としての芸術が正当化される。このように、イールズは、企業に必要な真実と知識について、芸術はそのために大きな役割を演じることを説明するのである (cf., *op.cit.*, pp. 85-86.)。

6. 企業の社会的責任と芸術[20]

　企業と芸術との関連を考えるとき、我々は、「企業の社会的責任[21]」(corporate social resposibility)について言及しないわけにはいかないであろう。なぜなら、企業の社会的責任の概念は多様であるとしても、それは企業の社会的貢献を必ずといって良いほど包含しており、社会的貢献の内容の一つとして多く行われているのが企業の文化・芸術に対する支援、いわゆる「企業メセナ」だからである。イールズもまた、企業の社会的責任と芸術との関連を考察している。

[１] 大企業の社会的責任
　イールズによれば、企業と芸術との関連について語るならば、企業の「社会的責任に注意の焦点が当てられるべきである」(*op.cit.*, p. 167.)。なぜならば、一般的な仮定として、「企業が大きくなればなるほど、芸術の実践家と保護者の社会的責任は大きくなる」(*op.cit.*, p. 167.) からである。「しかし、芸術への社会的責任は現代企業の一般的な『社会的責任』の副次的機能である」(*op.cit.*, p. 167.) という仮定もしばしばなされる。すなわち、企業の芸術への支援は企業規模と関連するとしても、規模は社会的責任の中心的事項ではない、と一般的には考えられているからである。そこで、企業規模の問題が社会的責任における問題の一つを形成することになる。しかも、それは、権力問題と密接に関連するのである (cf., *op.cit.*, p. 167.)。

　イールズは、まず企業規模と社会的責任との関連について考察する。その場合、彼は大企業の社会的責任を「社会全体における他の経済的権力との文脈において」(*op.cit.*, p. 168.) 見ることが必要であることを強調する。なぜならば、「規模は、必ずしも注目に値する『社会的責任』を持つ望ましい企業の特徴を持つとは限らない」(*op.cit.*, p. 170.) からである。しかし、彼は、企業と芸術の

関連については、まず大企業の責任を検討する。なぜならば、大企業の「経済的権力は、企業の社会的責任についてのどのような評価でも、疑いもなく中心的に考察される」(op.cit., p. 168.) からである。

このように、彼は、企業の社会的責任と企業規模との関連性に言及したが、それは相対的なもので、社会的文脈の問題なのである。彼が大企業と考えるのは、専門経営者によって支配されている「内部支配的」(endocratic) 企業を指している。このような企業では、社会的責任は所有経営者とは違った基準と評価を持ち、それらの企業は国民経済における富の大部分を支配している。したがって、大企業も「専門経営者」を持つ企業と、それ以外の大企業に分けて考察されなければならないことになる (cf., op.cit., pp. 170-171.)。

[2] 社会的責任の意味と内容

まず責任の「意味」とその「内容」を考察する必要がある、とイールズは注意を喚起する。それらは、社会的責任を議論するための基礎的概念であるからである。

①社会的責任の意味
 ⅰ) 責任の性質

企業は、社会的責任の名の下に、公衆が期待する要求にすべてこたえなければならないのであろうか。そうではない。「企業の社会的責任はあらゆる公衆の期待に反応する要求ではない」(op.cit., p. 175.)。しかし、だからといって、「企業の社会的責任は企業への公衆の要求に単に消極的に適応することだ、と定義することはできない」(op.cit., p. 174.)。思慮深い企業指導者は、批判を招かないため、公衆の期待を無視せずに、理由ある反応を示す。頑固な反抗は、長期的収益性という目標の失敗を招くだけであり、あらゆる公衆の要求に無差別に応じることは高く付くだけである。したがって、企業経営者は、「社会的責任を受け入れるに当たっては、企業の短期的にも長期的にも有利な均衡をとる判断を基礎にして活動しなければならない」(op.cit., pp. 175-176.)。しかし、彼等は、利害の均衡をとる過程で、真っ正面から決定的問題に遭遇させられる。簡潔にいえば、それは長期的収益性に反するとしても、受け入れざるを得ない責任の

存在である。ここに、企業の社会的責任における一つのジレンマがある、と彼は指摘する（cf., *op.cit.*, pp. 174-176.）。

ⅱ）責任の拡大
さて、公衆は高い基準に基礎付けられて成果をあげる新しい企業イメージに慣れさせられてきた、とイールズは考える。その原因として彼が指摘するのは、生産性、革新、サービスの創造的拡大によって、死活的標準が鋭く上昇した結果である。大企業の指導者による公衆問題への活発な参加によって、公衆の期待はさらに高まる。これが意味するのは、今まで以上に企業への公共的あるいは社会的責任が要求される、ということである。「今日、社会的責任は、自由国家の目標を達成する共通の努力に貢献し、文明化された社会の構造の基本的部分として、生命力ある社会的制度として－良き成果をもって－その指導者が彼等の企業を考えることの一つである」（cf., *op.cit.*, p. 177.）。

ⅲ）社会的責任と企業生態学
上述のような観点の一つとして、次のような「企業生態学」（corporate ecology）に関する問題がある。イールズは、この企業生態学の視点から問題にアプローチする。企業生態学とは、「一般的な人間条件に企業が適応することに関する科学である」（cf., *op.cit.*, p. 186.）。企業生態学的アプローチが意味するのは、純粋な企業者的方法を超える冒険的で大きな仕事を仮定する計算された意志である。また、それは、成果の評価に用いられたある種の基準を意味している。悪化する公衆的問題は、遅かれ速かれ収益性に影響する社会的変数である。現実の企業は、公衆の要請からこれらの変数を感じ取り、被害に先回りするように努力し、社会的に責任ある企業はもう一歩先に進もうとする。これらの企業行動は公衆から利益を得ようとする熱意によって動機付けられている、と彼は主張する（cf., *op.cit.*, pp. 178.）。

②社会的責任の内容
社会的責任とは、企業の直接的な事業責任から独立した、社会への何らかの責任である、とイールズは定義する。その責任内容は、企業の長期的持続と成

長の目標から、多様な社会において主導的制度としてのその地位を維持する意図から引き出されたものである。それらの社会的責任は、次のような二つの中心的事項から考慮される。

ⅰ）社会的責任活動に振り当てられた地域社会とそれとは別の集団
　第一の集団は、直接的な事業関連を持つ集団と事業のつながりから直接的に起きるものと、直接的つながりを超えたある種の責任である。それらは、例えば、株主、顧客、被用者、取引業者、である。これらの集団で注意しなければならないのは、これらの集団との企業関係への注意は必要であるが、アメリカ社会では、企業の地位に関して長期的観点よりも短期的結果への考慮が必要となることである（cf., *op.cit.*, pp. 181-182.）。

ⅱ）究明された相互利害と利益に結び付くこれらの活動の実態
　第二の集団は、公的・私的部門において特殊な機能を持つ、企業環境における生き生きとした要素を構成する社会集団と組織である。例えば、地域社会、協会、多様な組織、そして企業と何らかの関連性を持ち、企業の業務における重要な方法に関して衝突する集団である。この範疇では、企業の長期的目標の達成に影響する社会的変数はたくさん存在し、かつ複雑である。このとらえにくい領域で、企業は社会的責任の行動基準を設けることで、それらの集団と活動のリストを再定義しようとする。それらの組織と仕事との関係は、「企業の長期的発展に影響する別の種類の社会的変数を含んでいる。教育的、慈善的、科学的、専門職的、文化的組織との企業関係は、企業の目的の達成に影響する何らかの社会的変数を指しているから、これらの関係は長い間大切に取り扱われてきた。これらの変数は、実際、企業の社会的責任の内容への第一の糸口である」（cf., *op.cit.*, pp. 182-183.）。

［3］社会的責任の境界と限界
①社会的責任の境界
　イールズは、「企業の社会的責任には境界がない」（*op.cit.*, p. 184.）、という。とはいっても実は実質的には境界は存在し、それを決めるのは企業自身である。

境界は、企業活動とその利害関係者との関係から引かれるものと、企業自身の目的から設定されるものの二つがある (cf., *op.cit.*, p. 184.)。

企業の事業目的に関しては、利益目的企業 (a corporation-for-profit) は、株主、金融業者、被用者、取引業者に直接的な主要義務を持っている。その際、企業に向けられた何らかの公的な期待を、企業は評価しなければならない。この評価は、企業活動の自律性を保持するために必要であるから、これは企業自身の経営者責任である。権威保持と企業活動との均衡がとれた経営者責任は、企業の社会的責任に関する政策と、下位レベルの権限と責任の委譲の中に、その自律性が意味されている。企業の社会的責任の範囲と内容を定義する経営者の権威は、企業内の経営者に与えられた責任ではない。それは、自律性が決定的な社会的変数である自由で多様な社会における重要な問題の一つなのである (cf., *op.cit.*, p. 185.)。

従って、彼は、これらの責任は一企業で一方的に決められないし、どのような事情があろうとも外部の利害者集団との交渉によっても決められない、ということを理解すべきである、と主張する。結局、企業の社会的責任は、実行できる厳格な義務と、実行できないが熱望される理想的規範との中間的範囲の中にある。社会的責任は、広くとらえられた市場メカニズムによって、長期的に実行できる可能性がある。社会的責任の実体とは前にはなかった約束である、と仮定できる。契約的特徴を持つ以前からの約束は責任ある義務であり、これらの外部的義務は必ずしも交渉の結果でもなく義務的でもないが、社会的責任の輝きを持つであろう。外部の義務は誤解されてはならない。それらの実体は、直ちに企業とビジネスマンを結び付けないし、倫理的原則から引き出すこともできない。企業活動は様々な異なる条件と状況に遭遇する。それらに適合する企業では、その内部で社会的責任を定義することが必要な自律性とそれの反対部分を持つのである (cf., *op.cit.*, pp. 185-186.)。

イールズは、このような責任内容は外部的交渉からも精神的探求からも引き出せないから、定義の仕事は基本的に「企業生態学」の一つである、と主張する。企業の社会的責任の内容に関する決定は、企業生態学を精錬化するという仮定の下で、必要欠くべからざる多数の部外者との協働を排除しない。重要なのは、一方で責任の極端さを避け、他方で道徳的陳腐さと倫理的抽象さを入念

に検討することである (cf., *op.cit.,* pp. 186-187.)。

　我々が、イールズの以上の主張から確認すべきことは、ⅰ) 企業の社会的責任は、企業が自律性を持つとしても、企業独自の判断でその内容を全面的に決定できないこと、ⅱ) 社会的責任は、企業生態学という企業の環境適応に関する客観的な科学と結び付いていること、ⅲ) 決定と実行に当たっては、たくさんの外部者との協働が必要なこと、ⅳ) その内容は、社会的道徳と倫理に沿うものであること、である。これらは、次の社会的責任の限界に関係する。

②社会的責任の限界

　何事にも限界 (limitation) があるように、企業の社会的責任にも限界がある。イールズによれば、企業の社会的責任の限界は、我々の社会における動態に存在する。現代の科学、技術、政策の変化の速さは、企業の社会的責任の定義を留保する必要性をもたらす。ここに、注意すべき二つの問題がある。一つは、すぐに時代錯誤になる公的な責任であり、もう一つは、確実に明日現れる別なものを回避する、ということである。例えば、企業贈与は基礎的な社会的責任として正当化されるであろう。しかし、長期的観点から見れば固定的社会的責任として疑われ、その正当性が問題となるであろう。「それ自身動態的な大企業の社会的責任は、いつでもどこでも、固定された義務の十戒 (Decalogue) に似ることはできない」のである (cf., *op.cit.,* p. 187.)。

[4] 企業政策と社会的責任

　以上の考察によって、イールズは現在の経営者がかかわっている主要な実質的領域のリストを提示する。それは提案的なものにすぎないが、その狙いは、企業－芸術関連の重要性を過大評価するかもしれない人々に十分に考慮してもらうことである。重要なのは、企業の直接的な事業責任とそれらの関連を維持しなければならない集団と、直接的な関連はほとんどなく、事業目的との論理的結び付きさえもない社会的責任との間を区別することである (cf., *op.cit.,* p. 187.)。

①社会的責任の実体

　完全な利他主義的社会政策のような企業の利益に関係がない活動は、社会的

責任というお題目の下で論理的にしかつながらない種類の活動に過ぎない、とイールズは無責任な社会的責任を批判する。「しかし、収益性も公共財もこれら両者を含む共通目的の領域があることは、企業経営者によって一般的に認められている」(*op.cit.,* p. 188.)。民主主義の政治が利害の妥協を要求するように、中心的な社会的制度としての企業は、両者の目的を同時に追求する人々によって支配されており、たびたび妥協が求められるとしても、これは共通目的の原則を損なわない。民主主義における政治は、利害の妥協を要求するからである (cf., *op.cit.,* p. 188.)。

②社会的責任と芸術

このようにテーマはあまりにも複雑である。今議論で重要なのは二つの道である。それらは、ⅰ) 芸術家とその保護者は、増大する芸術の利害のため、経営者の時間とエネルギーをかける企業外部の局面を良く観察すること、ⅱ) 政府レベルで企業活動が芸術のために期待されるならば、企業の注意を求める公的政策の全体範囲を忘れないこと、である。これらを芸術側から見れば、企業の注意に対して競争しなければならないこと、これらのいくつかと結び付くのが賢明であること、を意味する (cf., *op.cit.,* p. 191.)。

企業の社会的責任として重要性が増しているのは、自然と資源の保護という領域である。「企業経営者は生存のために、協働活動の緊急な必要性に直面している」(*op.cit.,* p. 191.)。公的政策の必要性は決してより明確にはならず、政策形成には企業の注意を要求する。芸術における創造的人々から見れば、高い文化的果実を手にするすべての人々は、この生態的危機に直面して、それを脇に押しやることに苦しんでいることであろう。これも、社会的責任におけるジレンマの一つである (cf., *op.cit.,* p. 191.)。

しかし、人間の環境適合への決定的な答えは、芸術には横たわっていない。そこから、芸術、企業、政府に対する協働領域が提案される。芸術を成果あるものにする準備は、高い美的感覚を呼び起こし、あらゆる芸術の認識に対する高い感覚の教育を生み出す。企業の社会的責任に対して最も保守的企業が、責任の存在を否定し収益性を唯一の目標とするのは、未だに一つの真実である。しかし、イールズは、これは事業指導者が取り得ない教義的立場 (a doctrinaire position ）である、と主張する。「特に巨大な産業企業の経営者は、彼等の外部関係を特に社会的責任として確実に見る何物かに伝わる企業生態学に－明確であれ不明確であれ－結局は基礎付けられるという事実に……直面しなければならない」（cf., *op.cit.*, p. 192.）。

彼の主張を通して、我々にとっていくつかの興味ある問題が浮き彫りになった。

それらは、

ⅰ）企業は現代の代表的制度として、「市民社会」の一員として見られること、
ⅱ）したがって、その概念がどのように定義されようと、企業は市民社会に対して何らかの社会的責任を持っていること、
ⅲ）社会的責任は、絶対的な企業規模と関係なく、何らかの利害関係者との関連とその影響力によって生じること、
ⅳ）企業政策を決定する経営者は、芸術家と同じような能力を必要とされていること、
ⅴ）社会的責任は、企業活動と何らかのジレンマに陥る可能性があること、
ⅵ）社会的責任を通して、芸術は企業と密接な関係があること、

などである。

7. 企業と芸術の将来[22]

[1] 芸術と民主主義
①芸術のパトロンとしての民主主義

イールズは、これまで企業－芸術関連について行ってきた検討を踏まえて、最後に総括的に今後の芸術支援に関する新しい指針を提示する。その前提として、彼は、民主主義と芸術との関連を考察する。なぜならば、政治的・経済的民主主義を芸術のパトロンとして評価することが現在はじまっているからである。私的あるいは公的部門において、知的指導者達はその道を探しているし、発見され得る、と彼は確信している（cf., *op.cit.*, p. 251.）。

②公的部門の責任

USでは、1965年に、芸術と人間性への国家基金が立法によって設置された。この基金は、我々の多元的社会の特質とそこにおける芸術に対する政府支援の役割についての論争を思い起こさせる。多くの人々が述べたのは、「この新法は、高い文化における必要不可欠な要素として、芸術と人間性の私的部門を認めることを促進するであろうが、これの承認を強調する私的部門の集団では政治の道を敷くだろうか－特に企業が－」(*op.cit.*, p. 253.)ということであった。しかし、原則は確立された。「USの政府は芸術と人間性への公的な関連に関与しない」(*op.cit.*, pp. 255-256.) という原則が。法律を超えた論争は、我々の歴史の中で最初に行われた熱狂的なものであり、国民的目的のための芸術の意味への厳しい要求であった、とイールズは総括する (cf., *op.cit.*, pp. 253-256.)。

③私的部門の責任

私的部門にとって、目的達成のための役割について極めて異なる観点が明らかになった。しかし、論争の方向は表現の自由に衝突しないで決定されるだろう。この課題は芸術の創造、その保護と解釈、その維持と拡大を含み、この方向は誰も回避することはできない、とイールズは述べる (cf., *op.cit.*, p. 256.)。

④権力とそのバランス

アメリカにおける公と私の間の権力のバランスの問題は、政治経済におけるよく似たテーマであり、芸術があまり理解されないテーマでもある。今日では、長期的計画が実行されなければならず、国民基金法はこの問題が長期的になるように処置するであろう。この国に芸術の成長に強く新しい負担者があるべきとするならば、企業は予想されたそれらのいくつかしか影響され得ないであろう、とイールズは楽観的に考える (cf., *op.cit.*, pp. 256-257.)。

⑤寄付以外の支援

企業は、地域社会におけるその影響力から、芸術を妨げるか助けるかという多くの問題で地位を確保することによって、公的政策に影響を与える。「良き企業市民」(good corporate citizen) は、文化的多元主義に関心を持ち芸術の生

命力が脅かされるならば、この問題に中立でいることはできない。このような問題を回避することが、主要な企業ではだんだん困難になってくる。その取り扱いは、一般的に「公衆関係」(public relations) で行われることが推測される。しかし、公衆関係は芸術や地域社会における多元主義について何を知っているのか、とイールズは疑問を呈する。そこで、芸術へ企業が関与する傾向は、このような新しい関係を取り扱う何らかの組織の設置を招く。それらの中心的任務は、寄付関係でもなく公衆との関係でもない。それらは、芸術と企業の共通目的を含み、高いレベルの注意が必要である (cf., *op.cit.,* pp. 263-264.)。

［2］ 新しい企業－芸術関連
①芸術と経営者

　イールズは、「企業－芸術関連は新しい光の中で眺められるべきである」(*op.cit.,* p. 277.)、と主張する。この関連は拡大するので、どのように適切に取り扱うかを見出すのは困難である。芸術は社会的複雑性の一部なのである。芸術がほとんど規定できないように、企業もまた「現代企業」という制度的複合体なのである。このような新しい展望で眺めると、企業－芸術関連は、芸術間の制度と企業のために政策を提案する一つである。社会的制度としての現代企業について研究する意志を持つ芸術の実践家と保管者は、未だにあまりにも少ない、というのが疑いもない真実である。生命力ある非ビジネスの領域からの政策の注意深い定義と分析は、我々にとって切に必要である。資本主義的民主的社会における一般化された芸術の理論に代わって、様々な芸術の実践家を活動させる関係に関する厳格な思考があると述べる (cf., *op.cit.,* pp. 276-278.)。

　芸術家の企業世界との関係は強調されなければならない。芸術家の仕事は研究者の仕事とは異なる種類であり、芸術家がそれを試みるとき、我々が最も聞きたいことを正確に述べないのがしばしばである。芸術家の声は、経営者にはほとんど届かない。それはすべて芸術家のせいではなく、経営者が芸術家にほとんどアンテナを向けないからである。自由裁量に任せられた企業統治の権限は、企業に対して大きな含蓄を持つ。企業の統治は、収益性という単純な問題をはるかに超えた広い問題を展望して決定される。毎日経営者が直面する問題の展望は、象牙の塔にこもる研究者を驚かすだろう (cf., *op.cit.,* p. 278.)。

ここで重要なことは、これらの問題には芸術の実践家や保管者が排他的に取り扱う目的に直接的なあるいは間接的な価値を持つ、ということである。しかし、事実は、「現代企業は、科学と教育を通して真実を、経済的財貨を超えた財の促進を、そして芸術を通した美の創造を追求することに関連し、関連する目的価値をもって実際には運営される」(*op.cit.,* p. 278.) ということである。企業は社会的制度を区分できないから、美学者と哲学者の間には意見の違いが見られても、芸術における企業の単独の利害は、芸術の実践家と保管者の利害と同一であることが多い。企業の統治者は、現代企業と統治者は多元的目的の探求者であるという事実が与えられ、それから逃れられない (cf., *op.cit.,* pp. 278-279.)。

②芸術と社会的責任
　企業統治者は規格化された価値体系の人々である必要があることは、否定できないように見える。彼等は、収益性のみを追求する「経済人」ではない。個人の個人的価値体系と組織における「道徳性のコンフリクト」の複雑性は、分離できない問題である。これはどんな企業の経営者の心にも吸い込まれる。一つの証拠は、「企業の社会的責任」に関する現代的論争である。これは、企業経営者の頭の内部にある道徳性のコンフリクトについてである。社会的責任はその対象が極端に変化する。その中で、現代企業の芸術に関する責任とは何か、という問題には明確に簡単に答えられない (cf., *op.cit.,* pp. 279-281.)。
　多分、責任は少しもない。「企業-芸術関連への鍵はここに横たわっている」(*op.cit.,* p. 281.)。あるのは芸術と企業に対する相互の責任である。企業の外部関係のマイナスの側面から離れて見ると、二つの制度の共通の目的の中で企業-芸術関連を探すことは有利である。これは、相互の責任は重要ではない、ということではない。相互の責任があるとしたら、両者は発見でき述べることができそうに見える。両者は、完全に一致せず共通の目的価値が衝突しているとしても、密接に関連している目標を探す。衝突しているので両者のいかなる関係も否定するのではなく、薄い関係を両者の価値に発展させなければならない (cf., *op.cit.,* p. 281.)。

③芸術と企業の将来

　社会における芸術の役割のこのより良い構想を見せなければならないのは、企業政策にこの理解を実行するであろう明日のビジネス・リーダーである。教育における芸術の役割を支配する基礎原則の変化に対して責任を取らなければならないのは、芸術家自身である。芸術の実践者と保管者は、私的保護として大衆にとってあまりにも高価な芸術を抱え込むことが許されるならば、実行の困難性を見つけるであろう。教育過程に芸術を含ませることの敵は、ばかげた美的標準であらゆる作成者を非難する芸術家である。経済的で政治的な力の扇動で、芸術社会には標準を殺し合う戦争がある。芸術に必要な条件を維持し確立する努力は、芸術への社会的嫌悪と利得のつかみ取りによって脅かされている（cf., *op.cit.*, p. 288.）。

④芸術の能力

　芸術と企業の未来の関連の生態的局面はたくさんある。その一つは儲かる芸術という単純な問題である。芸術に値するビジネス・リーダーは少しも現れなかった。洗練されない形でビジネスに芸術を受け入れることは、企業芸術コレクションである。コレクションは資本利得者（capital gainer）を生む。建設的な企業コレクションもある。笑い物の種になるものもある。「経営者集団による芸術の現代的目的は、必ずしも企業イメージを促進するとは限らず、成金のように述べるに値しないあざ笑いへと高めるであろう」（*op.cit.*, p. 289.）。他方、偉大な企業コレクションのいくつかは、芸術の企業パトロン制の強いケースになる。純粋な財務的基盤上では、今日の国際的芸術市場は美的企業投資を正当化するように見える（cf., *op.cit.*, p. 289.）。

　プラスチック芸術、音楽、映画館などにおける広い市場は、最高の物を再生産するために新しい問題を起こしている。音楽は缶詰にされる。しかし、利益が求められる地盤のうえで、企業－芸術関連を攻撃するのは不適当である。芸術ビジネスはここに留まらなければならない。芸術の実践と保管者制を強化する缶詰過程を利用し、彼等の活動は革新と創造性を要求する。我々は今いるところから出発しなければならず、魅力的な過去の音楽の世界に戻ってはならない。「芸術家構造と企業ビジネスとの間のこの関係は、未来の経営者と芸術家

の両方にとって重要な領域になるだろう」(cf., *op.cit.*, p. 291.)。

今や経営者の集団は、未来の企業－芸術関連の意思疎通論において前衛派の支持者により、良く耳を傾ける。美学のオーソドックスな標準によれば、それらは異端な考えである。オーソドックスであることは、経営者の集団も近代化された芸術家も今後の10年間にルールとして従わないことである。宇宙時代は人間性ある科学的な言葉で、生活の新しい意味を与える。我々が絶滅しないで一緒に生活することを学ぶことができるならば、良い生活の入り口にいることができるであろう。今日、芸術、科学、人間性、ビジネスは同じテーブルを囲んで座っている。芸術の最も重要な機能が発揮されるとき、その革命的機能、人類の心のばかげた限界を打ち破って我々を助ける能力、それで問題は解決できる。我々が真に望む美的モデルはやって来るであろう[23] (cf., *op.cit.*, pp. 292-293.)。

以上が、『企業と芸術』でイールズが主張している見解の概要である。

8. 市民化管理と企業メセナ

第1部Chapter-1で明らかにしたように、市民化管理は、企業の長期的維持発展にとって必要不可欠の企業管理であり、その課題は企業の環境主体(利害関係者)との間に良好な関連を構築し、「良き企業市民」として社会的貢献を通して市民社会の一員を構成することを目指すものであった。社会的貢献として市民化管理は様々な活動を行うが、その中心は「企業メセナ」の実施である。多くの企業が企業フィランソロピーとして、様々な芸術活動に関与していることは企業メセナ協議会の調査資料によって一目瞭然である[24]。

それでは、なぜ企業はフィランソロピーとしてメセナを行うのであろうか。イールズは企業がメセナを実施することは当然とし、それを前提に企業と芸術の関連を考察しているので、我々のこの疑問に対する彼の直接的な解答はない。しかし、彼の論述を通して我々はこの問題の解答を引き出すことができる。それは、我々の主張する市民化管理に深く関連し、かつ市民化管理の論理とその具体的内容を明確化し深めるものである。

[1] 市民社会と芸術の機械化
①企業生態学と現代企業
　イールズは、企業理解の手段として「企業生態学」の確立を主張している。これはいかなる科学であり、企業理解にどのように役立つのであろうか。これに関する彼の見解をまとめれば、企業生態学とは、企業を一つの生命体とみなし、真の生命体が環境変化に上手く対応し生存を確保しているように、企業もまた環境適応システムとして、あるいは「継続事業体[25]」(going concern)として、その環境にいかに適応し、企業の最高目標である持続的発展を達成するための、一つのアプローチを支援する科学である、と解される。このアプローチは、我々の企業管理研究のそれとほとんど変わらない[26]。ただ、彼においては、このような思考方法を土台にして、環境要因の一つである「芸術」に関して集中的に考察しており、それは我々の課題にとって極めて示唆に富むものである、といえるであろう。

②芸術の非人間化
　イールズが芸術と企業の関連について指摘している重要な問題は、「芸術の非人間化」である。この問題の検討から、我々は市民化管理におけるより具体的な課題と内容を明らかにできる。最も人間性に満ちていると思われる芸術が、なぜ非人間化するのであろうか。イールズはその原因を経済の発展とともに進展している、芸術の産業化と芸術生産の機械化に見出している。結果として、芸術の論理と機械化の論理が衝突し、機械化の論理によって生産された芸術が非人間化をもたらすのである。我々の市民社会には、機械的に生産された芸術で満ち溢れている。芸術の神髄に触れるためには、機械的生産による芸術作品ではなく、真の作品に触れなければならない。

③市民生活の非人間化
　ところで、現代の市民社会において非人間化に向かっているのは芸術だけであろうか。そうではない。極端にいえば、我々の市民社会は、企業がもたらす非人間化によって浸食されつつあるのである。なぜであろうか？　我々市民は生活する中で様々な機械的製品に囲まれ、それらの機械を使用している。現代

の市民社会において、機械的製品なしに生活するのはほとんど不可能であるといって良い。そのような機械的製品を生産してきたのは産業革命以来の機械化された近代的企業にほかならず、現代における市民生活は現代企業がつくり出したそのような機械的製品に満ち満ちており、我々自身もまた新たな機械的製品を現代企業に求めているのである[27]。

生産の機械化は企業が競争的市場で維持・存続するための歴史的必然であり、「ラダイト運動[28]」(Luddite Movement)に象徴されるように、機械化の阻止は過去を慈しむ非現実的なロマンテシズムに過ぎない。機械化は確かに我々の市民生活を豊かにするという「善」をもたらしてきたが、それと同時にそこに潜む「悪」を見逃してはならないであろう。それは、上述した「非人間化」あるいは「人間性の疎外」という悪である。

[2] 市民生活と機械化原理
①市民生活と機械化

イールズが述べるように、多くの芸術が産業化され、芸術作品が機械によって大量生産され、あるいは缶詰化され、我々の生活のいたる所に存在する。確かに、我々は、それらによって多くの芸術的作品に触れることができるという恵まれた時代にいる。芸術がまだ産業化されていない過去の時代では、人々は幸か不幸か直接芸術に触れることしかできなかったのである。反面、芸術の産業化によって、芸術家の論理と作品の産業化とが分離し、芸術家の意図が市民に正しく伝わらない状況が生まれる。これが、芸術の非人間化の意味することであろう。

また、我々の市民生活は、機械的商品だけでなく、様々な機械化によって取り囲まれている。機械ではない財やサービスという商品においても、販売方法や消費者に対する対応は機械を使用したりマニュアル化された対応によって、広義の機械化が進んでいる。我々は、身の回りに溢れている機械がなくてはもはや個人的にも社会的にも、その物的に豊かな生活を維持するのは困難である。例えば、我々はコンピュータ、自動車、携帯電話などがなくなった世界を想像することもできないであろう。我々は、そのような機械を使うことによって、個人的にも社会的にも物的に豊かな生活を営んでいるのである[29]。

②機械化と人間性疎外

　ところで、我々は今、機械を「使う」と述べたが、はたして本当に機械を使っているのであろうか？　機械を使うためには、その操作方法を知らなければならない。極めて単純な機械であれば、我々はそれらを容易に使いこなすことができるであろう。しかし、複雑な機械ではそうはいかない。機械の仕組みは知らないとしても、それらの操作方法についてはマニュアルに従って使用方法を学ばなければならない。さらに、機械が複雑化し、より高度な物になればなるほど、マニュアル自体も複雑化し、より高度な知識が要求される。マニュアルが理解できなければ、我々はそれらの機械を思うとおりに使用することはできない。すなわち、我々は機械を使用しようとすれば、機械の持つ特性に合わせなければならないことになるのである。

　生活の機械化が高度化すればするほど、我々は機械の特性に順応しなければならなくなる。その時、我々は機械に合わせて行動する機械の付属物と化す。そのような機械と人間の関係を認識すれば、我々は機械を「使う」のではなく、機械に「使われている」自分自身を発見するであろう。我々の市民生活にも機械化原理が知らず知らずのうちにひたひたと忍び入り、気がついたときには機械化原理に支配され、我々の生活の非人間化が進展してることを目の当たりにするのである。このような状況は、結果として市民生活の機械化による「人間性の疎外」をもたらすであろう。しかも、これらの機械はそのほとんどが企業によって生産されたものにほかならない。また、これらは大量生産による個性なき機械であり、企業によって買わされたものであると表現して何ら不思議でもない。芸術の非人間化はまさにこのような事態の象徴として理解され得るのである。

［3］豊かな生活と市民化管理
①機械化の精練化

　一般的にいって、市民が求める重要な問題は「豊かな生活」の実現である、ということについては異論はないであろう。豊かな市民生活を実現するためには「生活における人間性疎外」を克服しなければならない。人間性が疎外された市民には、真に豊かな人間的生活を送ることなど望むべくもないからである。

ところで、我々は市民生活における人間性疎外には、その本質が異なる二つのものが存在することを指摘できる。その一つは「機械化の拙劣性」がもたらす人間性疎外であり、これには「人間工学」(human engineering) を基礎とする機械化の改善によって対処できるであろう。すなわち、使用する人間の特性に合わせた機械的製品の「使いやすい」「人に優しい」ものへの改良である。これが、いわゆる「機械化の精練化」(refining) による人間性疎外の解消である。

二つ目は、機械化の高度化による人間性の疎外である。我々の身の回りにおける生活機械は、幼稚なものから次第に複雑で高度なものに発展してきた。これがもたらす人間性疎外には、その精練化をもってしても対応できない。なぜならば、機械化の精練化はその高度化を促進する機能を持っているからである。機械化の高度化がもたらす人間性疎外に対応するには、豊かな市民生活を保証する何らかの異なった方策が必要である[30]。我々は、そこに二つのものを考えることができる。一つは精神的豊かさの実現であり、もう一つはイールズが主張するように市民社会の民主化である。

②物的豊かさと経済発展

さて、豊かな生活の実現には、二つの問題が存在する。一つは物的・経済的豊かさの実現であり、もう一つは上述した物的豊かさを前提とする精神的豊かさの実現・向上である。ここに生活の人間性疎外をもたらした企業の責任が問われる余地があり、企業はそれに対処する義務がある。経済発展を遂げた先進国では、「ゴッセンの法則[31]」(law of Gossen) を持ち出すまでもなく、イールズも述べているように物的豊かさから精神的豊かさに市民の選好が移動し、マズロー (A. H. Maslow, 1908-1970) の「欲求階層論[32]」からもこのような現象が説明できる。

まず、経済的豊かさは経済と企業の発展に求められる。経済の発展なくして物的豊かさは実現され得ず、企業の発展なくして生活の糧である高賃金の支給はあり得ないからである[33]。経済の発展は国の経済施策の中心問題であり、賃金の上昇は企業における労務管理の重要な課題である。その際、経済の発展のためには、イールズのいう「創造性と革新の自由」が保証されなければならないであろう。シュンペーター (J. A. Schumpeter, 1883-1950) が主張するように、

企業家による「革新」こそが経済の発展をもたらすからである[34]。現代の経営者は、芸術家がもつ「創造性と革新」の心を学び取らなければならない。これこそが、企業と芸術との関連における重要な要因であろう。

③心の豊かさと芸術

では、精神的豊かさはいかにして得ることができるのであろうか。ここで我々は、人間の高度な精神的・知的活動である芸術に思いを寄せることができる。芸術とは、我々人類がつくりあげてきた貴重な文化的創造物であり、我々人類が決して失ってはならないものである。それは、莫大なエネルギーと資金をかけて、我々の祖先が築きあげ引き継いできた人類の貴重な財産だからである。芸術の歴史をひもとけば、芸術はそれだけのコストをかけても維持・発展させる価値があるものであることが理解できよう。芸術はそれに触れる者に対して心を癒し、心を豊かにする力がある。我々は、先人から受け継いだ芸術を守り育成し、次の世代に引き継いでいく義務がある。ここに、企業がその責任を果たす合理的理由と責任の核心がある。企業には、機械的に生産された芸術の非人間化を解消し、人間化された芸術、すなわち真の芸術を提供することで、芸術・文化を支援し、それらを普及・発展させ、市民にそれらを伝えるという責任がある。また、市民生活の機械化による人間性疎外も、真の芸術に触れることで精神的豊かさを得ることができるであろう。それがまさに「企業メセナ」の本質であるといえるであろう。

[4] 市民生活と民主化

イールズが主張するように、芸術の発展のためには社会の民主化が必要である。この活動は、先進的国家ではすでにはじまっているといえるであろう。それは民主的国家の実現であり、その代表的制度は政治への市民参加、すなわち立法機関への選挙を通した間接的参加である。企業においても、民主化原理の導入が要請されている[35]。さらに、参加意識を向上させ立法機関以外の様々な国家機関や市民活動への参加は、我々が市民社会を創造し改善していくのだ、という自我意識を向上させ、彼等の個性を発揮させることによって人間性疎外が解消されていくであろう。

9. おわりに

「企業メセナ」は「市民化管理」の中心的活動である。現代企業は、商品生産とそれにともなう労働者対策という経済的活動とそこから生ずる経済的権力に加えて、それを土台とする非経済的影響力である権力をも持つに至った。企業の権力の増大は、その利害関係者の組織化と反作用としての企業への「対抗力[36]」(countervailing power)を生み出し、企業の自律性を脅かしその生活能力を弱体化することとなる。ここに、企業管理が企業環境との関連を改善する環境管理へと志向するゆえんがある。

しかし、企業は、経済的な環境からの影響に対しては「生産管理」と「労務管理」で対応できるとしても、非経済的な影響力に対しては両管理では限界がある。ここに、新たな企業管理として「市民化管理」が成立する合理的理由がある。市民化管理は、様々な社会的貢献を行うことによって、企業を「法人市民」として市民社会の一員を構成することを目指す。すなわち、それは「良き企業市民」たることを課題とするのである[37]。

企業による社会的貢献の内容は、各企業の状況によって異なるが、その中心的活動は文化・芸術への支援である「企業メセナ」である。イールズの所論で示されたように、企業は芸術と強い関連を持ち、企業の維持・発展のためには不可欠な人間活動である。文化・芸術への企業支援は企業発展の礎であり、芸術の存在なくしてはもはや企業存続の道は閉ざされるといっても過言ではないであろう[38]。

今や、現代企業の企業管理は、「生産管理」、「労務管理」、「市民化管理」とそれらを統合する「総合管理」という三重構造をなしている。各管理はそれ独自の論理を持つから、「総合管理」の役割は極めて重要である。ここに、経営者は新たな企業指導原理を設定し企業の維持・発展を実現するという「革新」を行わなければならない。そこに、イールズが強く主張するように、企業と芸術の関連の認識が要求され、ここに我々は、「創造性と革新の自由」の重要性を改めて思い知らされるのである。

〈注〉
1) Richard Eells, *The Corporation and The Arts* The Macmillan Company, New York 1967.
   イールズの所論については、次を参照されたい。
   　　高田 馨『経営の倫理と責任』千倉書房 1989年、128頁 以下。
   　　拙稿「企業は芸術とどのような関係にあるのか？」『経営と経済』第88巻第3号 長崎大学経済学会、2008年、12月。
   　　－「企業の社会的責任と芸術」『経営と経済』第88巻第4号、2009年、3月。
   　　－「企業はなぜ芸術を求めるのか」『経営と経済』第89巻第1号、2009年、6月。
   　　－「企業はなぜメセナをするのか」『経営と経済』第89巻第2号、2009年、9月。
   　　－「企業メセナの将来」『経営と経済』第89巻第3号、2009年、12月。
   　　－「企業フィランソロピーと企業メセナ」『経営と経済』第89巻第4号、2010年、3月。
   　　　　　　　　　　　　（予定稿）
   　　なお、イールズの本書からの引用と参照については、本文中に（　）で示すこととする。
2) 後述するように、この頃は、すでにアメリカのポップ・アートは芸術の産業化と折り合いをつけて、芸術の「機械的な非人間化」を乗り越えようとしていた可能性がある。
3) イールズの研究の動機と問題提起については、次を参照されたい。
   　　Eells, *op.cit.*, preface, pp.vii- x , pp. 1-6.
   　　拙著「企業は芸術とどのような関係にあるのか？」『経営と経済』第88巻第3号、2.研究の狙い、272頁 以下。
4) 我々は、産業革命以降の機械的生産を中心とする企業を「近代的企業」と呼び、なかでも大規模化し生産の機械化が高度に発展している寡占的企業を「現代企業」と呼ぶ。
5) 制度とは抽象的な「経済人」(economic man ; homo oekonomicus) を仮定する方法が排止され、歴史的・社会的に成立し、したがって歴史的・社会的に変革されていく人間行動の型である。
   　　藻利重隆責任編集『経済学事典』東洋経済新報社、1967年11月、49頁 参照。
6) 「ファイン・アート」とは、美術、造形芸術、美術品をさすが、広く芸術を意味する場合がある。
   　　小稲義男（編）『新英和大辞典 第5版』研究社、1980年、782頁 参照。
7) John Dewey, *Art as Experience*, New York 1934, p. 337ff.
8) Cf. Herbert Read, *Art and Sociology*, New York, 1937, p. 127ff.
9) デューイやハーバート・リードの著作は、芸術の産業化が問題になりはじめた1930年代であることに我々は注意しなければならない。
10) 「企業政策」とは、最高管理者が担当すべき、企業にとって基本的であり総合的である、企業活動の出発点になる「価値」を含んだ、最も重要な意思決定をいう。これについては、以下を参照のこと。
    　　拙著『企業政策論の展開』千倉書房、1988年。
11) 例えば、Huntington Hartford、William Snaithらの主張である。
    　　H. Hartford, *Art or Anarchy? How the Extremists and Exploiters Have Redused the Fine Art to Chaos and Commercialism,* New York 1964.
    　　W. Snaith, *The Irresponsible Art* New York 1964.
    　　なお、「人間性疎外」については、マルクス主義系の論者の多くが主張していた、といわれている。

12) 本節における詳しい内容については、以下を参照されたい。
　　Eells, *op.cit.*, chapter Ⅵ The Corporate Reach for New Values, p. 145ff.
　　拙稿「企業はなぜ芸術を求めるのか？」『経営と経済』第89巻第1号、81頁 以下。
13) イールズは、企業に相当する用語として、corporation, company, enterprise, firm, などたくさんの言葉を使用しているが、特に問題がない限りそれらすべてを「企業」と訳すこととする。
14) 本節における詳しい内容については、以下を参照されたい。
　　Eells, *op.cit.*, chapter Ⅲ, Freedom of Creativity and Innovation, p.46ff.
　　拙稿「企業はなぜ芸術を求めるのか？」『経営と経済』第89巻第1号、91頁 以下。
15) イールズは、芸術と政治体制との関係を、「専制制」、「立憲制」、「民主制」、「共産制」、「全体制」などと関連付けながら論じている。詳しくは、*op.cit.*, p. 46以下を参照されたい。
16) ケネディ大統領とジョンソン大統領および連邦政府の文化・芸術政策について、詳しくは*op.cit.*, p. 60以下を参照されたい。
17) 例えば、1930年代において、ルーズベルト大統領によってとられた芸術への支援がそうである。
18) 本節における詳しい内容については、以下を参照されたい。
　　Eells, *op.cit.*, chapter Ⅳ, The Knowing Artist, p. 80ff.
　　拙稿「企業はなぜ芸術を求めるのか？」『経営と経済』第89巻第1号、98頁 以下。
19) イールズは、芸術の倫理と道徳についても検討しているが本章では触れていない。この問題については、次を参照されたい。
　　Eells, *op.cit.*, chapter Ⅴ, Art, Business, and the Moralities, pp. 115ff.
　　拙稿「企業はなぜ芸術を求めるのか？」『経営と経済』第89巻第1号、5. 企業-芸術関連の倫理的側面、109頁 以下。
20) 本節における詳しい内容については、以下を参照されたい。
　　Eells, *op.cit.*, chapter Ⅶ, The Dialogue and Dilemma of Social Responsibility, p. 167ff.
　　拙稿「企業の社会的責任と芸術」『経営と経済』第88巻第4号 35頁 以下。
21) 企業の社会的責任に関する我々の見解については、次を参照のこと。
　　拙著『企業管理論の構造』千倉書房、1991年 第6章 企業の社会的責任と企業管理、159頁 以下。
　　拙著『環境管理の成立』千倉書房、2006年、第7節　7. 市民化管理と企業管理、273頁 以下。
22) 本節の詳しい内容については、次を参照のこと。
　　Eells, *op.cit.*, chapter Ⅷ～Ⅹ, pp. 195ff.
　　拙稿「企業はなぜメセナをするのか？」『経営と経済』第89巻第2号。
　　拙稿「企業メセナの将来」『経営と経済』第89巻第3号、2009年、12月。
23) ドイツにおいても、メセナを含む企業の社会的貢献は当然の企業活動として日常的に行われており、その内容は多彩である。これについては、次を参照のこと。
　　拙著上掲書、第7章 環境志向の市民化管理、7. 市民化管理と企業管理、243頁 以下。
24) メセナ協議会は民間企業を中心として1990年に設立された。詳しくは、同ホームページを参照のこと。
25) 「継続事業体」（going concern）の概念については、次を参照のこと。
　　河野昭三（編著）『ゴーイング・コンサーンの経営学』税務経理協会、1996年、序章

ゴーイング・コンサーンの概念と現代的課題。

26) 例えば、次の文献を参照されたい。
　　拙著『企業管理論の構造』。
　　同　　『環境管理の成立』。
27) 企業内の機械化とそれがもたらす人間性疎外、およびそれらに対する企業の対応策（労務管理）については、次を参照のこと。
　　藻利重隆『労務管理の経営学（第二増補版）』、第1章 労務管理の発展とその本質、第2章 経営労務の二重性、1頁 以下。
　　拙著『環境管理の成立』、第6章 環境志向の労務管理、207頁 以下。
28)「ラダイト運動」とは、産業革命の初期に労働者が生産の機械化を憎悪して、自虐的な機械破壊運動を展開したことをいう。
　　藻利重隆上掲書、95頁 参照。
29) 市民生活と企業との関連については、次を参照のこと。
　　村田和彦『経営学原理』中央経済社、2006年、第7章 企業活動と市民生活 187頁 以下。
30) 企業における労働者の非人間化あるいは人間性疎外と同様のことが市民社会にも生じており、それへの対応策については藻利の労務管理の論理が有用であると考えられる。
　　藻利重隆上掲書、第13章　労働者の経営参加とその限界、439頁以下 参照。
31) ゴッセンの法則とその応用について、詳しくは次を参照されたい。
　　熊谷尚夫・篠原三代平（編）『経済学大事典（第2版）Ⅰ』東洋経済新報社 1980年、150頁。
　　拙著『環境管理の成立』、73頁 参照。
32) Cf., A. H. Maslow, *Motivation and Personality,* 2nd Ed. New York, 1970, pp.15ff.（小口忠彦（訳）『人間の心理学』産能大学出版部、1987年）。
　　拙著上掲書、138頁。
33) 高賃金支給は、いわゆるフォーディズム（Fordesm）における新しい労働者対策（労務管理）として知られている。
　　藻利重隆『経営管理総論（第二新訂版）』千倉書房、1965年、第3章 フォードシステムの本質 97頁 以下 参照。
34) シュンペーターが主張する革新による企業と経済発展については、次を参照のこと。
　　村田和彦前掲書、第6章 企業の市場創造活動、161頁以下。
　　藻利重隆『現代株式会社と経営者』千倉書房、1984年、第6章及び第7章。
35) 例えば、ヴァイトツィヒは「民主的社会においては民主的でない企業は在ってはならない」と強く主張している。詳しくは、次を参照されたい。
　　J.K.Weitzig, *Gesellschaftsorientierte Unternehmenspolitik und Unter-nehmensverfassung,* Berlin/New York, 1979.
　　拙著『環境管理の成立』、第6章 環境志向の労務管理、207 頁以下。
36)「対抗力」とは、ガルブレイス（J.K.Galbraith）が主張した企業権力への組織化された利害関係者の権力をいう。これについて詳しくは次を参照のこと。
　　Galbraith, *American Capitalism, The Concept of Countervailing Power,* Boston, 1952, p. 115ff.（藤瀬五郎（訳）『アメリカの資本主義』時事通信社、1955年、142頁以下 参照）。
　　また、次も参照されたい。

　　　　拙著『環境管理の成立』、49頁。
37)「市民化管理」の成立と「生産管理」及び「労務管理」の関連については、以下を参照されたい。
　　　　拙著上掲書、第7章 環境志向の市民化管理 243頁以下、特に7. 市民化管理と企業管理 273頁以下。
38) 企業メセナに関する識者の見解については、以下を参照されたい。
　　　　佐々木晃彦編『企業と文化の対話 ―［メセナとは何か］―』東海大学出版会、1991年。

Chapter–3

企業メセナを
哲学する
―企業メセナと社会―

岡部 勉 OKABE Tsutomu　岡部 由紀子 OKABE Yukiko

1. はじめに

　2008年12月、テート・ブリテン（Tate Britain, London）の（授賞式がすんだ後なので、人影まばらになった）ターナー賞の展示を見たあと、川向こうのテート・モダン（Tate Modern）に向かった[1]。こちらは、マーク・ロスコ（Mark Rothko, 1903-70）の特別展を開催中で、ロスコの絵はそのすべてが赤とか黒を基調とした単調ともいえる抽象画でしかないのだが、多くの観客を集めていた。今回の特別展はかなり大がかりなものだが、何室かあるうちの特に広い一室が呼び物であった。その部屋に一歩足を踏み入れた瞬間、思ってもみなかったことだが、何か懐かしさにも似た一種の感動を覚えた。そこにはシーグラムビル（Seagram Building, New York）の有名レストランThe Four Seasonsの壁面を飾るはずだった、赤を基調とした連作14枚が集められ、大きく区切られた空間の四面あるすべての壁面に適当な間隔をおいて配置されていた。控えめな照明のその部屋には、ところどころに広いベンチが置かれていて、座り込んで見る人、ひそひそ話をしている人もいる。絵のほかには立って見ている人しか目に入らないのだが、その空間は、見ようによってはレストランのようでもあり、礼拝堂のようでもあった。何かそういう、人が集まる空間を、自分の絵があるべき場所としてロスコは望んだように思われる[2]。
　ロスコの画面を見ながら、実際に行ったことはないのだが、ロスコの絵に囲まれるはずだったニューヨークの最高級レストランを思い描いてみた。ロスコ

は「もったいぶった」高級レストランの雰囲気が気に入らなかったようだが、レストランの壁面に抽象画、それもロスコを持ってこようとした発想そのものは、非常にすぐれたものであるように思われる。1950年代後半のニューヨークには、そういうすぐれた発想をするすぐれた企画者を生む基盤、蓄積された資力に見合う質の高い「審美眼」を育成する基盤が存在したということであろう。

　幻に終わったロスコのレストラン壁画のような場合は、仮に当時メセナの考え方があったとしても、その一事例に数え入れられるようなことはなかったであろう。スコットランドの商都グラスゴーは芸術活動を支援する文化都市としても知られているが、その中心部に位置するホテルのそう「もったいぶった」ふうでもないレストランの壁は、イギリスを代表するポップ・アーティスト、ピーター・ブレイク（Peter Blake, 1932-）のコラージュで埋め尽くされている[3]。このレストランの場合もメセナの一事例に数え入れられることはないであろうが、商業活動と芸術活動のある種の協調を示すこのような事例を私たちの視野に入れておくことは必要であろう。

　ところで、ロスコの特別展は複数の有名企業から支援を得ていた。その中には日本の企業も含まれている。ターナー賞も複数の企業から支援を得ている。作家の創作活動そのものを支援するというメセナの考え方からすると、こちらの方がよほどメセナらしいともいえる。しかし、ここでは企業のメセナ活動を広くとらえて、ロスコの特別展のような現代美術の展示を含む、現代芸術にかかわる活動として認知され得る活動の支援全般を考えることにする。ここでは、前世紀のはじめに抽象絵画が登場した、それ以降の約100年のことを念頭に置きながら、なぜ「意味不明な、わけのわからない、現代芸術」を支援しなければならないのかという問題について考えたいからである。

　ターナー賞の展示を見終わると、最後に紙片に意見とか感想を書いて、それを壁に貼り付けることができるようになっている。何百枚もある紙片全部を見たわけではないが、私が見た大部分は「なんなんだこれは」とか「こんなものに何の意味があるの」とか「わけわかんないよ」という意味のことをいうものであった。何年か前にイギリスの文化担当相が来て「イギリスに芸術はもはや存在しないのか」という意味のことを書き残していったというのが、有名な逸話となっている。実際、このあたりが、同時代の芸術に対する感想の正直なと

ころかもしれない。それなのに、なぜ企業は（そして私たちは）そういう「意味不明」な現代芸術を支援しなければならないのか。以下は、この問いにまともに答えようとする一つの試みである。

2. 企業メセナの考え方

　1970年代に欧米、特に芸術活動の盛んなフランスにおいて、「企業による芸術を中心とする文化活動支援」というメセナの考え方が成立した背景には、20世紀初頭にはじまる企業の巨大化が、制御不能と思わせるようなところまで進行した1960年代になって、企業による環境汚染、不祥事、違法行為が、各国において社会問題化したということがあった。一部の企業と消費者が激しく対立し、企業の社会的責任ということが厳しくいわれるようになった時代である。その後、企業を一市民と考える考え方が成立するとともに、その市民としての企業に対して広く社会貢献活動を求める潮流が生まれて、その流れの中からメセナの考え方が成立した。簡単にいえばそういうことなのだが、もう少し複雑な事情がある。

　日本では1990年代からメセナということがいわれるようになった[4]。しかし、芸術活動、科学的研究活動、スポーツ活動の支援としては、スポンサーとかパトロンという考え方が、日本ではすでに定着していたせいか、メセナという考え方は今日まで一般化するには至っていない。それに加えて、英語圏では、社会貢献活動の支援者についてもスポンサーとかパトロンといういい方を普通にする歴史と伝統があって、メセナといういい方をあえてする必要がないという事情があった。英語圏のそうした事情に引きずられて、メセナという考え方が一般化しなかったということもあるのかもしれない。

　スポンサーシップとかパトロネージに関しては、一方に商業主義と結び付いた広告とか宣伝という企業の考え方があり、他方に権威主義的傾向と結び付いた国家によるアカデミックな支援という考え方がある。しかしながら、商業主義や権威主義の傾向と結び付いた支援は、結果として、芸術活動、科学研究、スポーツ活動の自由と自発性を失わせることになるかもしれない。そういう危機意識は、日本ではどちらかというと希薄であるように思われる。商業主義も

権威主義も、評価するための材料を他に持たないせいか、すぐに結果を出すことを求めたがる。この傾向は危険なものではないか。

　メセナの考え方に基づいて、企業が作家の創作活動を支援するといっても、本当の意味で「新しさを奨励する」というメセナ本来の考え方を理解するからそうするというのではなくて、ある場合には、ただ単に「最先端を行く企業」というイメージを売り物にしたいからというだけのことになるのかもしれない。企業のイメージアップのためという考え方が基本にあると、意図しなくても、出資者に説明しやすい評価基準を設定するようなことになって、支援する創作活動に制約を与えることがあり得ると思われる。

　補助金とか賞というものに、応募はするものの、まったく無縁であった（イギリス出身だが、後半生をアメリカの大学で過ごした）ある著名な哲学者が晩年になってから、全米規模のある学会の、出版社がスポンサーになっている賞に当たった。その賞は、特別講義をすることが義務で、出版することは必ずしも義務ではないが、出版するとさらに余分に賞金が出るというものであった。その哲学者は講義はしたものの、生前それを本にすることができなかった。死後数年たってから、弟子の一人が、残された講義録を本にして、別の出版社から出版した。こういう、必ずしも自社の利益に直結しなくてもよいとするような、すぐに結果が出ることを求めない考え方をすることが、恐らくは非常に重要なのだと思う。

　ターナー賞は、支援する企業が主導するのではなくて、美術館の学芸員が比較的自由に企画しているようである。支援する企業は、これまでに何度か代替わりしていて、替わるたびに支援額が倍増しているらしい。これが唯一のやり方というのではもちろんないが、一つのやり方ではあると思われる。毎年何かしら物議をかもして話題になるから、企業は支援しやすいのかもしれない。しかし、話題性があるから、企業は現代作家の創作活動を支援しなければならない、ということではないはずである。

3. 新しさの奨励 ― 創造か破壊か ―

　2004年12月、この年のターナー賞受賞者の発表に先立って、現代美術界を先

導すると目される作家、批評家、学芸員、美術商500人に、20世紀において最も影響力があったと考える現代美術の作品5点を挙げさせる調査が同賞スポンサーによって実施され、その結果が公表された。結果は、第1位がマルセル・デュシャン（Marcel Duchamp, 1887-1968）の有名な「泉」と題された便器の展示（Fountain, 1917）、第2位がピカソ（Pablo Picasso, 1881-1973）の「アヴィニョンの娘たち」（Les Demoiselles d'Avignon, 1907）、第3位がアンディ・ウォーホル（Andy Warhol, 1928-87）の「マリリン・ディプティック」（Marilyn Diptych, 1962）であった。この結果は別に驚くようなものではないかもしれないが、関係者の最初の反応は「ピカソとかマチスじゃなくて、デュシャンなの！」というようなものであったらしい[5]。

「泉」は、前衛を標榜するある展覧会に偽名で出品されたが、実際には展示されることなく、会場の片隅に放置されたあげく、関係者によって廃棄されてしまったと伝えられている。残っているのは関係者の一人であった写真家アルフレッド・スティーグリッツ（Alfred Stieglitz, 1864-1946）が撮った一枚の写真だけである。この展覧会は、審査をするとか賞を与えるといった権威主義的な慣習を超脱して、参加料を支払えば誰でも「作品」を展示することができる、自由主義的前衛の最先端をいくはずのものであった。デュシャンの「泉」が狙いとしたのは、そのような「うわべだけの」前衛的装いの裏側には、慣習的なものとなった芸術概念が根強く生き残っていることを、ことさらに暴き立てることであったのかもしれない（図3-1）。

現代美術が「泉」に代表されるとは思わないが、この100年ほどの間に芸術ということで何があったかを問題にしようとするときには、このできあいの「作品」の展示は必ず思い起こされることになるであろう。デュシャン自身は、芸術を一般大衆のものとするような商業主義的な芸術概念を否定して、前世紀から受け継がれたエリート的な「前衛」としての芸術概念にこだわりを持つ人であったように思われる。商業主義的な芸術概念というのは、相対的に見て、広く一般大衆に受け入れられるものとなって、慣習化し制度的なものとなった芸術概念のことである。そのような芸術概念に関しては、私たち自身が、ある仕方で身に覚えがあるといえよう。現代の芸術作品を前にして、私たちは「何でこれが芸術なの？」と、しばしばつぶやく。そのとき私たちが前提にしている

のは、どこでそれを身に着けたのであれ、慣習化し制度的なものとなった芸術概念であると思われる。

図3-1 Marcel Duchamp, Fountain, 1917 (photographed by Alfred Stieglitz)

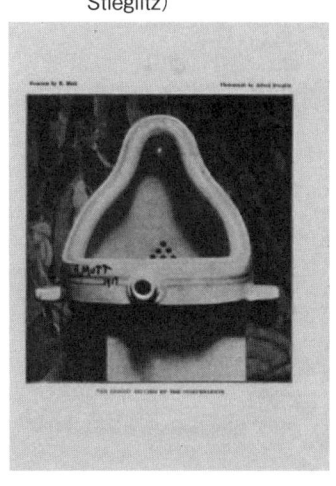

デュシャンは繰り返すことをひどく嫌ったといわれている。自身が慣習的な何か（芸術家？）になることを嫌ったのかもしれない。他方で、芸術作品の創作とか創造とか完成とかいうようなことをいって、独創性とか完全性を強調する前世紀からの考え方にも、ひどく懐疑的であったようにも思われる。未完成のガラス作品（The Bride Stripped Bare By Her Bachelors, Even, 1915-23）に、搬送中に偶然生じたひび割れを喜ぶとか、できあいの便器のような商品を「レディ・メイド」と称する「作品」として展示するとか、デュシャンのすることは、その一つひとつが前世紀の「創作に苦闘する」芸術家という巨人たちの努力をあざ笑う意図を秘めているかのようである。

結局のところ、マルセル・デュシャンは、創造の人というよりは破壊の人であったように思われる。メセナの考え方は、こうしたデュシャン的な、芸術概念に対する皮肉に満ちた攻撃をも、自らが提唱する「新しさの奨励」のうちに取り込む懐の深さというものを、持ち合わせていなければならないであろう。

4. 現代芸術 ── 個人的表象か集団的表象か ──

デュシャン的なものに対する場合とは異なる仕方で、実はほとんど正反対ともいえるような仕方で、メセナの考え方は、懐の深さを求められているということがあるように思われる。

商業デザイン、雑誌のイラスト、広告から出発したアンディ・ウォーホルにとっては、商業主義は既成の事実であったし、コカ・コーラとかキャンベル・スープのような商品や映画産業に代表される大衆文化が、彼にとってはアメリ

カの文化そのものであった。彼は繰り返すことをいとわないどころか、繰り返すことに意味があると考えているかのように、マリリンに限らず、同じ題材を何度でも取りあげた。シルクスクリーン技法による大量生産、集団制作、同じことの繰り返し、それが彼のトレードマークであった。芸術作品に個人的なメッセージとかオリジナリティーを求める、いささか古典的な考え方からすると、ウォーホルの作品にはそういうものがあまりに希薄なので、本当に芸術作品の名に値するものかどうか疑わしくなってくる。彼は表面にこだわって、内面を否定したといわれる。また、人にあれこれいわれること、そしていわれた通りにすることを好んだともいわれている。芸術家とは思えないと、ある人たちはいうかもしれない。

　ウォーホルは、エリート的な「芸術」に代わる大衆化された「アート」の時代といわれたりする1960年代の旗手の一人であった。今日、ポップ・アートは広く「芸術」として（？）認知されている。その証拠になるとは思わないが、その代表的な作品を手に入れるには億単位の予算が必要であるというのは、すでに10年以上前の話であった。だから、公立美術館の年間予算では購入できない。では、現代のもっと大衆化された「アート」、例えば村上隆（1962-）の等身大フィギュア「Miss Ko^2」（2003）はどうか。ニューヨークのオークションで6千万円近い値がついたこの「作品」は、オタク文化の剽窃に過ぎないという陰口をたたかれたりするほど、見た目にはありふれた表象を模したように見える。そういうものをメセナの考え方は果たして許容できるのであろうか[6]。

　「ありふれている」というのは、意味がないとか価値がないということではない。古代ギリシアの壺絵のように、ある意味では「ありふれている」ともいえる集団的な表象に、非常にすぐれたものがあるということもあり得る。

　20世紀初頭にはじまった抽象絵画の歴史は、少なくともある時期までは絵画的表象を、「ありふれている」とは決していわせない、ひどく個人的なものと思わせるような表象に、あたかも収斂させていくかのような展開を見せたように思われる。ジャクソン・ポロック（Jackson Pollock, 1912-1956）の、奇妙に風景画を思わせる抽象的表象は、一見そう思わせる代表例かもしれない。ポロックの絵は圧倒的な仕方で見る者の関心をポロックその人に凝集させるかのようである。

しかし、純粋に個人的な絵画的表象というようなものは、実際には不可能だと思われる。どんな絵画的表象も、たぶん一定レベル以上のものであれば、個人的なものにとどまらない、ある種のメッセージ性（人為的記号としてのシンボルが持ち得る、集団として共有できる内包的・含意的意味）を持っていて、何らかの仕方で集団的な表象として見ることができるのではないかと思われる。ポロックの絵はあまりに個性的な輝きに満ちたものではあると思うが、ひどくアメリカ的な何かを思わせるものでもある。もちろん、集団的表象として見た場合のメッセージ性という点で、ある絵は強くある絵は弱いということがあるのかもしれない。しかし、すぐれた作品であれば、一定程度のメッセージ性を持たないはずはないであろう。

　ポロック的な抽象表現を風景画的とするのは正しくないかもしれない。しかし、風景画は、例えば湖面の小さな波だけが描かれている、福田平八郎（1892-1974）の「漣」（1932）が典型的にそうであるように、場合によっては抽象的といえば抽象的である。私たち日本人はそういうものに慣れているから、抽象画を風景画のように見ることができるということかもしれない。別の見方をすれば、もともと風景画は抽象度が高い集団的表象ともいえる。抽象絵画の歴史の前に風景画の歴史があったというのは、偶然ではないかもしれない[7]。

　2007年のターナー賞受賞者、マーク・ワリンガー（Mark Wallinger, 1959-）の受賞対象作品（State Britain, 2007）は、極めてメッセージ性の強いものであった。英国国会議事堂ウェストミンスター宮殿前の広場で2001年から座り込みを続ける反戦活動家ブレイン・ハウ（Brian Haw, 1949-）を支援するための立て看板やのぼりなどの大半を、警察は2006年5月、その前年に成立した法律を盾にして没収していたのだが、それを警察から取り戻して、再現展示したものである。

　このように、明白に政治的と受け取れる主張を伴うメッセージがシンボルに込められている場合も、もちろんあり得る。それはそれほど特別なことではないし、できれば避けた方がよいことというものでもないであろう。そういう仕方で絵画的表象はこれまでも使われてきたし、これからも使われるであろう。

　もともと絵画的表象は、それがシンボル（象徴記号）として機能しはじめたときから、集団的メッセージ性の強いものではなかったかと思われる。最も古い3万年以上前にさかのぼるとされる南フランス及びスペインの洞窟壁画には、

もしかすると、恐らくは永遠に失われてしまった、クロマニヨンと呼ばれる人たちの壮大な歴史物語が、秘められていたのかもしれない。それに直接続くというわけではないが、ヨーロッパでは19世紀になってからも、絵画的表象は国や民族の歴史や文化の伝承にかかわる物語との結び付きを、頑固なまでに保持し続けようとした。このこだわりの本当の意味を理解するには、私たちの祖先がシンボルを盛んに使用するようになった数万年前にさかのぼって、なぜシンボルを使用するようになったか、その理由について考えてみなければならない。

5. シンボル使用の起源

なぜ人類はシンボル（象徴記号）を「突然」使用するようになったのであろうか。4～5万年前になって突然、現生人類（modern humans, Homo sapiens sapiens）は「象徴の爆発」（symbolic explosion）と呼ばれる、文明の爆発的開化にも似た創造活動の飛躍を経験したとされる[8]。シンボルを用いた活動は、それ以前にも何かあったかもしれない。言語の起源は100万年前の原人にまでさかのぼる可能性があるといわれている。また、プリミティブなロック・アート（岩絵）も、かなり古くからあった可能性があるのかもしれない。しかし、かなり長い間、そうした活動はおよそプリミティブな状態にとどまったままで、それほど発達することがなかったのかもしれない。それというのも、そもそも発達する理由がなかったと思われるからである。

人類史の大部分は、数百万年もの間、類人猿の仲間と同じように小さな集団をつくって、広い範囲を移動しながら狩猟採集的なやり方を続ける、単調な生活の繰り返しであったと考えられる。人類が石器を使用するようになってからも、例えば原人が使用した石器は、約百万年の間ほとんど変化しなかったし、その後ホモ・サピエンスが登場して、石器作りのレベルは上がったものの、約30万年もの間、ホモ・サピエンスの石器作りそのものに大きな変化はなかったと考えられている。ところが、石器作りだけではなくて人類の生活全般に、4～5万年前という「ごく最近」になって劇的な変化が生じたと、研究者の多くは考えるようになってきている。

何があったと考えればよいのか。

一般には、人間だけが自発的にシンボルを使用すると考えられている。自然言語はそうしたシンボルの代表であろう。類人猿の一部（例えば、チンパンジーの一種であるボノボのカンジ）に言語的なシンボルをある程度使いこなす能力があることは知られているが、自発的にシンボルを使用する能力があるとは考えられていない。

　しかし、私たち人間にはもともと自分で言語を作り出す能力があるのだとしても、生きていくうえで何の必要もないのに、名詞と動詞からなる単純な文の使用に、前置詞とか助動詞を付け加えたり、時制とか話法を発達させていく、ということは考えにくい。環境がそう大きく変化せずに、人類が同じような生活を続けていくことができた間は、言語が発達するということも、実際にはなかったのかもしれない。

　シンボルの使用が爆発的に拡大した時期に、正確に何があったのかを知ることは、事実上ほとんど不可能である。音声はたちどころに消えてしまうし、絵は残るとしても、絵画的シンボルが持つメッセージの内容は容易に失われてしまう。もしかすると1万数千年前までは、南フランスの洞窟に残された壁画の前で語り継がれていたかもしれない、クロマニヨン人の壮大な歴史物語は、結局は永遠に失われてしまった。その物語をその一部でも取り戻すことができるとしたら、それは数万年を一挙に飛び越えることができる、人並み外れてすぐれた想像力だけであろう。

　しかしながら、私たちが持ち合わせている貧弱な想像力に頼って、なぜ「象徴の爆発」は突然、しかも4～5万年前というその時期に起こったのか、という問いに立ち向かうことは、果たして不可能であろうか。

　現生人類はそれより10万年以上も前に、すでに登場していたと、通常は考えられている。10万年以上もの間、いわば眠ったままの能力が、なぜその時期になって突然開花したのであろうか。

　象徴の爆発が起こった時期は、極端な寒冷化が進んで、人類を含むすべての生物の生存環境が極度に劣悪な状況になっていく、その最初の段階であると考えられている。さらに寒冷化が進むと、ヨーロッパでは、寒冷化に適応していたと専門家が想定するネアンデルタール人が、3万年前までに姿を消すことになった。身体能力・運動能力の点で彼らよりも明白に劣ると見なされる現生人

類が生き残った理由は、現生人類は言語を発達させることができたために、集団間の連帯・協力関係を構築することに成功して、劣悪化が進む一方であった（最寒冷期はおよそ1万8千年前と想定される）自然の脅威に、様々な仕方で連携して立ち向かうことができたことにあるといわれている。

しかし、現生人類とネアンデルタール人との違いを、単純に言語能力の違いだけに収斂させることはできないであろう[9]。

食料と女性の確保に関して互いに競合する関係にある集団同士が連帯し協力する関係を築くには、それなりの手続きが必要である。しかも、その前の数百万年にわたる小集団的狩猟採集生活者としての人類の歴史は、やっかいなことに、例えば感情とか欲求のような基本的な能力を、そういう小集団的狩猟採集生活者としてのあり方に、完全に適合させてきたはずである。集団同士が連帯し協力する関係を実際に築いて大集団化するためには、ある場合には、そういう感情とか欲求が自然に向かうところに反して振る舞うという驚くべき展開を、しかも一人ひとりが求められる、ということであると思われる。

この点は、極端なまでに大集団化するとともに極度に複雑化した現代社会に生きる私たちにとっても、事情は何も変わらないといってよいのかもしれない。なぜなら、私たちの正体は紛れもなく自然種ホモ・サピエンス・サピエンスであって、その点に関しては、3万年前の劣悪な環境を切り抜けてそれに続くもっと過酷な環境をも生き延びた現生人類と、少しも変わらないからである。

利害に関して互いに競合する関係にある二つの集団が連帯し協力する関係を築くために何が必要になるか、想像するのはそう難しくはないであろう。集団間の交流が実現して、二つの集団が互いに連帯し協力する関係を持つことができるようになるためには、前提として、両集団の構成員（原則として構成員全員）が共通理解を持つ必要がある。約束とか契約とか協定といったものを互いに守ることができなければ、連帯し協力する関係を築くことはできないであろう。約束とか契約とか協定を守ることができるようにするために、まず構成員全員が共通理解を持つ必要がある。

象徴の爆発の時期は、私たちが儀式と呼んでいるものが必要になった時期であると想像される。なぜ儀式が必要になったかというと、集団の構成員全員が連帯し協力するということに関して共通理解を持つことを求められたからであ

る。儀式の特徴は、協定（例えば平和協定）を象徴するシンボルの使用とその執拗な反復であろう。忘れないためにシンボルは必要である。実は、たちどころに消えてしまう音声言語は、そのようなシンボルとしては不向きであろう。長く後に残るものが必要だったはずである。反復するのは、それ以外に共通理解を得るための確かな方法がなかったからであろう。しかし、反復がやみ、使用が途絶えると、シンボルの意味は失われることになる。

6. シンボルが持つメッセージ性

　たしかに、洞窟壁画の個々の画像に秘められたメッセージの意味は、完全に失われたかもしれない。しかし、メッセージ性（指示的・指令的意味とは異なる、内包的・含意的意味を持ち得るという、人為的記号としてのシンボルが持つ特性）そのものが失われたというわけではない。ラスコーの洞窟壁画は、1万数千年の時間的隔たりを超えて、私たちに何ごとかを語りかけてくる。中でも、入り口から少し右にそれて、奥に進んだところにあるその中心部分（Main Galleryと呼ばれている）に描かれた一頭の黒い雌牛の像は、極めて印象的である。背後に弱々しく（そう見える）描かれている一群の動物がすべて左を向いているのに対して、この1頭だけは決然と力強く反対方向を向いている。極端な寒冷化が数万年規模で続き、自然環境がすべての生き物に極めて過酷なものとなった時期に、自分たち（自分たちというのをどうとらえたのかは不明ではあるが）だけがそれに立ち向かう姿を描いたものではないかと想像したくなる（図6-1）。

　同じラスコー洞窟の入り口から真っすぐ奥に進んだ部分（絶頂期の壁画群が見られる、Painted Hallと呼ばれる部分）の、高さが3メートル以上ある天井部分に描かれた3頭の雌牛（そのうちの1頭は赤く大きく描かれ、2頭は黒くそして少し小さく描かれている）と1頭の馬からなる組み合わせは、4頭すべてが中心を向く構成になっていて、あたかも出自の異なる4集団の連帯を表わすかのようである（図6-2）。

　洞窟壁画のようなシンボル（人為的象徴記号）の使用法、いい換えれば洞窟壁画という発想そのものは、純粋に自発的なものであると考えられる。クロマニヨンの人々は盛んにそれを用いたが、その手法はいずれ廃れてしまう。シンボルとしての人為的記号と意味の結び付きは恣意性を特徴とする。記号と意味の

図6-1 Black Cow of Main Gallery, Lascaux
(The Cave of Lascaux HP)

図6-2 Red Cow and Other Animals of Painted Hall, Lascaux
(The Cave of Lascaux HP)

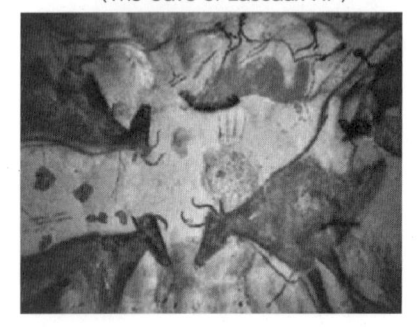

結び付きは偶然的なものである。だから、記号の使用がいったん廃れてしまうと、記号と意味の結び付きを回復することは、事実上ほとんど不可能になってしまう。シンボルとシグナル（例えば警戒音のような、もっぱら指示的・指令的に用いられる自然発生的音声記号）の違いは決定的である。描かれているものが雌牛だと分かっても、それで何が意味されているのかは少しも分かったことにならない。他方、自然発生的シグナルである警戒音は、天敵が消滅してしまえばやがて必然的に失われることになるが、天敵が再び現われることによって復活することがいつでも可能である[10]。

　言語（音声言語・文字言語）も音楽も絵画も、それぞれの特性・特徴は異なるが、同じようにシンボルと見なすことができよう。シンボルとして理解しないことも可能かもしれない。つまり、単純に音として、それ以上でもそれ以下でもなく、あるいは、単純に色として、それ以上でもそれ以下でもなく、ということである。しかし、私たちは通常そういうふうには受け取らない。わずかな音声や色の揺らぎが思いもよらぬ衝撃を私たちに与えることがあり得る。シンボルそのものは一見単純に見えようと複雑に見えようと、感性を備えた目や耳を持つ者だけに伝えられる内容は、聞く耳も見る目も持たない者には想像を絶するものであるかもしれない。

　もっと分かりやすいシンボルにもすぐれた事例があり得る。絵画的なシンボルの場合、民族が共有する壮大な神話や歴史物語を、場合によってはたった一つの画面で示すことができるかもしれない。古代ギリシアの見事な壺絵には、

多くの場合、そのような物語の、少なくとも一部分が秘められていることを、私たちは知っている。だいぶ前のことになるが、アテネのアゴラから少し（昔の市の）外へ出たところにあるケラミコス（Keramikos）と呼ばれる、最も古くは紀元前12世紀から紀元後6世紀前後まで続いたとされる墓地から出土した陶器を、年代順に展示している博物館を訪れたことがある。年代順に並んでいるのを見るとよく分かるのだが、陶器から判断する限り、アテネの最盛期は紀元前6世紀であった。その次の世紀（紀元前5世紀）のものは、より洗練されたように見えるが、勢いと力強さの点ではすでに欠けるところがあるように感じられる。さらにその次の世紀（紀元前4世紀）になると、明らかに衰退していることが見てとれる。そしてその後は、時間がたつにつれてしだいに見る影もなくなってくる。政治的・経済的に自立・独立してやっていく力を失うとともに、文化というものはこのようにして、哀れを感じさせるような仕方で衰えることがあるものかと、博物館を2、3度行きつ戻りつしながら、古代ギリシアの栄枯盛衰を実感したような気になって、いくらか感傷的な気分になった奇妙な経験をした覚えがある。

　ところで、シンボルは、ある場合には集団が共有する同一性の証であろう。シンボルが発達した主要な理由の一つは、現生人類が大集団化したということにあると思われるが、アフリカにそのことを明確に示すと考えられるおもしろい事例がある。アフリカ南西部のカラハリ砂漠に住むサン（あるいはブッシュマン）と呼ばれる人々の間にホサロ（hxaro）という奇妙な交流システムがあることが知られている。このシステムを表わすシンボルとしてダチョウの卵の殻で作ったビーズ玉（そういわれている）が使われているということなのだが、それと同じようなものが、赤道直下近く、ケニアの山岳地帯にあるエンカプネ・ヤ・ムト（Enkapune Ya Muto）という、古くから使われてきた洞窟の、4万年前の地層から発掘されたという報告がある。もしかするとこのシステムは、4万年前あるいはそれ以前から続くシステムなのかもしれない[11]（図6-3）。

　ホサロは、これを持つサン族の人々が互いに助け合うことを保証するシステムのことである。サン族の人々は狩猟採集民であり、人々は小さな集団をつくって広い範囲を移動して歩く。移動した先で出会った集団同士が互いに助け合うことを、ホサロが保証していると考えられる。

図6-3 エンカプネ・ヤ・ムトで発見されたホサロの完成品と未完成品を示す図
(Ambrose, S. H., "Chronology of the Later Stone Age and Food Production in East Africa", *Journal of Archaeological Science* 25, 1998, p.384)

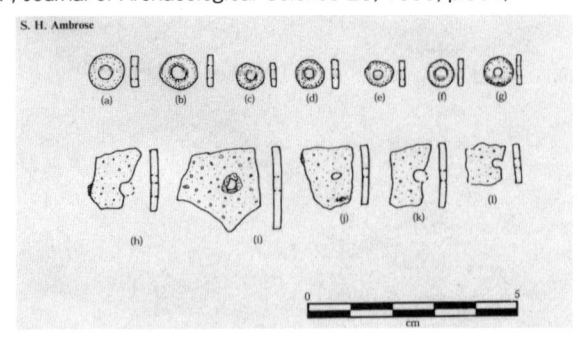

　ダチョウの卵の殻が使われる理由は何か。ダチョウの卵の殻は、内側からは割れやすくて細工がしにくいということはあるらしいが、ひどく不器用ということでなければ、ある程度は誰にでもできそうである。そうすると、このシステムははじめから、排他的なものであろうとするものではなかったということかもしれない。しかし、現生人類以外の人類も同時に存在していて、彼らには細工が難しかったとすれば、彼らを排除するシステムであるということにはなるであろう。もしそういうゆるやかな仕方で、自分たちと「同じ」と考えられる「仲間の」集団と連帯し協力関係を構築することが目的であったとすれば、見つけるのがそんなには難しくなくて、細工するのもそんなには難しくない、軽くて持ち運びに便利なダチョウの卵の殻は、シンボルとして最も適当な素材だった（そして現在もそうあり続ける）のかもしれない。

　先にも述べたように、類人猿・人類の系統において発達してきた感情と欲求のシステムは、小集団社会の構築と維持に適したものとなっていると考えられるから、集団間の連帯と協力関係の構築という目標の設定とは、根本的に相容れない傾向性を持つものであるといえるように思われる。そのような傾向性に反して、集団間に連帯し協力し合う関係を築くことは、遠い古代においても現代においても同じように難しいということも、大いにあり得る。ホサロというシステムそのものは、大集団化して複雑な構造を持つようになる社会の構築ということからは、まだはるか手前にあると考えられる。しかし、現生人類はこのようなシステムの実現を通して、自身が生まれつき持つと考えられる自然的

な傾向性に反して、自分の力で自発的に、排他性を廃した連合型社会を構築するという壮大な夢の実現へ向かって、一歩を進めたということなのかもしれない。人間のシンボルを用いた活動は、そのような創造的な飛躍へ向けた動きと、はじめから連動するものであったように思われる。シンボル使用と結び付けて語られる創造性とは、そのような意味を持つものではなかったか。

7. 合理性の要求

　しかし、私たち現生人類は、それがどんな内容の夢であれ、誰もがいっせいに同じ夢を見ることができるほど、単純にできている生き物ではない。
　将来的な展望などというものはいっさい無視して、目先の利益（当面自分の利益になると思われるもの）を追求すること、あるいはひたすら目先の欲求を充足させることを最優先させる生き物のことを「ウォントンwanton」と呼ぶことにしよう。また、自分がたまたま思いついた目的や狙いが何であろうと、それを実現するためには、嘘をつくことでも不正を犯すことでも何でも平気でするような生き物のことを「ブルシッタbullshitter」と呼ぶことにしよう。同時にウォントンでもありブルシッタでもあるということは、大いにあり得る。このような生き物が集団の内部に増えることは、もちろん、その集団の存続を危うくすることになる[12]。
　ウォントンやブルシッタの振る舞いは、人間の振る舞いと呼べるようなものかどうかは別として、単にみにくいというだけでなく、著しく合理性を欠いたものとなるであろう。つまり、彼らが何をするのであれ、それは、そうする理由を合理的に説明することも正当化することもできないものとなるであろう。少なくとも、彼らの説明や正当化の試みを、大多数の人々は受け入れないであろう。社会的要求としての「合理性の要求」は、広く社会に認知されている価値と目的を、ゆるやかな仕方で共有することを前提とするものであるといえよう。説明責任ということがある時期から強くいわれるようになった背景として、そういう価値と目的の共有ということが少しは意識されるようになったことがあると思われる。
　ウォントンやブルシッタの振る舞いについていわれる不合理とか合理性の欠

如というのは、推論能力に問題があるとか知性ないし知能の働きに問題があるというようなことではない。彼らは知能の点では、場合によってはひどくすぐれているということがあり得る。不合理とか合理性の欠如ということで本当に問題なのは、目的の実現を目指して、自分の考えに従って意図的に行為する実践的能力に関して、例えば目的の設定そのものに関して、あるいは手段の選択に関して、社会規範とか常識に照らしてかなり問題がある、著しく道理に反している、許容できる範囲を超えているというようなことである。

　言い換えれば、合理的かどうかというのは、自分が過去にしたこと、今していること、これからしようとしていることについて、適切な仕方で説明することや正当化することができるかどうかという問題である。人間が理性的存在（rational being）であるというのは、一言でいえば、人間が理性（reason）ないし合理性の能力（rationality）を持つということであると思うが、それは要するに、目的の実現を目指して、理由（reasons）に基づいて（妥当な仕方で）推論する、そういう推論能力（reasoning）を持つと同時に、問題が生じない限りは、自分の考えに従ってその通りに実践する、問題が生じた場合には、もちろんその場で中止する、そういう実践能力（行為能力）を持つことであろう[13]。

　一部の企業はかつて、ウォントンやブルシッタのように振る舞ったことがある。この何年かの間にも、名門・老舗と一目置かれるような、伝統と歴史を積み重ねてきた名のある企業が、愚かな嘘や不正のせいで、一夜にしてすべてを失うという出来事が、何度か報道されることがあった。本来、企業活動の目的は、社会全体が目指すところとゆるやかに調和するものでなければならないであろう。企業は、自分たちが過去にやってきたことに対して、責任（responsibility）がある。過去は消せるものではないし、自分に都合よく解釈してすますことができるものでもない。これまで何をしてきたのかを正確に記述し分析し評価することによって、社会に対して明確に説明し、それを正当化する責任（accountability）がある。未来に対しても、社会の信用・信頼を裏切らない責任（reliability）がある。また、自分たちが何を目的ないし目標として、それをどのようなやり方で実現しようとしているのかを、広く社会に向かって分かりやすく説明しなければならない[14]。

　もちろん、メセナ活動に関しても企業は合理的に説明する責任がある。企業

は、なぜ、何のために、芸術活動を支援するのか。

　企業の側に立ってみると、内部向けの論理として分かりやすいのは、例えば「最先端」というような企業イメージを優先させる考え方であろう。芸術にはもともと「新しさ」へと向かう慣性的推進力のようなものがあって、そのことは一般によく知られている。しかし、内向きの論理は、企業の内部事情が変わるとたちまち通用しなくなってしまうから、持続する保証がない。そういう、行き当たりばったりで、自分の都合次第で変更自在というような支援活動を、社会が求めているということではまったくないであろう。企業に本当に求められているのは、社会全体（というわけにいかなければ、少なくとも社会のできるだけ広い範囲）と価値と目的を共有することであり、社会全体（ないし社会のできるだけ広い範囲）と連携し協力することであろう。古代地中海世界で最も繁栄したと間違いなくいえる都市国家アテネが凋落したのは、市民の間の連帯が失われて、何世紀もの間、次から次へと戦乱に巻き込まれることになったからである。連帯が失われると、人間が長い時間をかけて築いてきた文化もあっという間に滅びる。

　もともと現生人類がシンボルの爆発的な使用を開始して、その能力を発達させてきたのは、人類が連帯と協力を志向して複雑な社会を構築してきたその動きと歩調を合わせてのことであったと考えられる。そういう意味では、シンボルの使用そのものが、社会全体の連帯と協力の実現へ向けた人間的な営みを、まさに象徴するものといえるかもしれない。このような人間の自発性に基づく人間的な営みを支援するという場合に最も重要なのは、作家だけでなく、そのような営みに自主的・自発的に参加するすべての人々の自由と自発性を尊重することであろう。

　作家は、例えばデュシャンのように、場合によっては新しさの「創造」ではなくて因習化して足かせとなった過去の「破壊」を望むかもしれない。作家のそうした望みとか意図とかに対して、はじめから何らか制約を課し創作活動を制限するような制度を、芸術活動支援の枠組みとして持ち込むべきではないと思われる。しかしながら、他方で、日本ではあまり重視されてこなかったようにも見えるのだが、作家の創作する作品ないし創作活動そのものに対して、広く社会全体にアピールするようなメッセージ性を要求することは、決して不当

なことではないであろうし、むしろ非常に重要なことではないかと思われる。例えば「反戦」というような、繰り返し新たに表現され続けなければならないメッセージのことである。言い換えれば、作家に個人的表象ではなくて集団的表象を求めるということである。企業は、ある意味では、作家に対してそういう要求をする権利を持つとも考えられる。メセナの出発点は価値と目的の共有ということにあると考えられるからである。

8. 価値と目的の共有

　私たちの世界（人間の世界、人間的な世界）は、ある意味では、意味とか価値といったものに満ちあふれた世界である。しかし、別の意味では、無意味・無価値な世界であるといわれるかもしれない。いずれにしても、この世界はどこかわかりにくいところがある。とりわけ、意味とか価値というのが、そもそもどういうものなのか、いったいどこにあるのか、それがわかりにくい。
　意味とか価値とか規則とか、そういうものは何もかも、私たち人間が自分でつくったものではないか。要するに、私たちは自分でつくったつくり物の世界に生きているというだけのことである、そういわれるかもしれない。たしかに、人間の世界はつくり物の世界かもしれない。しかし、それが私たちの、実在する、現実の世界である。私たちは、その世界のただ中にあって、見ることも触れることもできない意味とか価値を求めて、あるいはそうした意味とか価値に促されて、多くの場合、自分たちがつくった規則とか規範に従って、しかし場合によっては規則とか規範に反して、たいていはそうしている意味も分からずに、生きているのである。
　このつくり物の世界には、その壮大な仕組みそのものが実はそれによって成り立っているともいえる、ある絶妙な仕掛けが存在するように思われる。私たちはそのような仕掛けの存在に気がついてはいるのだが、人によっては無視したり、忘れてしまったり、当たり前のように思ったり、あるいは不可解に思ったりと、様々である。
　それがどのような仕掛けかについて、まず、次のような比喩を用いて、簡単な説明を試みてみたい。

ある種の球技にはオフサイド・ルールというものがある。例えばサッカーの場合、通常は、キーパーを除く一番後ろのディフェンスの選手がいる位置に、オフサイド・ラインという見えない線が引かれることになる。一番後ろのディフェンスの選手は、もちろん動き回るし、入れ替わったりもするから、オフサイド・ラインが引かれる位置は、時々刻々、定まることがない。

　オフサイド・ルールが理解できて、それに従うことができる、そういう存在になるためには、最低限イマジネーションの能力が必要になるであろう。たぶん、どれほど訓練しても、人間以外の動物には不可能だと思われる。架空の線などというものは、彼らにとっては、はじめから存在し得ないであろう。私たちにとっては、架空の線とはいっても、それはほとんど実在する線に等しい。オフサイド・ラインに限らず、締め切りのデッドラインだとか合格の最低ラインだとか、いったん設定されると、本当に実在する「もの」であるかのようになってしまう。

　私たちは、そうした架空の線が、いわば縦横に引かれているような世界に生きていると考えられるのであるが、それだけはない。

　オフサイド・ルールが理解できて、それに従うことができる、そういう存在になるためには、イマジネーションの能力だけでは足りなくて、もっとはるかに特殊といいたくなるような能力が必要である。すなわち、自分自身と相手ディフェンス選手の動きを、線審がそうしているように、文字通り第三者的に、あるいは審判者的・超越者的に見る目・視点が必要である。

　問題になっているのは、相手ディフェンス選手が自分をどう見ているか、その心の内を読み取るというような、心理学者がいう「心の理論」を持つことが必要とされる一対一の関係ではなくて、自分自身と相手選手とを同時に見て、ラインを越えているのかどうかを判定するというような第三者的な目・視点である[15]。

　次に、そのような「第三者的・超越者的視点」が存在することについて、もしかすると明確なイメージを与えるという点で、分かりやすくすることに少しは貢献することになるかもしれない、一つの「喩え」を用いて説明したい。

　日本各地に無人の野菜売り場とか果物売り場がある。どこで、何年前にはじまったものか、正確なところは知らないが、無人の野菜売り場が30年以上前か

らあることは、どうやら確かなことのようである。一般化したのは、それほど前ではないかもしれない。最近は、商売を強く意識していると思われる「店構え」をしているようなものもたまに見受けられるが、以前はそういうことはなかった。この「無人の売り場」という一種の（形式的には商業上の）慣習は、善意と信頼（人のよさ）を前提にして成り立つと思われるが、私たちはそこに、特にいわれなくても、暗黙の「規則」が存在することを了解している。その「規則」はどこにも明文化されていないが、万人に了解可能である。しかし、善意と信頼という前提が崩れてしまえば、無人の売り場というやり方そのものが成り立たないということになると思われる。もちろん、人間以外の、野生の世界に生きる動物には、このやり方は通じない。このやり方を見て驚嘆する、海外からの留学生や旅行者がいうように、異文化を生きる大多数の人間にも通じないといわれるかもしれない。それは、しかし、異文化においては人のよさを前提にすることに問題があるというだけのことであろう。世界中どこにおいても、大多数の人は、実はこのような暗黙の「規則」に従って生きているといえるように思われる。

　ところで、私たちの大多数が「規則」に従うのは、誰かが見ているかもしれないからというのではない。あたりに誰も見ている者はなくて、見ているのは自分自身だけであっても、私たちの大多数は、特定の個体間に生じる一対一の関係を超えて、売る者と買う者という、特定の個人を超えたところに成立する一般的・社会的・三人称的な関係に自分が置かれていることを、直ちに理解できるからである。

　これに対して、誰も見ていないから盗むというのは、野生のサルとほとんど同じ視点に立つことを意味するであろう。そして、監視カメラを設置して見張るというのは、暗黙の「規則」を完全に無視する（このやり方が通じない）野生のサルを見張るのと、まったく同じというのではないのだが、ほとんどそれと同じことになるのかもしれない。私たちはカメラの存在に気づくと、何か奇妙に腹立たしくなったりもする。それは、二人称的には野生のサルと同様の扱い、あるいはもっと悪いことに泥棒扱いされている（お前は泥棒ではないのかといわれている）ように感じるからなのかもしれない。

　人間の世界と野生動物の自然的世界は、隣り合わせているというよりは、ほ

とんど同居しているといえるようなものであろう。いい方を変えれば、私たち人間は二面性を持つともいえる。一方では、社会を重んじ、規則や規範を尊重する。しかし、他方では、知能の高い類人猿と同じやり方で、あるいはもっと野蛮なやり方で、平気で人を裏切り、欺き、出し抜き、自分の都合で規則や規範をないがしろにして不正を犯し、野卑で野蛮な欲求を満たそうとする。

　ニホンザルやその仲間の段階ではまだ、相手の立場に立って自分を見ることができる能力、だから鏡に写る自分を自分だと認識できる能力、それを用いて嘘をつくことができるようになる能力、そういう「心の理論」を持つことはないが、チンパンジーやその仲間の段階になるとそういう能力を持つようになるとされる。しかし、その類人猿であっても、第三者的・審判者的・超越者的視点に立って、誰も見ていないのに、自らに正しく振る舞うことを要求し、自発的に規則に従おうとするというようなことはしない。第三者的・超越者的視点に立つことができるようになるためには、類人猿段階の「心の理論」を持つだけでは不十分なのである。

　人間がつくったつくり物の世界がこれからも存在し続けることができるためには、その世界の唯一の構成員である私たちが、ゆるやかな仕方で価値と目的を共有するということを、実際に実現できるのでなければならない、それ以外に条件はないと思われる。そして、第三者的・超越者的視点というものが私たちにとって存在する（しかし、野生動物にとっては存在しない）理由は、特定の相手に対する一対一の関係を超えて、社会全体レベルで価値と目的を共有するということが、私たちにとってはこういうつくり物の世界をつくってやっていくやり方をはじめたそのときからずっと問題であったし、今もそれは問題であり続けるからである。私たちは価値と目的を、自然的世界に生き続ける野生動物と共有することはない。そして、価値と目的を共有するように私たちを導くものは、恐らくは、教育と文化というようなものでしかないであろう。教育と文化に「投資する」意味は、それ以外には人間的世界の存続を保証するものは何もないからである。

　芸術作品と向き合ったときに求められているのは、比喩的にいえば、一対一の自然戦略的な「心の理論」に従った応答ではなくて、暗黙の「規則」に従った人間的な応答をすることであろう。これに対して、その場合、暗黙のであれ

何であれ「規則」などというものはどこにも存在しない、といわれるかもしれない。確かに、文字通りの意味でいうような「規則」は存在しないかもしれない。しかし、知らない者同士でも、例えば山道で出会えば、挨拶を交わすくらいのことはする。それが人間的な応答ということであろう。私たちは、価値を認めるものに対しては、あるいは価値と目的を共有する同じ人間に対しては、何らかを尊重するという仕方で接することを原点とするともいえよう。そういう意味では、もちろん誰もがそうだというのでは決してないが、大学の中ですれ違っても挨拶しようとしない一部の同僚たちよりも、会えば丁寧に挨拶してくれる大学周辺に住む人々の方が、よほど人間的なのかもしれない。

結論としていえば、企業メセナに求められているのは、かつてギリシアや、ローマの人々がそうしたように、人間がつくったつくり物の世界を存続させるための、教育と文化に「投資する」努力を受け継いで、人間的な世界を存続させる営みに貢献することであろう。そのような努力や営みを「継続する」ことが、何より重要であろう。その場合に、あえていえば、第三者的な視点に立って、広く教育と文化に「投資する」という考え方をする方が、より望ましいと思われる。特定の企業が特定の個人を直接的に支援するということは、これまでもあったし、これからも普通にあるとは思うが、それよりは、第三者的な組織を通して間接的に支援するやり方をする方が、メセナのあり方としてはより望ましいといえるのではないか。なぜなら、その方が、企業メセナ本来の意図は、企業の都合で企業のために、一般ウケする見栄えのよい、芸術活動支援をする、というようなことではなくて、広く社会全体と、価値と目的を共有することにあるということを、分かりやすく表現できると思われるからである。

〈注〉
1) ターナー賞（Turner Prize）は、50歳以下の視覚芸術に関連する分野で創作活動に従事するイギリス出身の作家を対象とする、イギリスを代表する画家ターナー（J. M. W. Turner, 1775-1851）の名を冠した賞。一度中断はあったが、1984年から続いている。毎年数名がノミネートされて、受賞対象作品がテート・ブリテンに数カ月間展示され、12月はじめに受賞者が発表される。授賞式はチャンネル4によってテレビ中継される。ターナー賞については、公式ホームページhttp://www.tate.org.uk/britain/turnerprize/ 参照。
2) ロスコ晩年の集大成、テキサス州ヒューストンのロスコ・チャペル（Rothko Chapel）は、宗派を超えた祈りの場所として構想されたと伝えられる。
3) 一つひとつのコラージュ作品はポスター大だから、圧迫感はない。レストランCollageに行ったのがクリスマス前のパーティー・シーズンだったせいか、パーティー帰りの若者たちの姿が目立つ店内はほぼ満員の盛況だったが、作品に見入っているような客は誰一人いなかった。しかし、全体の雰囲気は悪くはなかった。
4) 代表的な企業人有志によって企業メセナ協議会が設立されたのは1990年。フランスの商工業メセナ推進協会ADMICALからの強い働きかけがあったとされる。
　協議会設立前後の事情については、伊藤裕夫他編『なぜ、企業はメセナをするのか？』、企業メセナ協議会、2000 参照。
5) ちなみに、4位はピカソの「ゲルニカ」(Guernica, 1937)、5位はマチス(Henri Matisse, 1869-1954)の「赤いアトリエ」(The Red Studio, 1911)。獲得投票率を見ると、1位は65％近くの票を得て圧勝、2位は40％強、3位は30％弱、4位と5位は僅差でともに20％弱であったらしい。
6) 2008年5月、別のフィギュア作品に、同じニューヨークのオークションで10数億円という破格の値がついたという報道があった。こういう作品も許容しなければならないのであろうが、今さらこの作者を支援する必要はないであろう。
7) モスクワで法律の勉強をしていたカンディンスキー（Wassily Kandinsky, 1866-1944）がモネ（Claude Monet, 1840-1926）の「積藁」（Meules, 1890-91）を見て感激したという有名なエピソードがある。
　抽象絵画が成立する前後の時期の事情については、土肥美夫著『抽象絵画の誕生』、白水社、1997 参照。
8) 「象徴の爆発」に関する分かりやすい説明が、ルーウィン, R.『現生人類の起源』、東京化学同人, 1999（Lewin, R., *The Origin of Modern Humans*, New York: W.H.Freeman, 1993）にある。
9) 現生人類とネアンデルタール人の違いをめぐる議論については、ストリンガー, C. & ギャンブル, C.『ネアンデルタール人とは誰か』、朝日新聞社, 1997（Stringer, C. & Gamble, C., *In Search of the Neanderthals: Solving the Puzzle of Human Origins*, London: Thames and Hudson, 1993）参照。
10) 原猿類が用いる警戒音に関する詳しい研究報告が、小田亮著『サルのことば』、京都大学学術出版会, 1999 にある。
11) ホサロについては、エンカプネ・ヤ・ムト洞窟の発掘結果の報告であるAmbrose, Stanley H., "Chronology of the Later Stone Age and Food Production in East Africa", *Journal of Archaeological Science* 25, 1998, pp. 377-392, 及びクライン, R.G. & ブレイク, E.『5万年前に人類に何が起きたか』、新書館, 2004（Klein, R.G. & Blake, E., The Dawn of Human Cul-

ture, New York: Wiley, 2002) 参照。
12)「ウォントン」については、Frankfurt, Harry, G., "Freedom of the Will and the Concept of a Person", *Journal of Philosophy* 68, 1971, pp. 5-28参照。「ブルシッタ」については、Frankfurt, *On Bullshit,* Princeton: Princeton University Press, 2005 参照。
13) 人間が持つとされる「理性」ないし「合理性の能力」をどう理解するかに関して詳しくは、拙著『合理的とはどういうことか』, 講談社, 2007 参照。
14) 経団連の「企業行動憲章」は、1991年に制定されて以来、二度改定されている。最初の改定（1996年）によって「説明責任」が強調されるようになり、二度目の改定（2004年）によって「信頼」が強調されるようになった。
15) このような視点の違いをめぐる問題については、西田正規他編、『人間性の起源と進化』、昭和堂、2003 が示唆的である。特に、第1章（北村光二、「家族起源論」の再構築―レヴィ=ストロース理論との対話）、pp. 12-13 参照。
16) 本論文の草稿はその全体を岡部勉が作成し、岡部由紀子が前半部を中心にそれに修正を加えた。本文中に示した特定の作品その他についての印象・感想等は、大部分は両者が共有するものであるが、基本的には前者のものである。

Chapter—4

音楽史から
企業メセナを考える

―企業メセナの音楽史―

木村 博子 KIMURA Hiroko

1. はじめに

　芸術は常に個人の、あるいは何らかの組織の保護の下に発展してきた。およそ芸術は何らかの経済的保護、パトロン制度を抜きに語ることはできない。西洋においてはキリスト教会にはじまり、王侯貴族、国家、資産家など、パトロンの形態は様々であり、また保護の理由も個人の趣味から宗教的・政治的目的まで多岐にわたる。芸術の成立に関していかなる事情があったにせよ、時を経て芸術はそれらの事情を離れて永遠の生命を獲得し、永く人類共通の財産となる。

　近代市民社会成立以降、芸術活動の経済的基盤は市民の参与にあり、例えば音楽においては、コンサートはチケット収入で賄われるのが原則となった。しかし一部をのぞき、そのシステムは有効に作動しない。市民の恣意という不安定なものに依存する体制では、安定的かつ健全な音楽の発展は望めないからである。19世紀以降急速に発展した資本主義は、音楽をその配下に巻き込み、商品と化した音楽が巷間に溢れた。商業音楽は基本的に市場原理に支配されるため、その原理に合わない多くの音楽は発表の機会を失うか、その機会を極端に狭められることになった。音楽の健全な発展にとって、損得勘定を離れた所での芸術支援は、このような時代においては特に重要であろう。現代のパトロン制度たる企業メセナの存在は正にこの必要性にこたえるものといえる。

　本チャプターは、音楽史におけるパトロン制度が果たした役割を検討することによって、現代における企業メセナの意義を考察しようとするものである。

まず、イタリア・ルネサンス期における音楽保護のあり方を検討し、次に17、8世紀ドイツにおける公的保護のあり方を検討する。さらにバロック期のオペラ運営における保護の実際を考察し、続いて近代における音楽の個人保護について、主にリーグナーとルードヴィヒ二世を中心に考察する。最後に、これらの背後に横たわる当時の人々の音楽に対する認識を顧みつつ、現代における企業メセナのあり方について論じたい。

2. イタリア・ルネサンス期における音楽保護

　14世紀頃から開花したイタリア・ルネサンスは、美術・建築の分野において多くの遺産を残したことは周知の事実であるが、その多くがパトロンによって支持されたこともまたよく知られている。特に北イタリア諸宮廷における芸術保護の高まりは他に例をみないものであり、フィレンツェをはじめとする諸都市間の芸術家の争奪戦は熾烈を極めた。そこには王侯個人の趣味が反映されていると同時に、それを越えた政治的思惑が働いており、芸術は社会に大きな影響力を持つ重要な施策と考えられていた。作品を現前に見ることができ、また資産として長く保存もできる美術や建築に、当時の人々の関心が高かったことは当然であるが、時とともに消えゆく、はかない生命しか持ちえない音楽にも、当時の人々は熱心な保護を与えた。その背景にはルネサンスを支えたギリシア的教養がある。
　古代ギリシアにおいて、音楽は極めて高い位置を占めていた。音楽は宇宙の写しであり、真理の顕れであるとするハルモニアの概念は、ギリシアの精神世界を貫く重要な概念であった。ピタゴラスによれば、宇宙や自然が整然とした秩序を保っているのは、その背後に数的比例によるハルモニアが存在するからであり、これと同じ比例に基づくものが人間精神と音楽にも存在するとされた。したがって音楽を身に付けることは、宇宙の摂理に近づき、真理に通ずる道を拓くことでもあり、教養人には必須のものであった。ギリシア人は精神のバランスを崩した時、音楽のハルモニアでその調和を回復することをこころみたが、音楽はまたその療法的特質において、社会を平安に治めるためのよき方策とも考えられたのである。

1438年4月からフェッラーラ並びにフィレンツェで行われた東西キリスト教会合同のための公会議には、東ローマ帝国から多くのギリシア文献がイタリアにもたらされ、ルネサンスの気運は一気に高まった。特にフィレンツェのメディチ家では、当時の当主コジモ（イル・ヴェッキオ、1389-1464）が文芸の保護に熱心だったこともあり、多くのギリシア語文献の蒐集とそのラテン語訳が行われ、フィチーノ（Marsilio Ficino 1433-1499）を中心とする人文主義が開花した。コジモは自らプラトンに関する議論に加わるとともに、子どもたちにも早くから人文主義的教育を行い、コジモの後を継ぐロレンツォ（イル・マニフィコ、1449-1492）はフィチーノ等のギリシア哲学に関する議論に早くから加わっている。このほかにもフェッラーラのエステ家、マントヴァのゴンザーガ家、及びミラノのスフォルツァ家などルネサンスの名家は、上に立つ者として古典古代の教養を必須とした。当時の為政者は、プラトンやアリストテレスの著作を通じて、音楽が精神生活に多大な力を持つことを学び、その力を自らも身に付け、為政にも活かそうとしたのである。この時代における哲学、文学そして音楽の重視とその保護は、こうした文化的背景を持つのであり、これによって他の時代には類をみないパトロネージが形成されていく。そこに働いているのは、社会奉仕や個人的趣味を超えた、人間としてあるべき姿の追求としての文芸の奨励・保護の精神であり、現代では失われて久しい、財力や武力を凌ぐものとしての「文化力」への執着であった。

　以下、フィレンツェで行われた宮廷祝祭とマントヴァにおける宮廷音楽の実際、及びアカデミー等の私的保護を検討することによって、当時のパトロン制度について考察したい。

[1] フィレンツェにおける宮廷祝祭
　宮廷祝祭とは、結婚式、凱旋、賓客訪問等国家行事に際して宮廷（もしくは国家）が主催する大掛かりな祝祭行事を指す。自国の文化レベル、学問的教養を内外にアピールできる絶好の機会として、祝祭は政治的に大きな意味を持った。期間は1〜3週間が一般的だが、時には行事間に間隔をおきつつ、数カ月に及ぶこともあった。演目は入場行進、山車パレード、馬上試合、仮装舞踏会、古典劇、模擬海戦、インテルメディオなど多岐にわたり、富裕層のみならず市

民も巻き込んで壮麗な絵巻が展開された。

フィレンツェにおいては、共和制時代からメディチ家を中心として富裕貴族層や同職組合による芸術や祭りの保護が盛んであったが、宮廷祝祭の詳細が明らかになるのは、1532年、メディナ家による君主制が開始されてからである。新興の君主としてヨーロッパ列強に相対しなければならなかったメディチ家は、家格を上げるために豊富な財源を利用してヨーロッパ王家との政略結婚を繰り返し、そのたびに大がかりな宮廷祝祭を催した。祝祭の模様は報告書という形で出版され、内外に喧伝されたから、その内容は、国の文化的・財政的威信をかけた一大プロパガンダであったのである。メディチ家は15世紀前半のコジモ・イル・ヴェッキオの時代から、ギリシア研究のメッカであったため、その遺産を1世紀後の宮廷祝祭に生かし、他家の追従を許さない、ギリシア的教養に満ちあふれた祝祭を演出していたのであった。ここでは、1539年に行われたコジモ1世とナポリ副王アルバ大公の公女エレオノーラ・ダ・トレドの婚礼祝祭と、1589年に行われたトスカーナ大公フェルディナンドとロレーヌ公女クリスティーヌの婚礼祝祭についてみてみたい。

①コジモ1世とナポリ副王アルバ大公公女エレオノーラ・ダ・トレドの婚礼祝祭（1539）[1]

コジモ1世（1519-1574）は前君主アレッサンドロの暗殺後、メディチ家の傍系から、ハプスブルグ家のカール5世の後援を得て18歳でフィレンツェ公となった。外交手腕に長けていた彼は、カール5世の意向を汲んで決定した自らの婚礼にも政治的配慮を欠かさなかった。1539年に行われた婚礼行事には、一貫して以下の3点、(1) カール5世に対する忠誠を示すこと、(2) フィレンツェ市民の支持を得ること、(3) 配下のトスカーナ諸都市に嫡流としての正当性を認めさせること、が盛り込まれていた。一連の祝祭行事は、花嫁エレオノーラのフィレンツェ入城式にはじまり、メディチ家宮殿中庭での音楽劇、舞踏会、七つのインテルメディオ付きの喜劇など、連日にわたって繰り広げられた。その模様はメディチ家側近の詩人兼学者、ジャンブラーリ（Pier Francesco Giambullari 1495-1555）によって詳細に書き留められ、報告書として出版された。音楽はフィレンツェ生まれのコルテッチャ（Pier Francesco Corteccia 1502-1571）が

主に担当し、彼は恐らくこの功績によって翌年宮廷楽長の地位を得た。コルテッチャのほかには、フェスタ（Constanzo Festa, 1490-1545）、ランポッリーニ（Marttio Rampollini, 1497-1553）等メディチ家ゆかりの音楽家たちが競作している。これらの楽譜はヴェネツィアのガルダーノ社から出版された。

入城式においては、花嫁が「安全」と「永遠」の間に5人の子どもを従えた「豊穣」の像が飾られた凱旋門を通過する際に、門の上から24人の合唱と4本のトロンボーン、4本のコルネットによるモテトが演奏された。いくつかの凱旋門のうち、最も重要なものは月桂冠に飾られ帝王杖をもつカール5世の門で、彼の右には「スペイン」と「ニューメキシコ」が、左には「ドイツ」「イタリア」「アフリカ」が置かれ、足下にはヴェルギリウスの『アエネイス』の1節「アウグストゥス・カエサル、神から生まれし者、黄金時代を創る」という銘が刻まれていた。

宮廷中庭での音楽劇では、コルテッチャほかの作曲家によるマドリガーレの競演で、それぞれフィレンツェとその配下の都市、ピサ、ヴォルテッラ、アレッツォ、コルトーナ、ピストイア、が進行役のアポロによって紹介され、結婚を祝う。また、七つのインテルメディオは、マドリガーレの形でコルテッチャ1人によって作曲され、夜明けから夜までの「時」を暗示しつつ、羊飼いやニンフたちを配した牧歌的世界を展開した。

ヴァザーリは、コジモ1世はことのほかこの祝祭が気に入ったと伝えている。舞台装置及び演出を担当したサンガッロ（Aristotile de Sangallo 1482-1551）はその後もフィレンツェで重用され、コジモ1世下の華やかな文化に貢献するのである。コルテッチャ等の音楽は、公式に出版された楽譜以外にも、マドリガーレ名曲集や個人の曲集の中に組み入れられて出版され、祝祭を離れても演奏された。

②トスカーナ大公フェルディナンドとロレーヌ公女クリスティーヌの婚礼祝祭（1589）

コジモ1世は教皇ピウス5世より大公の称号を与えられ、メディチ家の覇権はさらに確固としたものとなったが、ヨーロッパの王室に伍していくためには、さらなる努力が必要であった。ストロングは、メディチ家が有力王家として徐々

に頭角を現すようになったのは、巧妙な芸術政策によるところが大きいと述べているが、コジモ1世の息子フランチェスコとフェルディナンドも祝祭の重要性を十分認識していた[2]。兄フランチェスコの死後、大公位を継いだフェルディナンドは、銀行業がもたらす莫大な富を惜しげもなく祝祭につぎ込んだ。それを典型的に示す例が、彼の婚礼祝祭の主演目であったインテルメディオである。3週間にわたって繰り広げられた祝祭行事にはほかにも馬上試合や模擬海戦、演劇などがあったが、趣向をこらした舞台と壮麗な音楽で彩られる6幕からなるインテルメディオは全行事の中でも最も力が入れられたものであった。かかった総費用は3万255フィオリーノ、壮麗で知られるルネサンスの代表的建築ストロッツィ邸が4万フィオリーノであることを考えると、これが破格の額であることがわかる。その大部分はブオンタレンティ（Bernardo Buontalenti, 1536?-1608）が舞台監督を務めた大がかりな舞台装置に費やされるが、そのほかにも衣装280着、歌手60人、器楽奏者20人など豪華なつくりであった。全体は新プラトン主義の世界観を反映し、古典古代の様々な主題を散りばめつつ、フランスとトスカーナ大公国を賛美するという筋書きになっており、フェルディナンドの帝王としての、気高さ、寛大さ、博識を印象づけるものとなっている。フェルディナンドは枢機卿として20年以上をローマで過ごし、パレストリーナをはじめとする教皇庁の音楽家たちや芸術に造詣が深い多くの名門貴族たちと交わった。その経験がフィレンツェに戻ってからの彼の芸術政策に大きく影響していると言われている[3]。

　以下にインテルメディオの概要を示す。

作曲：マルヴェッツィ Cristofano Malvezzi（1547-1599）、マレンツィオ Luca Marenzio（1553?-1599）、カヴァリエリ Emilio de' Cavalieri（c.1550-1602）、カッチーニ Giulio Caccini（1551-1618）、ペーリ Jacopo Peri（1561-1633）
作詞：リヌッチーニ Ottavio Rinuccini（1562-1621）、バルディ Giovanni de' Bardi（1534-1612）
技術監督（機械仕掛け操作）：コルシ Jacopo Corsi（1561-1602）
演出：バルディ、ブオンタレンティ

第一インテルメディオ：《天体の調和》
「現代のミネルヴァとヘラクレス（新郎新婦）」のために、セイレンたちが祝福する。
第二インテルメディオ：《ムーサイとピエリデスの腕比べ》（空気）
ピエリデスがムーサイ達に歌合戦を挑み、負けてカササギに姿を変えられる。
第三インテルメディオ：《アポロンがデルフォイで怪獣を倒す》（地）
アポロンがデルフォイの怪獣を退治する。
第四インテルメディオ：《黄金時代が予告される》（火）
地獄の魔女達が2人の結婚で黄金時代が来ると告げる。
第五インテルメディオ：《アリオンとイルカ》（水）
海中のニンフが2人を讃える。アリオンの歌に魅せられたイルカが海中から彼を救う。
第六インテルメディオ：《ジュピターから人間への贈り物》
ジュピターが「調和」と「律動」を地上に遣わし、神と人間はともにトスカーナの繁栄を願って歌い踊る。

　第二から第五までの各インテルメディオは、四大元素である空気、地、火、水を象徴しており、最初と最後のインテルメディオでは天空の神々の栄光がトスカーナに降り立つ寓意が描かれた。その他ギリシアやエジプトの神々、歴史上の人物などが、それぞれにふさわしい持ち物や歌詞によって表されるなど、話の内容を正しく理解するには相当の古典の学識を必要とした。また雲に乗って降下する神々、ピエリデスのカササギへの早変わり、口から炎を吐き出すデルフォイの怪獣、空飛ぶ乗り物を駆って飛ぶ魔女、珊瑚礁に囲まれた海を走るアリオンの船など、精巧な機械仕掛けと大がかりな装置は人々の目を驚かせずにはいなかった。上演にあたったスタッフの大部分が、世紀末からオペラの創始に向けて活発な活動を展開していたカメラータのメンバーであること、また上演スタッフの中心にバルディやコルシ、あるいはカヴァリエリなど支援貴族がいることは注目すべきであろう。プロに任せてしまうのではなく、パトロン自らも積極的に関与するところがこの時代の特徴である。すなわちパトロンとは単に資金を出す存在ではなく、自らが文化を創造する存在であろうとした人

たちのことであり、また彼らから生み出されるものは、単なる貴族の遊興を越えた、レベルの高いものであった。自らも構想に参加したフェルディナンドは、自身の婚礼という機会に、フィレンツェの栄光を喧伝するとともに、自らが文化の推進者として、他国人に抜きん出ていることを示したのである。

[2] マントヴァにおける宮廷音楽

　14世紀以来、マントヴァを治めたのはゴンザーガ家であった。プライザーは、当時の有力な北イタリアの宮廷が抱えていた音楽組織の規模に関して、マントヴァはミラノやフェッラーラに劣っていたと述べている[4]。その文化小国が、にわかに芸術に目覚めてきたのは、1490年にフェッラーラのエステ家からフランチェスコ2世（在位1484-1519）に嫁いだイザベッラ・デステ（1474-1539）の影響によるところが大きい。イザベッラはレオナルドやアリオストを保護したことで知られるルネサンスの著名なパトロンであるが、彼女は実家で身に付けた音楽的教養を新しい環境でも活かそうと積極的な音楽家支援を展開する。イザベッラはかなりの力量を持った歌手であり、当時隆盛だった世俗歌曲フロットラの支援に力を入れる。これに対して夫のフランチェスコは、器楽の充実に意を用い、宮廷内に楽器奏者養成の学校を創設した。

　16世紀半ば、グリエルモ（在位1550-1587）の治世になると、マントヴァの音楽はフィレンツェやフェッラーラを時には凌ぐほどの勢いを見せる。その後を継いだヴィンチェンツォ1世（在位1587-1612）は父親譲りの芸術愛好家で、しかも豪華絢爛なそれを好んだ。ヴィンチェンツォはモンテヴェルディ（Claudio Monteverdi, 1567-1643）を宮廷楽長に採用、音楽史上画期的な作品群が生まれる素地をつくることになる。モンテヴェルディは1590年にヴィオール奏者としてゴンザーガ家に仕えはじめ、1601年に宮廷楽長に昇進、以後1612年までマントヴァ宮廷の音楽を一切取り仕切った。彼はマドリガーレ集の第3巻（1592）及び第5巻（1605）をヴィンチェンツォに、またオペラ《オルフェオ》（1607）の総譜をフランチェスコに献呈している。またフランチェスコとサヴォイア家のマルゲリータの結婚式（1608）では、《アリアンナ》《情け知らずの女たちのバッロ》を作曲、大成功を収めた。これらの作品は、その音楽的重要性においてフィレンツェの諸作を凌ぐものであり、初期バロック様式の確立に多大な貢献をする

ものである。その意味でマントヴァ宮廷のパトロネージは、最も実のあるそれだったということができよう。

　しかし実際にはマントヴァ宮廷の雇用形態は問題の多いものだった。ヴィンチェンツォはモンテヴェルディに矢継ぎ早に過酷な仕事を課しながら、不当に低い報酬しか払わず、しかもそれさえ不払いを繰り返した。モンテヴェルディは経済的に困窮し、たびたび老父を頼らざるを得ない状況にまで追いつめられている。以下の手紙は、1604年にモンテヴェルディが、ヴィンチェンツォに宛てた手紙の1部である：

「……この手紙は、今まで5ヶ月も滞っております私の俸給のためにご命令を賜りますようにと閣下の足下に伏してお願い申し上げます以外に何の目的もございません。窮状は妻のクラウディアにとっても義父にとっても同様であり、しかも金額は閣下からの特別のお申し付けがなければ将来それを頂く望みがないほど多額になっております。私の借金は日ごとにかさみ、その返済も不可能ですから、これがなければ私のあらゆる労働は甲斐のない破滅的なものとなってしまうでしょう。」[5]

　さらに1608年の宮廷財務官キエッピオに宛てた手紙において、モンテヴェルディは積年の不満を爆発させる。

「……マントヴァ宮廷における19年の間、私が受けてきた待遇は好意的であるどころか、敵意に満ちたものでありました。ハンガリー遠征に同行した際にも多大な出費をせざるをえませんでしたし、フランドル行きでは、妻は47リラしか公爵から頂いてはおらず、私の父からの援助でかろうじて召使いと下男を含む家計を立てていたのでした。……公爵は12.5スクードから25スクードに手当を上げて下さいましたが、その中から歌手カンパニョーロの養育費を払うようにとの仰せで、結局私の手元には20スクードしか残りませんでした。さらに1608年の婚礼の際には、ほとんど実行不可能な仕事を要請され、そのために衣服や食物まで事欠くほどであったにも拘わらず、妻の給料は止められ、音楽家としても一

顧だにされませんでした。……これ以上明白な証拠はないではありませんか。何もしなかったマルコ・ダ・ガリアーノ氏には200スクード与えられ、義務を果たした私には何も与えられなかったのです……。」[6]

こうした訴状によって、いくぶんか待遇が見直されつつも、モンテヴェルディの窮状と不満は解消されなかった。しかも1612年、ヴィンチェンツォの後を継いだフランチェスコは突如モンテヴェルディを解雇、失職した彼は、年老いた父を頼って生地クレモナに戻らざるを得なくなってしまう。ここに当時のパトロンの身勝手さとそれに翻弄される音楽家の不安定な立場をみることができる。マントヴァ宮廷は、モンテヴェルディを雇ったことによって、当時の芸術上のリーダーシップを握るという大きな利を得、パトロンとしての名も残すことになった。その意味で、その国家戦略としてのパトロネージは成功したといえよう。しかしその実態を考えるとき、倫理的な意味でそれが芸術保護あるいは支援といえるかどうかは疑問である。

［3］私的保護

　以上は君主による国家的パトロネージであったが、当時のイタリアでは、君主以外にも有力貴族や同業組合による芸術保護が盛んであった。共和制下のフィレンツェでは、同業組合が競って教会に美術品を設置したし、有力貴族たちは、学問・芸術を研究する私的サークルであるアカデミーを主宰、古典古代の文芸研究や劇の上演などを積極的に支援した。こうしたアカデミーは、古くはロレンツォ・イル・マニフィーコ（彼はその熱心な芸術支援によって、メセナの語源になった古代ローマの資産家ガイウス・マエケナスに因んで"メチェナーテ"と呼ばれた）がフィチーノを囲んで主宰したプラトン・アカデミーにはじまり、16世紀中期イタリアには大小合わせて200以上あったといわれる。ここでは、オペラの創始に深くかかわったフィレンツェのアカデミー、カメラータ（Camerata）について見てみたい。

　カメラータとは、イタリア語で「同志」を意味し、1570〜80年代にかけてフィレンツェで活動したアカデミーの名前である。主宰したのは、フィレンツェの銀行家一族出身のヴェルニオ伯バルディで、彼は音楽、文学、舞台芸術等

に広い知識を持つ人文主義者であった。彼は自邸に学者や音楽家、詩人などを集め、古代ギリシアの音楽劇について熱心に議論を行っていた。参集した主なメンバーは、リヌッチーニ（詩人）、ガリレイ（Vincenzo Galilei, 1520-1591、理論家）、カッチーニ（作曲家、歌手）、ペーリ（作曲家、歌手）、カヴァリエーリ（貴族、音楽家）等で、彼らは1570年代はじめからバルディ邸に集まり、ローマの理論家メイ（Girolamo Mei, 1519-1594）を指導者として、古代ギリシアの音楽理論や劇の実際について議論を重ねた。彼らはメディチ家とも深くかかわり、1589年のフェルディナンド大公の婚礼におけるインテルメディオ上演にカメラータのメンバーの貢献が大であったことはすでに見たとおりである。1592年にバルディが教皇庁侍従及び教皇軍指揮官としてローマに去った後は、コルシが後援を引き継ぐことになった。コルシはフィレンツェの中では比較的新興の商家の出だが、父ジョヴァンニから人文主義的教育を施され、歌と音楽理論、並びにリュートや鍵盤楽器も修めた教養人であった。コルシは、学問的研究よりも実践を好むタイプであったといわれ[7]、1598年の謝肉祭には自邸で初のオペラとされる《ダフネ》を上演した。これは1599年、1600年の謝肉祭にも再演され、フィレンツェの要人の多くが鑑賞した。彼はまた、1600年のアンリ4世とマリア・デ・メディチの婚礼に《エウリディーチェ》を上演、これが現存する最古のオペラとなるのである。

　カーターによれば、ヤコポ・コルシの父ジョヴァンニは9万デュカートを3人の息子たちに遺したが、その後も息子たちは順調に事業を延ばし、17世紀初頭には、コルシ家はフィレンツェでも有数の財産家となった[8]。ヤコポら3兄弟は、コルシ家のランクアップのために、様々な宮廷の催しや市民の祭りに出資し、鷹狩りや遊興を主催して有力者を招くほか、丁重な態度で旧来のフィレンツェ貴族たちに貸し付けを行い、彼らの懇意を取り付けた。その甲斐あってコルシ家は、新興ながら名家の仲間入りを果たし、1600年のメディチ家とアンリ4世の結婚の折には、ヤコポは最終的な折衝を担当して成婚にこぎつけ、弟バルドは持参金を管理してリヨンまで花嫁に随行した[9]。

　ヤコポらは、絵画や彫刻など美術品のほか、学術書も精力的に蒐集し、宮廷人たる資格を着々と整えた。彼らは多くの芸術家たちに無利子で金を貸し、それらはほとんど戻ってこなかったが、その寛容さはパトロンとしての名声を高

めるのに役立った。ヤコポは、現金以外にも馬や馬車、衣服や食物などを与えて音楽家を援助するほか、病気の時の治療費や家賃まで払ってやることもあった[10]。彼らの援助は広範囲に及び、フィレンツェでコルシの援助を受けない音楽家の方が少なかったとさえいわれる。さらにコルシは自ら演奏もする音楽家であり、支援する音楽家たちを兄弟のように扱った[11]。こうしたこともあってか、1602年に熱病のためヤコポが亡くなった時には多くの哀悼の辞が音楽家や市民たちから寄せられた。フランスのアンリ4世からも弔意が届けられたといい、彼の寛容さと人柄は、身分の分け隔てなく人々から愛されたことがわかる。

　コルシは豊富な財力を惜しみなく音楽や芸術に注いだ。それは一面では家格を上げようとする努力の一環であり、見返りを期待した行為かもしれない。しかし時代を読むセンスと彼自身の音楽性が、オペラの創始という音楽史上画期的な出来事を可能にしたのであり、その意味で彼は一パトロン以上のことを成し遂げたといってよい。

3. ドイツにおける公的機関による保護

　ドイツにおいては長く統一国家としての体制がとられず、多数の領邦国家が神聖ローマ帝国の名の下に、ゆるやかな連合体を形成する状況が19世紀まで続いた。広大な領域を支配したハプスブルク家の神聖ローマ帝国、聖俗諸侯から成る選帝侯国、さらに帝国自由都市など、様々な国家形態が共存していたのである。ここでは、帝国自由都市における音楽保護の例を見てみたい。

[1] ニュルンベルグ

　1219年、皇帝フリードリヒ2世によって帝国自由都市となったニュルンベルクは、15世紀初頭以来、市参事会によって統治され、支配階級（富と地所を持つ人々）と職人階級（一般労働者）とに二分されていた[12]。市参事会は34名の門閥（パトリシアン）と8名の職人（議決権はなし）によって構成され、音楽もその統制下に置かれた。ニュルンベルクは早くからルター派を受け入れたが、すべての教会の音楽家（楽器奏者、作曲家、合唱指揮者、歌手、教師など）は市参事会によって雇用され、また都市の音楽隊であるシュタットプファイファーもその

管轄下にあった。その他門閥たちによる音楽協会（アカデミー）が複数設立され、協会員の私的な集いに音楽を供したり、その子弟に音楽教育を施すために音楽家が雇われた。こうした協会は会員の会費によって運営され、会員数も制限された閉鎖的なものであった。またニュルンベルクには、やはり会員の会費で運営される職人組合（マイスタージンガー）の音楽協会も存在した。市参事会の記録によれば、200名近くに上ったマイスタージンガーは、もともと職人階級である上に貧富の差も大きく、いわゆるパトロンとしての役割は担えなかったと推察されるが、200年以上も《歌合戦》の伝統を守るなど、音楽の振興に関しては功があったということができよう。

[2] ライプツィヒ

　バッハ（Johann Sebastian Bach 1685-1750）の終焉の地であるライプツィヒは、15世紀末から鉱業が盛んになり、さらにマクシミリアン1世によって貿易特権が与えられ、一大商業都市へと発展した。ドレスデン選帝侯の管轄下だが、選挙で選ばれた資産家市民からなる市参事会が公務を担当し、貿易による豊かな財政を背景に18世紀以降、音楽史上重要な業績を残すことになる[13]。市参事会は、建物や公園のデザイン、教会礼拝の順序、祭りなど都市生活のあらゆる側面を規定し、教会の修復、教会音楽家の任命権、監督権も持っていた。バッハを雇用したのもこの参事会である。

　ライプツィヒではまた年3回開催される見本市のために商館が建設され、そのうちの一つが〈織物商の館（Gevandhaus）〉であり、1781年に市長がこれを音楽用ホールに改築した。また印刷業も盛んで、書籍出版の中心地となるほか、楽譜も大量に流通し、都市の中産階級の楽しみのための歌曲集などが多く出版された。

　バッハは、1723年に当地の聖トマス教会カントル（ライプツィヒ市音楽監督を兼ねる）として赴任したが、市参事会にとって、バッハはテレマン、グラウプナーの獲得に失敗後の第三候補者であったため、期待薄の参入者であった。バッハの職務は毎日曜日に行われる礼拝音楽（カンタータ）をはじめとする宗教作品の作曲・演奏、他教会の音楽監督のほか、聖トマス教会付属学校生徒の教育、市の行事への音楽提供、大学の音楽団体コレギウム・ムジクムの指揮など多忙

を極め、その割に収入が少ないことが大きな不満であった[14]。バッハは市参事会が度重なる無理解と横暴に加えて、満場一致でバッハの減給を決定したことに立腹し、1730年親友のエールトマンに就職依頼の手紙を出している。また1736年には市参事会を牽制するために、「ポーランド王兼ザクセン選帝侯宮廷作曲家」の称号を獲得した。この両者の争いはバッハが亡くなるまで続き、歴史がバッハに与えた栄光に引き替え、ライプツィヒ市は保守的で頑迷なパトロンという評価が定着している。

　しかし、その後のライプツィヒに目を転じれば、ライプツィヒ・ゲヴァントハウス管弦楽団という、最古のオーケストラとその演奏会を育て、シューマンの『新音楽時報』を生み、メンデルスゾーンが〈ライプツィヒ音楽院〉を創設するなど、ドイツ音楽発展の中枢として揺るぎない地位を確立している。それは時として頑迷かもしれないが、確実に市民が芸術を愛好するような土壌を育てた市参事会の功績であったともいえよう。

[3] ハンブルク

　帝国自由都市にしてハンザ同盟の中心都市であったハンブルクは、中世以来の活発な経済活動によって、18世紀初頭には人口約7万5千人を抱える、ウィーンにつぐ帝国第2の都市となっていた。代々王侯貴族の支配を受けない自治を誇りとし、政治は有力市民による市参事会が担当、参事は終身制で、富を保有していたエリートがそのメンバーであった。そのほかに各教区の大地主で構成される市民委員会があり、市参事会の決定事項の承認、市の財産管理等を行っていた。これら支配者層は市の全人口の10%未満であり、公民権を持たない市民階級としばしば対立したが、海運業と貿易による富を文化や福祉に投入し、市をドイツ国内で最も活気ある都市に成長させていった[15]。

　ハンブルクの市参事会は16世紀以来、すぐれた音楽家を市の音楽監督に招いて、教会音楽をはじめとする音楽を担当させていた[16]。ライプツィヒの場合と同様、市の音楽監督の職務は、市の主要教会の音楽から市の行事の音楽まで広く聖俗にわたり、ゼルレ（Thomas Selle, 1599-1663）、ベルンハルト（Christoph Bernhard, 1628-1692）を経て、1721年にはテレマン（Georg Philipp Telemann, 1681-1767）がその地位についた。テレマンは、公の任務のほかにコレギウム・ムジ

クムや公開演奏会、オペラなど様々な音楽活動に携わり、市参事会という単一のパトロンに頼ることなく、職業音楽家として自らの活路を積極的に切り開いていった。そうしたテレマンの多面的な活動に、市参事会内部では当初批判の声も聞かれたが、特に制限が設けられることもなく、テレマンは精力的に活動を続け、都市音楽家としての新しいスタイルを確立していった。テレマンが就任後まもなく友人に宛てた手紙には、当時のハンブルクの活況が映し出されていて興味深い。

> かの地ではこのところ音楽が下り坂なのに対して、ここでは登り坂です。思うにこの学科で働く者の心をこれほど鼓舞してくれるところは、ハンブルクをおいて他にはありません。これに大きくかかわっているのが、当地の多くの名士ばかりか、市の上流階級までも（市参事会全体も含めて）公開演奏会に姿を見せないことはないという事実です。また、かくも多くの識者や知的な人々の分別ある判断によって、演奏会の機会が与えられています。いまやまさに花盛りのオペラもそれに劣らず重要です。そして最後に、あらゆる事柄の核心（すなわち金銭）にたいしても、この地の音楽愛好家は鷹揚なのです[17]。

テレマンは音楽史上でも極めてエネルギッシュな音楽家だったとされるが、彼の活動歴は、都市、しかも豊かで経済的に繁栄した都市が、いかに音楽家の能力を伸張させるか、ということを示すものでもあった。テレマンにとってパトロンは市当局というより、市民を含む市全体であり、彼のやり方は、近代市民社会における音楽保護のあり方を先取したものということができる。しかし一面では政治的な駆け引きに巧みで、商才にも長けていたといわれる彼だからこそ成功したやり方であって、音楽だけにその才能が限られ、世知にはうといほかの多くの音楽家にとっては、リスクの多い生き方であったといえよう。

4. バロック期のオペラ運営における保護

1600年前後のフィレンツェに誕生したオペラは、バロック中期にはイタリア

国内はもとより、ヨーロッパ中に広く浸透する音楽ジャンルへと発展した。その過程で、オペラは王侯が専用劇場で催す政治色の濃い宮廷型から、公開オペラハウスで公演する市民型へと変貌していった。市民型とはいえ、経費を膨大に要するオペラのこと、そこにはどのような保護の形が働いていたのか、創成期のヴェネツィアオペラとヘンデル時代のロンドンを例に検討してみたい。

[1] ヴェネツィアオペラ

　アドリア海に面したヴェネツィアは、11世紀以来東方との貿易によって巨万の富を獲得、一大商業都市として大きな権勢を誇った。建国以来、選挙によって選ばれるドージェ（総督）と十人委員会が政治の運営を行う共和制をとり、権力の世襲を阻むための複雑な選挙方法や法の下の平等の遵守によって、都市内には自由闊達な気運が漲っていた。また東方との不断の接触によって他のイタリア都市にはない独特の壮麗な文化を生んだことも特色の一つである。中心的な宮廷がなかったこともあって、オペラは当初ヴェネツィアでは大した発展をみなかったが、1637年に世界初の公開オペラハウスであるサン・カッシアーノ劇場が開場したことにより、状況は一変した。マネッリ (Francesco Manelli, 1594-1667) の《アンドロメダ》でこけら落としを行ったこの劇場の成功はめざましく、これに刺激されて、1639年にはサン・ジョヴァンニ・エ・パオロ劇場が、1640年にはサン・モイゼ劇場、さらに1641年にはノヴィッシモ劇場が開場し、17世紀末までには、16の劇場が建てられる盛況ぶりを呈した[18]。こうした流れの中で、オペラはギリシアの理想を反映する宮廷の楽しみから、大衆的な娯楽へと大きく様変わりしていくのである。

　これらの劇場は基本的に有力商人である貴族が所有し、所有者もしくは所有者が委託した協会（アカデミア）または劇場支配人が、桟敷席を年間予約するほかの貴族から権利金及び入場料を徴収して運営した。アカデミアはプロの職業俳優の団体であるコミチ・デッラルテ、歌劇団であるムジチ・デッラルテ等と契約を結び、台本作家、作曲家、振付け師、舞台美術及び衣装デザイナー、演出家、歌手、楽器奏者の雇い入れを行う[19]。支出の主なものはスター歌手への報酬と舞台装置費であった。その他有名作曲家への新作依頼も高額で、例えばモンテヴェルディの弟子カヴァッリ (Francesco Cavalli, 1602-1676) はオペラ

作曲の報酬として400ドゥカートを受け取ったが、これは彼が同時期にサンマルコ大聖堂楽長として受け取っていた年俸と同額であった[20]。劇場の林立は、当然のことながら劇場間の競合を激化させ、各劇場は有名歌手の招聘や入場料の引き下げによって、他と対抗しようとした。これは結果的にオペラの質の低下を招き、18世紀にはヴェネツィアは次第にオペラの主導権をナポリに譲ることになる。

　ヴェネツィアオペラにおける新しい上演形態「入場料を徴収して、商業的興行とし、利益をあげる」は、音楽保護のあり方を大きく変えるものであった。音楽は保護の対象というより、投機の対象となったのであり、そこに近代の音楽産業の原型を見ることができる。そして極めて短期間のうちに劇場が林立したことから、それが実のいい投機であったこともわかる。パトロンはいわば株主のような存在として音楽産業にかかわり、これを推進していったのであり、その態度は企業的ということができよう。しかしヴェネツィアの有力貴族たちは、必ずしも自己の利潤のみを追求していたわけではない。オペラ上演を頻繁に行うことによって、ヴェネツィアに多くの観光客を呼び寄せ、都市の活性化につなげるという公的な意識を共有していたし、その健全な発展のために国家による様々な規制を設けるなど、国家振興策としての介入も早期から行っていた[21]。しかしオペラはいつも利益をあげる優良投資先であったわけではなく、むしろ赤字がちで、時として劇場が倒産することもあり、その場合は有力貴族が赤字を補填せざるを得なかった[22]。また当然のことながら、劇場の座席位置の格付けは異なっており、有力な貴族が条件のよいボックス席を年間で買い占め、平土間は一般市民に格安で提供された。条件のよいボックス席の権利を所有することは社会的なステータスを意味し、劇場という公開の場でそれが明らかになることは、所有者にとって意味のあることだった。

　ヴェネツィアオペラとその上演システムは、バロック中期以降、他の諸都市にも浸透していき、オペラはヨーロッパに広く普及した。なぜヴェネツィアではオペラが短期間の間にあれほどの隆盛をみたかという点に関しては未だ不明な点も多いが、オペラという華やかなジャンルが壮麗を好むヴェネツィアの気質に合っていたということと、共和制という、複数貴族が権力を分け合い、常に競争関係にあるという独特の社会構造が大きく関係していると思われる。

[2] ロンドンのオペラ

　ヴェネツィアの企業的オペラ運営は、宮廷オペラを除くヨーロッパ各都市の公開オペラの標準となったが、バロック後期のロンドンでは、さらに進んで株式配当制によるオペラ運営が現れた。ヘンデル（Georg Friedrich Händel, 1685-1759）を音楽監督とする〈王立音楽アカデミー（Royal Academy of Music, 1720-1728)〉がそれである。以下にその実態をみてみたい。

　演劇が盛んであったロンドンでは、早くから複数の劇場が存在しており、そのいくつかは王の特許状を持って活発な興行活動を行っていた。オペラはマスクの流行と宮廷内の政治的事情によって、それほど盛んではなかったが、18世紀初頭以来、イタリア人歌手や作曲家を招いての上演が、これらの劇場で頻繁に行われるようになった。これらは貴族による援助を受けることもあったが、基本的にはチケット収入による興行として行われており、そのため常に投機的性格を有していた[23]。

　ヘンデルは1711年にロンドンでオペラ《リナルド》で成功を収めて以来、同地を本拠地として活動していたが、1719年、オペラ好きの貴族たちは出資金を募って、ヘンデルの作曲・指揮によるオペラを聴くためのアカデミーを立ちあげた。これは配当金付きの企業ともいえるもので、総裁に劇場に関する許認可権者で検閲官のチェンバレン卿、副総裁にビングレー卿を擁し、20人の取締役からなっていた。「会社組織と共同資本によるオペラ運営に関する（正式な）提議書」が同年4月に発行され、資本金は1万ポンドで、予約者は1人につき200ポンド出資し、毎年抵当金の払い込みの義務を負うとされた。出資者に対しては、出資額に対して25%の配当金と、その後21年間にわたるオペラの入場を保証するシルバーチケット2枚が支給されることになっていた。国王もこれに賛同し、年間1,000ポンドの援助金を約束、王室の認可を得た団体として、1720年4月に最初のシーズンを開始した[24]。アカデミーはヘンデルを給与付きオーケストラ楽長に、ハイデッガー（Johann Jacob Heidegger, 1659-1749）を支配人に任命し、実質的な運営は彼らに任された。ヘンデルは作曲・指揮はもちろん、人気歌手の招聘や運営に尽力したが、素人の貴族たちによるずさんな経営のため、アカデミーは1728年に2万ポンドの負債を抱えて倒産した[25]。

　翌1729年、ヘンデルはハイデッガーとともにアカデミーを再建したが、1733

年、ヘンデル支配に対抗して複数の貴族たちがアカデミーと同様の組織〈貴族オペラ（The Opera of the Nobility）〉を発足させ、両者はしのぎを削ることになった。ヘンデルとハイデッガーは1734年にコンビを解散、ヘンデルは本拠地を新設のコヴェントガーデン劇場に移し、単独でオペラ公演を行った[26]。またその後ハイデッガーから上演権を譲り受けた〈貴族オペラ〉も1737年には解散し、オペラの企業化は双方とも挫折した。事業としては失敗したが、ヘンデル個人の財産に影響は及ばなかったと推定されている。彼はオラトリオを含む他の演奏会からも結構な収入を得ていたし、王室からの依頼による作曲でも報酬を得ていた[27]。個人が企業から切り離されている点も近代の会社組織と共通する。

　ヴェネツィアやロンドンのオペラにおける運営方法は市場原理を導入した画期的なものであった。パトロンは支援に対して、名誉や政治的優位ではなく、金銭での報酬を得るようになった。これはその経営の稚拙さゆえ、ほとんど採算が取れることはなかったにしても、営利目的の行為であって、純粋な意味でパトロネージあるいはメセナといえるかどうかは疑わしい。しかし貴族社会から市民社会への移行期において、どの階級にも絶大な人気を博したオペラを供給するシステムとして、こうした共同出資制が芽生えるのは必然であり、かつ合理的なことであった。オペラはその規模において格段の経費を必要としていたので、たとえ王侯であっても単独で頻繁に上演することは困難であったのである。このシステムにおいて芸術的なリーダーシップを持っていたのは、実際の運営にあたった興行師あるいは劇場支配人であり、パトロンはむしろ「裕福で気前のよい聴衆」として、興行師が準備したものを承認あるいは非承認する受動的な存在となった。近代以降の音楽産業がここを出発点とし、急速に発展していったことは歴史が示すとおりである。

5. 近代における音楽の個人保護

　王侯貴族や富裕な商人が、音楽家に年金や住居などを提供し支援することは、いつの時代にも行われてきた。芸術家を援助することは社会的に推奨される行為であり、上流階級におけるその認識は18世紀後半以降本格的な市民社会の到来を迎えた後も変わることはなかった。近代以降、生計を全面的にパトロンに

依存する音楽家は減少したが、作曲依頼や資金援助の申し出は、定職につくことが少なかった音楽家にとってありがたいものであった。音楽家は支援者の好みの音楽を提供するほか、楽譜出版の際に「献呈」という形で返礼することによって彼らに謝意を表した。有力者にとって、有名な音楽家から作品を献呈されることは大きな名誉であったし、また音楽家側から支援を当て込んで作品を献呈する行為もみられた。後世においていくつかの作品は、《ヴァルトシュタイン・ソナタ》や《ラズモフスキー四重奏曲》など献呈された人物の名前を冠して呼ばれるようになり、パトロンの名は音楽史に長く刻まれることになった。

音楽家を支援した個人のパトロンの多くは音楽を愛好し、見返りを求めない善意の人々であり、彼らの無償の行為が多くの芸術作品を世に出すきっかけをつくった。ヘンデルを厚く保護し、多くのアンセムを捧げられたシャンドス公、ラモーを自分のサロンの音楽監督に招き、飛躍の機会を与えたパリの大富豪ラ・ププリニエール、ベートーヴェンに4,000グルデンの年金を払い、多くの作品の献呈を受けたキンスキー侯、ロプコヴィツ侯、ルドルフ大公、チャイコフスキーに14年にわたって6,000ルーブルの年金を送り続けたフォン・メック夫人など、その例は枚挙にいとまがない。そうした中でもワーグナーを支援したバイエルン国王ルードヴィヒ2世は、その熱意と支援額において群を抜く存在であり、近代における最大のパトロンということができる。以下、この二者間で行われた支援の実際を見てみたい[28]。

バイエルン国王ルードヴィヒ2世(在位1864-86)は、18歳で即位と同時にワーグナー(Wilhelm Richard Wagner, 1813-1883)に対する援助を開始した。彼は15歳の時に《ローエングリン》を見て以来、ワーグナーの崇拝者になっていたのである。ワーグナーは当時重い負債にあえいでおり、ルードヴィヒからの援助の申し出は正に天恵であった。1864年5月4日にワーグナーはミュンヘンの王宮でルードヴィヒに会い、その5日後に4,000グルデンの贈与を受け、並びに年俸8,000グルデンが支給される。同年10月18日には《ニーベルングの指輪》の総譜を3年以内に渡す約束で3万グルデンが贈与される。この年以降に、ワーグナーには、56万マルク(約18万7,000ターラー、1843年にワーグナーがドレスデン宮廷指揮者として得ていた年俸の124倍)が支給され、それに対しワーグナーは《妖精》《恋愛禁制》《リエンツィ》《ラインの黄金》《ヴァルキューレ》《ニュルンベルクの

マイスタージンガー》《忠誠行進曲》の総譜、《さまよえるオランダ人》《ジークフリート》第三幕の全体草稿、《神々の黄昏》第一、二幕の総譜の写し、《若きジークフリート》の台本手稿、《パルシファル》の散文草稿を贈呈した。翌1865年10月18日に、ルードヴィヒは新たな雇用契約に基づき、4万グルデンをワーグナーに支給した。1年半足らずの内にワーグナーに支払われた額は、総譜等と引き替えに受け取った56万マルクを別にしても8万2,000グルデンにのぼり、それは彼のドレスデンの年俸の約32倍に該当した。これに対してバイエルン宮廷内部ではさすがに反ワーグナー感情が噴出し、ワーグナーはいたたまれずミュンヘンを辞してトリプシェンに向かう。しかしその後もルードヴィヒのワーグナー支援は続き、バイロイト祝祭劇場の建設にあたっては、10万ターラーが、またヴァーンフリート館新設の際には2万2,000ターラーが国庫金から支払われた[29)]。ワーグナーが1883年心臓発作のため急逝した時、知らせを聞いたルードヴィヒは、「彼を世の人のために救ったのは、この私である」と語ったと伝えられる。

　国家財政を傾けてまでワーグナーに援助を続けたルードヴィヒの行状は、一国の王としては常軌を逸するものであり、パトロンの常道からしても狂気の沙汰というべきものであろう。しかしルードヴィヒの湯水のような財政援助なくしては、ワーグナーの傑作群は決して世に出ることはなかったし、その後のドイツ音楽の発展もなかったであろう。その意味で、彼が行ったことは大きな歴史的価値を持つということができる。またルードヴィヒの情熱は、ワーグナーの創作意欲を牽引した側面もある。かつてない巨大な《ニーベルングの指輪》の構想に即座に賛同して巨額の資金を与え、さらに結果的に頓挫はしたものの、それを上演するための専用の劇場までミュンヘンに建設しようとした熱意は、多くの困難を抱えて孤軍奮闘していた作曲家に大きな力を与えたにちがいない。ルードヴィヒにとってワーグナーを支援することは、自らの理想世界を実現することであった。彼はまさに作曲家と同じ夢に生きたのであり、彼にはパトロンというより同志という言葉の方がふさわしい。世の中が市民階級の台頭によって画一化されていく中、ルードヴィヒの情熱と支援のあり方はあらためてパトロンの偉大さと底力を感じさせる。

6. おわりに

　音楽の発展は社会・思想と密接に結び付いている。西洋においてはギリシア以来、音楽に対する高貴な考え方がその発展を支えてきた。音楽の本質は鳴り響く音響の背後に存在する崇高な観念にあり、その感得こそが音楽の目的であった。職業音楽家は、その高貴な観念を実際の「音」にする職人であったから、社会的には低い地位しか与えられなかった。音楽の主体は、あくまでも「音楽をさせる側」、すなわちパトロン側にあったのであり、パトロンとは音楽家に援助を与える人々であると同時に、音楽を推進していく人々であったのである。

　一方新興の中産階級が社会の実権を握るようになると、音楽に対する尊敬の念は弱まり、「罪のない贅沢[30]」とする考え方が主流になった。音楽を通した哲学的探求や人格の陶冶などは、出自も教養の程度もばらばらの中産市民の関心を引くものではなかった。音楽とは豊かさを象徴する「憧れ」であり、既存の音楽を享受することが彼らの満足を満たすことであったから、いきおいその性格は保守的なものになる。コンサート等において、すでに評価の定まった過去の傑作や有名作曲家の作品など、「安心」なプログラムが増加することはその一つの表れであろう。この時代にも、特に19世紀後半において、音楽に関する美や精神性を論ずることは盛んに行われた。しかしそれらがすでにある音楽、すなわち完成された芸術音楽を前提とし、その解釈をめぐっての議論であった点、またそこからある種厭世的な雰囲気を伴う芸術至上主義が生まれた点において、バロック以前の観念的音楽論とは異なる様相をみせている。音楽家は特定の個人や団体の保護を離れて経済的・精神的自立を獲得し、音楽の主体は音楽を供給する側「職業音楽家や興行師」に移っていく。パトロンとしての市民は、演奏会に出かける、あるいは楽譜を購入するなどの消費行動によって音楽を支援したのであり、その枠組みは現代まで生き続けている。

　音楽は今や高度に産業化され、消費活動として現代社会に定着している。我々の日常は音楽に満ち溢れており、多様な音楽が手軽な手段で手に入り、膨大な選択肢の中から好みにあったものを選ぶ自由を我々は享受している。こうした時代に企業メセナはどのような意味を持つのであろうか。

　音楽活動にはいうまでもなく経費がかかる。現代において一見音楽が隆盛で

あるように見えるのは、その実、商業行為として成功するものが多く流通しているからにほかならない。企業メセナの第一の役割は、こうした流通機構にのらない、しかし社会的に有意義な音楽活動を援助することである。これまでもメセナはその社会的使命をよく果たしてきたが、今後も一層そうした努力が望まれよう。第二の役割は、芸術の推進である。企業にはどのような音楽活動が社会の持続的発展のために必要であるかという点に関して明確なヴィジョンを持ち、それに従って先見性のある支援活動を展開することが期待される。ルネサンスの君主は自らのプロパガンダとして音楽を利用し、またルードヴィヒ2世は自己の理想世界の実現のために国家財政を傾けた。それらは結果的に優れた音楽を後世に残したとしても、そうした支援の仕方が現代企業に通用するとは思えない。ただ過去のパトロンたちは芸術的なリーダーシップと時代に対する慧眼を備えていた。現代の企業メセナに求められるのは、この芸術的な牽引力であり、また時代を拓く先見性である。その意味でメセナとは極めて高度な創造活動であり、それ自体が芸術行為ということができる。人間にとって音楽が必要不可欠なものであることは、それが有史以来どの民族においても絶えたことがないことからも明らかである。この音楽の本質をさらに研究し、社会に適合させていくシステムを形づくっていく主体として、企業メセナは今後大いに期待される存在であるといえよう。

〈注〉
1) コジモ1世とエレオノーラ・ダ・トレドの婚礼祝祭については、山口博子. 1993.「ルネサンスの祝祭音楽：1539年のコジモ・デ・メディチとエレオノーラ・ダ・トレドの婚礼における音楽について」『熊本大学教養部紀要 人文・社会科学編』28, pp. 49-61を参照した。
2) Strong, Roy. 1984. *Art and Power. Renaissance Festivals 1450-1650*. The Boydell Press.（星和彦訳 1987.『ルネサンスの祝祭（下）』東京 平凡社 p. 65)。
3) 米田潔弘 2002.『メディチ家と音楽家たち』東京 音楽之友社 pp. 213-6。枢機卿たちの華やかなパトロネージについては、Reynolds, Christopher 1989. "Rome: a city of rich contrast" in *The Renaissance: from the 1470s to the end of the 16th century*, ed. by I. Fenlon, Macmillan, (米田かおり訳 1997.「ローマ：コントラストに満ちた都市」『花開く宮廷音楽』今谷和徳監訳、東京、音楽之友社 p. 81ff) 参照。
4) Pritzer, William M. 1989. "North Italian Courts, 1460-1540" in *The Renaissance: from the 1470s to the end of the 16th century*, ed. by I. Fenlon, Macmillan, (今谷和徳訳1997.「北イタリアの宮廷、1460-1540年」『花開く宮廷音楽』今谷和徳（監訳）、東京、音楽之友社　p. 158)。

5) Arnold, Denis. 1963. *Monteverdi*. London, J. M. Dent & Sons. (後藤暢子・戸口幸策訳 1983,『モンテヴェルディ』 東京 みすず書房p. 26)。モンテヴェルディの妻クラウディアと義父ジャコモ・カッターネオはともにマントヴァ宮廷に仕える音楽家であった。
6) Stevens, Denis. 1995. *The Letters of Claudio Monteverdi*. Oxford. Clarendon Press. pp. 50-54.
7) 米田潔弘；同上 p. 220.
8) Carter, Tim. 1985. "Music and patronage in late sixteenth-century Florence — The case of Jacopo Corsi (1561-1602)". *I Tatti Studies*, vol.1. pp. 61-62.
9) Carter, ibid., p. 66.
10) Carter, ibid., pp. 67-70.
11) Carter, ibid., p. 72.
12) Gattuso, Susan. 1989. "16th-century Nürnberg" in *The Renaissance: from the 1470s to the end of the 16th century*, ed. by I. Fenlon, Macmillan, (津上智美訳 1997.「16世紀のニュルンベルク」『花開く宮廷音楽』今谷和徳監訳、東京、音楽之友社 pp. 333-352)。
13) Stauffer, George. B. 1993. "Leipzig: a Cosmopolitan Trade Centre" in *The Late Baroque Era: from the 1680s to 1740*. ed. by George J. Buelow. Macmillan (加藤博方訳1996.「ライプツィヒ：世界人の貿易センター」『ドイツ音楽の興隆』関根敏子監訳、東京、音楽之友社、pp. 74-116)。
14) とはいうものの、ザルメンは、ライプツィヒにおけるバッハの年収は、700クラントターラーに達し、これに臨時収入が加わり、女中の100倍、牧師の4倍にあたっていたと述べている。
(Salmen, Walter. 1990. Studien zur Sozialgeschichte des Musikers und des Musizierens. ヴァルター・ザルメン：音楽家の誕生、上尾信也・加藤博方訳、1994年、洋泉社、p. 158)。
15) Buelow, George J. 1993. "Hamburg and Lubeck" in *The Late Baroque Era: from the 1680s to 1740*. ed. by George J. Buelow. Macmillan.(山下道月訳1996「ハンブルクとリューベック」『ドイツ音楽の興隆』、東京、音楽之友社、pp. 9-11)。
16) 今谷和徳著 1988.『バロックの社会と音楽（下）』東京、音楽之友社 pp. 208-209.
17) Buelow：同上、p. 24.
18) Tidworth, Simon. 1973. Theatres—*An Architectual and Cultural History*. London, Praeger Publishers. (白川宣力・石川敏男訳 1986『劇場—建築・文化史』 東京、早稲田大学出版部. p. 95)。
19) Rosand, Ellen. 1993 "Venice, 1580-1680," in *The Early Baroque Era: From the Late 16th Century to the 1660s*, ed. by Curtis Price, Macmillan, (飯森豊水訳 1996「ヴェネツィア、1580-1680年」『オペラの誕生と教会音楽』、東京、音楽之友社、pp. 98-106)。
20) 服部幸三著 2001.『西洋音楽史 バロック』東京、音楽之友社、p. 385.
21) Rosand；同上、p. 104.
22) Price, Curtis 1993 "Music, style and society" in *The Early Baroque Era: From the Late 16th Century to the 1660s*, ed. by Curtis Price, Macmillan, (美山良夫訳 1996.「音楽・社会・生活」『オペラの誕生と教会音楽』東京、音楽之友社、p. 31.)。

23) Milhouse, Judith. and Hume, Robert D. 2008. "Handel's London-Theatres" in *The Cambridge Companion to Handel*, ed. by Donald Burrows. Cambridge University Press, p. 62.
24) Hogwood, Christopher. 1985. *Handel*. London, Thames and Hudson.（三澤寿喜訳 1991『ヘンデル』東京、東京書籍、pp. 131ff）。
25) Milhouse and Hume: 同上、p. 58.
26) 今谷和徳：同上、pp. 287-288.
27) Hogwood：同上、pp. 246-248.
28) 以下の記述にあたっては、三光長治・高辻知義・三宅幸夫監修 2002.『ワーグナー事典』東京、東京書籍の各項目を参照した。
29) 但し、建設費の10万ターラーは貸し付けであり、ワーグナーとその子孫は祝祭劇の予算の中から徐々に返済した（『ワーグナー事典』、p. 798）。
30) 18世紀のイギリスの音楽史家・旅行家バーニー Charles Burney (1726-1824) は、1776年に出版した『音楽通史General History of Music』第1巻の中で、「音楽は、罪のない贅沢であって、私たちの生活にとっては確かに不必要なものであるが、聴覚を大変発達させ、満足させてくれる」と述べている。

第2部 実践編

Chapter−1
「企業メセナ」再考

―企業メセナをめぐる俗説と本質―

太下 義之 OSHITA Yoshiyuki

1. はじめに

　「企業メセナ」の「メセナ（mécénat）」とはフランス語で、芸術文化支援を意味する。その語源は、古代ローマ時代の皇帝アウグストゥスに仕えた高官マエケナス（Maecenas）という人の名前で、彼が詩人や芸術家を手厚く庇護したことから、後世に「芸術文化を庇護・支援すること」を「メセナ」というようになったようである。

　日本では、1990年に「社団法人企業メセナ協議会」（以後、㈳企業メセナ協議会）が発足した際、「即効的な販売促進・広告宣伝効果を求めるのではなく、社会貢献の一環として行う芸術文化支援」という意味で「メセナ」という言葉が導入された。その後、教育や環境、福祉なども含めた「企業の行う社会貢献活動」と、広義の解釈でも使用されるようになっているが、一方で企業メセナの実態について、まだ十分に理解されているとはいい難いのが現状ではないか。

　そこで本章においては、企業メセナをめぐる計10項目の「俗説」を取りあげて、それらを切り口として企業メセナの実態や本質について再考していきたい。

2. 企業メセナは身近ではない？

　2002年4月の文化審議会答申及び同年5月の経済財政諮問会議でカタカナ英語が多用されたことに対する小泉首相（当時）の発言を契機として、独立行政法

人国立国語研究所では「外来語」言い換えの提案を行った。

この中で、「メセナ」についても言い換え（「文化支援」）が検討されたが、結果として「固有名詞としての性質も強いので慎重であるべき」などとして、言い換えは行わないことになった[1]。このような決定に至った背景として、「メセナ」という言葉が日本においてすでに広く浸透し、国語辞典にも載っているという事実があるものと推測される。

また、別の視点から見ても、メセナは我々にとって身近な存在なのである。例えば、2007年上期（1-6月）の「日経MJヒット商品番付」（日本経済新聞社）において、「都心ランドマーク」が横綱にあげられていたが、こうした大ヒットの一因にも、実は企業メセナの存在をあげることができる。

具体的には、「東京ミッドタウン」における新しい「サントリー美術館」や「21_21DESIGN SIGHT」（三宅一生デザイン文化財団）、「六本木ヒルズ」における「森美術館」（森ビル）など、近時オープンした「都心ランドマーク」では、ランドマークの核となる「顔」を企業メセナによる文化施設が形作っているのである。

そもそも企業メセナにおける文化施設運営の歴史は古く、1917年の「大倉集古館」（ホテルオークラ）を幕開けとして、日本の企業は様々な文化施設を開設し、そこで個性的な文化事業を展開してきた。

実際、東京・銀座においては、現存する日本最古の画廊である資生堂ギャラリーをはじめ、リクルートが「クリエイションギャラリーG8」「ガーディアン・ガーデン」という二つのギャラリーを、大日本印刷が「ギンザ・グラフィック・ギャラリー」を運営しているほか、「メゾン・エルメス」、「ポーラ ミュージアム アネックス」など、メセナ活動の一環として運営されているギャラリーが多数立地している。

当然のことながら、企業がメセナ活動を行っているのは都市部だけではない。日本の全国各地で、息長く文化資源の醸成に携わり、地域からの文化の発信を支え、地域コミュニティと一体となって活力ある地域づくりを目指すメセナ活動が展開されている。

また、文化施設の中だけでなく、各企業の本社や工場など従業員にとって身近な場所でも、コンサートや展覧会など様々なメセナ活動が展開されている。

さらに「トヨタ創造空間プロジェクト」(トヨタ自動車)では、東京本社の福利厚生施設である体育室を、主としてコンテンポラリー・ダンスの稽古場として活用している。社員が使用しない就業時間中の社内施設の有効活用というアイデアであるが、もしかしたら読者の皆さんが就業後に使っている施設も、知らないうちにアーティストの創造活動に貢献しているのかもしれない。

メセナ活動は、仕事の場だけではなく、生活の場においても実践されている。例えば、イトーヨーカ堂では1978年から店舗の一角に「子ども図書館」を開設し、専任の司書による「お話し会」等を開催しているほか、本や人形劇セットを無料で貸し出すなど、生活の場に根ざした活動を実施している。

そして、企業メセナの恩恵に浴するのは、我々大人だけではない。1964年から実に45年以上にわたり継続されているミュージカル公演「ニッセイ名作劇場」(日本生命)に、拙文をお読みの読者諸兄またはご子息、あるいはご親戚のどなたかが参加した経験があるのではないだろうか。全国11都市でのミュージカル公演に招かれた小学6年生の数は、累計で665万人を超えるという(2007年9月時点)。

上述の事例からも理解できるとおり、日本におけるメセナ活動は、我々にとって極めて身近な活動なのである。

3. 企業メセナは陰徳？

フリー百科事典「ウィキペディア[2](Wikipedia)」では、「メセナ」の説明として、「あえて企業名を正面に出さない地味な企業メセナ」と記述されているが、実はメセナ活動の実態とは少々異なっている。

もっとも、日本におけるメセナ活動の短い歴史を振り返ると、㈳企業メセナ協議会は設立当初に、メセナを「見返りを求めない無償の支援」と位置付け、コマーシャリズムの延長線上にあった従来のイメージを払拭するために特に理念的な面からの啓蒙を積極的に行ってきた経緯がある。つまり、「人知れず」「陰ながら」等といったかたちでの文化支援を美徳と考える風潮が一時的に存在したことも事実である。

しかし近年においては、メセナ活動を単に見返りを求めない無償の支援に限

定するのではなく、企業と社会とのコミュニケーション手法の一つとしてとらえたうえ、重要な経営活動の一つと位置付けようという考え方が徐々に主流となりつつあるのである。

ここで㈳企業メセナ協議会が、民間の芸術文化支援に関する調査として1991年より実施している「メセナ活動実態調査[3]」を紹介したい。同調査が開始されてからすでに19回目となり、メセナ活動に関する代表的データとして広く活用されている。そこで、本稿では今までの調査結果を振り返って、そこから垣間見える企業メセナの実態、本質について述べていきたい（ちなみに、本稿執筆時点での直近の調査結果は、2008年度を対象とした調査結果である）。

この「メセナ活動実態調査」（2008年度）において、実施企業464社に企業がメセナ活動を実施する目的を尋ねたところ、最も多かった回答は「社会貢献の一環として」（90.9％）であったが、次いで「地域社会の芸術文化振興のため」（69.0％）があげられており、この選択肢を回答した企業の割合は、この過去5年間で5ポイント以上増加している。

さらに、「芸術文化全般の振興のため」（55.6％）と「長期的にみて自社のイメー

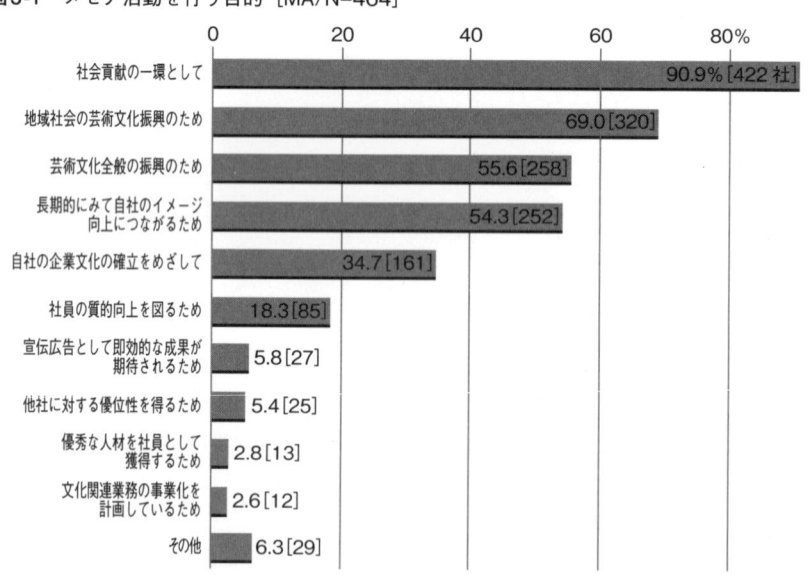

図3-1　メセナ活動を行う目的　[MA/N=464]

項目	％[社数]
社会貢献の一環として	90.9％[422社]
地域社会の芸術文化振興のため	69.0[320]
芸術文化全般の振興のため	55.6[258]
長期的にみて自社のイメージ向上につながるため	54.3[252]
自社の企業文化の確立をめざして	34.7[161]
社員の質的向上を図るため	18.3[85]
宣伝広告として即効的な成果が期待されるため	5.8[27]
他社に対する優位性を得るため	5.4[25]
優秀な人材を社員として獲得するため	2.8[13]
文化関連業務の事業化を計画しているため	2.6[12]
その他	6.3[29]

（資料）㈳企業メセナ協議会「メセナ活動実態調査」

図3-2 「メセナ活動費」に関する回答率

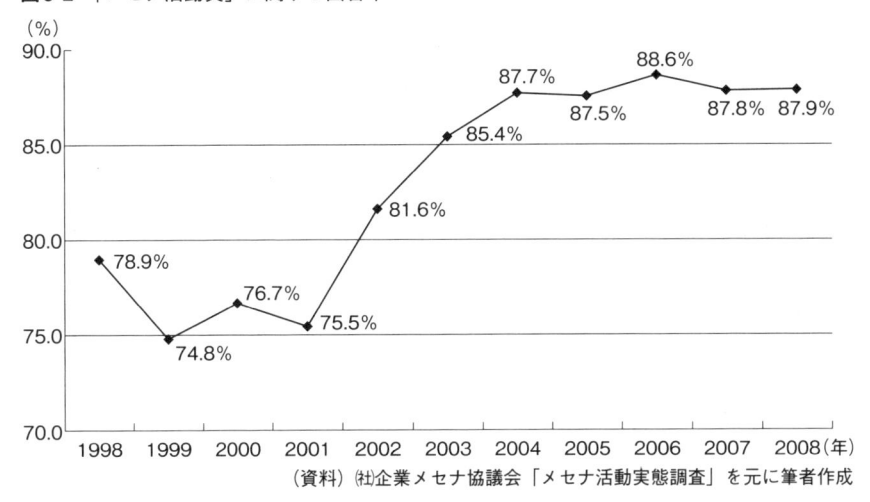

(%)
- 1998: 78.9%
- 1999: 74.8%
- 2000: 76.7%
- 2001: 75.5%
- 2002: 81.6%
- 2003: 85.4%
- 2004: 87.7%
- 2005: 87.5%
- 2006: 88.6%
- 2007: 87.8%
- 2008: 87.9%

(資料)(社)企業メセナ協議会「メセナ活動実態調査」を元に筆者作成

ジ向上につながるため」(54.3%) が続いている。

　また、メセナの活動費総額のデータにも着目したい。

　お金に関連する設問は、企業にとって回答しづらい項目であると考えられるが、メセナ活動費総額に関する回答企業数は増加基調にあり、特にここ数年の増加が著しい。また、回答率については、近年では約9割の企業が回答している。

　このようにメセナ活動費に関する回答数及び回答率が高止まりしている背景としては、メセナ活動を「陰徳」として実施するのではなく、むしろ積極的に「陽徳」と位置付け、社会やステークホルダー（利害関係者）に対するアカウンタビリティ（説明責任）が必要であるとの意識が各企業に浸透しているものと推測される。

　こうした調査結果から筆者は、「メセナは『陽徳』の時代を迎えた」と考えている。

4. 企業メセナの規模は縮小傾向？

　また、前述した「ウィキペディア」によると、企業メセナについては、「バブル崩壊後、失われた10年を経た日本では、あえて企業名を正面に出さない地

図4-1　1社当たりの平均メセナ活動費総額と活動費総額合計の推移

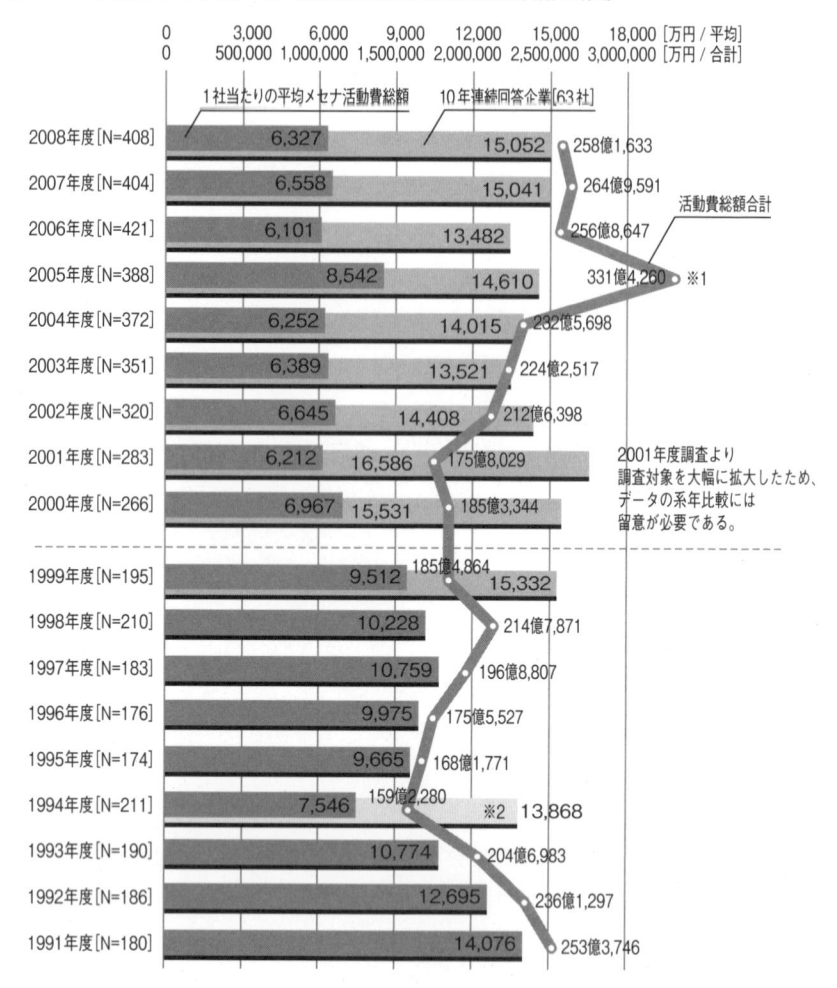

年度	1社当たりの平均メセナ活動費総額(万円/平均)	10年連続回答企業[63社]	活動費総額合計(万円/合計)
2008年度[N=408]	6,327	15,052	258億1,633
2007年度[N=404]	6,558	15,041	264億9,591
2006年度[N=421]	6,101	13,482	256億8,647
2005年度[N=388]	8,542	14,610	331億4,260 ※1
2004年度[N=372]	6,252	14,015	232億5,698
2003年度[N=351]	6,389	13,521	224億2,517
2002年度[N=320]	6,645	14,408	212億6,398
2001年度[N=283]	6,212	16,586	175億8,029
2000年度[N=266]	6,967	15,531	185億3,344
1999年度[N=195]	9,512	15,332	185億4,864
1998年度[N=210]	10,228		214億7,871
1997年度[N=183]	10,759		196億8,807
1996年度[N=176]	9,975		175億5,527
1995年度[N=174]	9,665		168億1,771
1994年度[N=211]	7,546	13,868 ※2	159億2,280
1993年度[N=190]	10,774		204億6,983
1992年度[N=186]	12,695		236億1,297
1991年度[N=180]	14,076		253億3,746

2001年度調査より調査対象を大幅に拡大したため、データの系年比較には留意が必要である。

※1 活動費総額が大幅に伸びた主な理由は、回答企業のうち2社から、2005年度活動費として約100億円が計上されたことによる。

※2 1994年度、回答のあった211社分の1社平均は1億3,868万円、施設の建設費といった単年度の費用が不明確なものを除くと1社平均は7,546万円となる。

（資料）㈳企業メセナ協議会「メセナ活動実態調査」

味な企業メセナが展開されるなど、規模は縮小しつつも裾野は広がり多様化しつつある。」と記述されている。もしかしたら多くの読者がイメージするメセナ活動とは、この説明のとおりなのかもしれないが、この点についても企業メ

セナの実態とは少々異なっている。

　具体的には、「規模は縮小しつつも」と記述されている部分についてであるが、実は企業メセナの規模（活動費）は景気の影響をあまり受けていない。上述した「メセナ活動実態調査」によると、データの比較が可能な過去10年間では大幅な増減はない。比較が可能な10年連続活動費回答企業63社の、1社当たり平均メセナ活動費について推移をみると、1999年度が1億5,332万円、2008年度が1億5,052万円であり、この10年間一定の水準を保っている。そして、2008年度の活動費は、258億1,633万円（設問に回答した408社の合計）にも達している。

　また、1999年（4月）は、日本経済が「谷」を迎えた、と当時の経済企画庁が発表した年であるが、同年における1社あたりの平均メセナ活動費や平均メセナ活動件数などについても、「メセナ活動実態調査」によると、前年度と比較してやや減少したものの、数値上特に大きな変化は見られない結果となっている。景況と照らし合わせて考えると、企業においてメセナ活動を行うことがしっかりと定着したといっても過言ではない[4]。

5. 企業メセナの主役は大企業？

　また別の視点からも、企業メセナが拡大し、企業の活動として普及していることが理解できる。

　「メセナ活動実態調査」を見ると、「メセナ活動を行った」と回答した企業は、1999年までは概ね250〜260社の水準で推移している。2000年度の調査から店

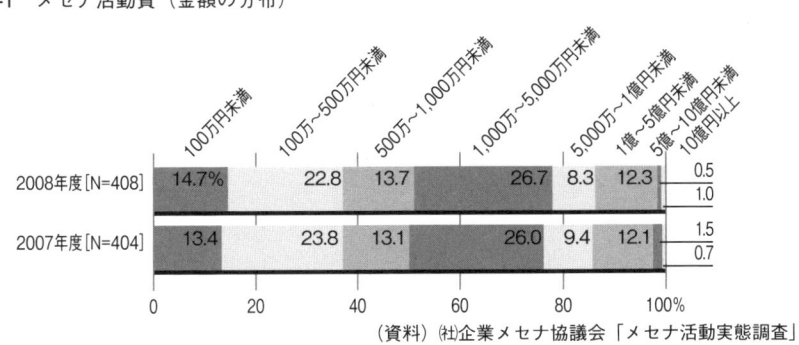

図5-1　メセナ活動費（金額の分布）

	100万円未満	100万〜500万円未満	500万〜1,000万円未満	1,000万〜5,000万円未満	5,000万〜1億円未満	1億〜5億円未満	5億〜10億円未満	10億円以上
2008年度[N=408]	14.7%	22.8	13.7	26.7	8.3	12.3	0.5	1.0
2007年度[N=404]	13.4	23.8	13.1	26.0	9.4	12.1	1.5	0.7

（資料）㈳企業メセナ協議会「メセナ活動実態調査」

頭公開企業や非上場売上高上位300社、メセナアワード応募企業等を調査対象に加えたため、調査結果の系年比較には留意が必要であるが、2000年度以降は「メセナ活動を行った」と回答した企業が年々増加しており、2006年度には過去最高の475社に達している。

　このデータから読み取れることは、メセナ活動を行う企業の数が単純に増えているということだけではない。

　前述したとおり、1社当たり平均メセナ活動費は2008年度で1億5,052万円（10年連続活動費回答企業63社の平均）となっている。その一方で、メセナ活動を行なった企業（408社）の金額の分布内訳をみると、図表5-1のとおり、1,000万円未満で活動している企業が、過半数（2008年では51.2％）にも達している。

　こうしたことから、メセナ活動費に関するより重要なポイントとして、上場企業に代表される、いわゆる大企業だけではなく、中小規模の企業においてもメセナ活動の裾野が着実に拡大している、という点を指摘しておきたい。

6. 企業メセナの中身は資金提供？

　みたび「ウィキペディア」を参照すると、「企業メセナとは、企業が資金を提供して文化・芸術活動を支援することである。」とも記述されている。再び「メセナ活動実態調査」をみると、メセナ活動の方法については自社による「自主企画・運営」と「他団体への支援・提供」に大別できるが、この「他団体への支援・提供」のうち、「資金支援」は確かに最多の353社（76.1％）が実施している。

　しかし同時に、「マンパワー」は122社（26.3％）、「場所」は91社（19.6％）と、資金以外の経営資源を提供するというメセナについても4割強の企業が実施しているという結果となっている。

　こうした事実を勘案すると、メセナの解説としては「企業メセナとは、企業が自ら文化事業を主催したり、資金の提供または資金以外の経営資源（マンパワー、場所、製品・サービス、技術・ノウハウ等）を提供したりして、文化・芸術活動を支援することである。」とするのが正解であるといえよう。

図6-1　メセナ活動の方法［MA］

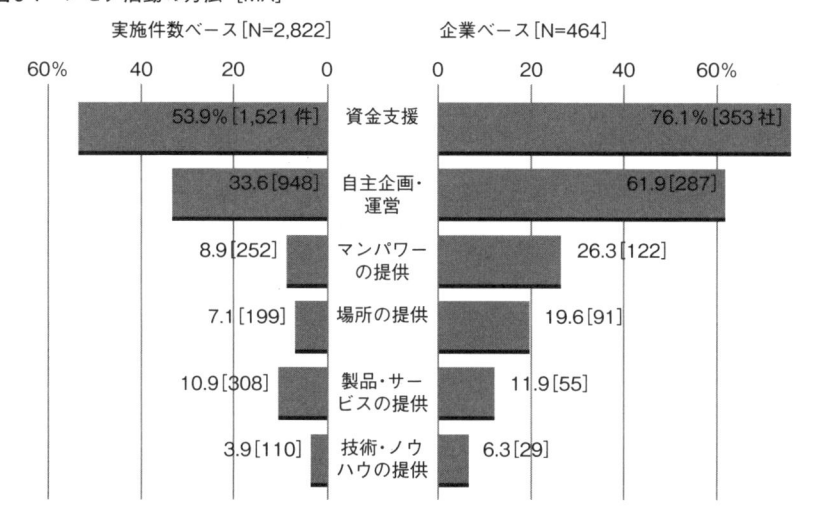

実施件数ベース［N=2,822］　　企業ベース［N=464］

- 資金支援：53.9%［1,521件］／76.1%［353社］
- 自主企画・運営：33.6［948］／61.9［287］
- マンパワーの提供：8.9［252］／26.3［122］
- 場所の提供：7.1［199］／19.6［91］
- 製品・サービスの提供：10.9［308］／11.9［55］
- 技術・ノウハウの提供：3.9［110］／6.3［29］

※「資金支援」および「マンパワー」「場所」「製品・サービス」「技術・ノウハウ」の提供は、他団体に対する場合を指す。主催事業で発生した経費やスタッフ／自社施設／製品／技術等の使用はすべて「自主企画・運営」に含まれるものとする。

（資料）㈳企業メセナ協議会「メセナ活動実態調査」

7. 企業メセナといえば、クラシック音楽支援が定番？

　「メセナ活動実態調査」（2008年）でメセナ活動の芸術分野を見ると、メセナ実施企業のうち、69.8％（324社）が複数の分野でメセナ活動を行っている。また、個別の分野としては、メセナ実施企業の活動総数2,822件のうち、「音楽」（39.4％）が最も多く、次いで「美術」（28.6％）、「伝統芸能」（9.0％）が続いている。

　一方、やや古いデータであるが、『メセナ白書1999』においては「アーティストからみた企業メセナ」という調査を実施している。同調査によると、芸術文化振興基金に支援の要請をしたアーティストの主な活動分野は、「音楽」が23.3％、「美術」が21.8％、「演劇」が34.7％となっている。

　メセナ活動の件数と助成を申請したアーティストの数を単純に比較できないことは承知のうえであるが、それにしても、メセナ活動における需要と供給にミスマッチが見られるといえるのではないであろうか。特に「演劇」分野に関

図7-1 メセナ活動の芸術分野 [MA]

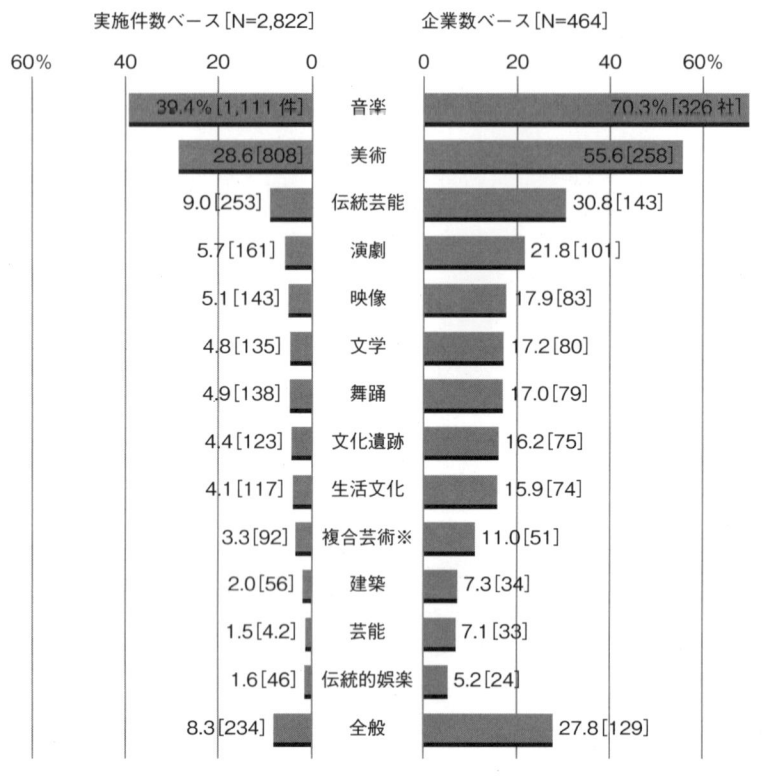

分野	実施件数ベース[N=2,822]	企業数ベース[N=464]
音楽	39.4% [1,111件]	70.3% [326社]
美術	28.6 [808]	55.6 [258]
伝統芸能	9.0 [253]	30.8 [143]
演劇	5.7 [161]	21.8 [101]
映像	5.1 [143]	17.9 [83]
文学	4.8 [135]	17.2 [80]
舞踊	4.9 [138]	17.0 [79]
文化遺跡	4.4 [123]	16.2 [75]
生活文化	4.1 [117]	15.9 [74]
複合芸術※	3.3 [92]	11.0 [51]
建築	2.0 [56]	7.3 [34]
芸能	1.5 [4.2]	7.1 [33]
伝統的娯楽	1.6 [46]	5.2 [24]
全般	8.3 [234]	27.8 [129]

※「複合芸術」は、複数分野の要素をあわせもつ活動を指す。

(資料) ㈳企業メセナ協議会「メセナ活動実態調査」

しては、支援を必要としているアーティスト数と比較して、メセナ活動の実施件数が少ないといえよう。

なお、同白書においては、アーティストからの発言として、「『とりあえず安全なクラシック音楽にしておこう』はやめにして……」「企業の支援はほとんど音楽分野に対して行われていますが、演劇については支援しにくいのでしょうか」というコメントが紹介されている。

こうした「支援活動において対象とする芸術分野」の問題は、企業サイドにあまり認識されていないようであるが、各企業のメセナ担当者は上記の言葉を胸に刻み、支援すべき分野や内容等を安直に選定するのではなく、各企業独自

の戦略に基づいたメセナ活動を展開する必要があるといえよう。

8. 企業メセナの主体はやはり企業？

　2004年度の「企業メセナ実態調査」では、「芸術文化振興のためにどこが主体となって支援していくべきか」という、なかなか目のつけどころの良い設問をメセナ実施企業と未実施企業の双方に問いかけているが、その結果は、メセナ実施企業424社においては「地方自治体」(70.0％)、「企業」(66.7％)、「市民一人ひとり」(50.2％)の順であった。つまり、メセナ実施企業の7割が芸術文化振興のための主体は「企業」であると自任しているのである。

　また、2008年度の調査においては、メセナ活動におけるパートナーシップ(ここでいうパートナーシップとは、名義のみの共催といった形式的なものではなく、共に主体的に企画や運営を行うようなもののこと)についても調査を行っている。

　その結果、メセナ実施企業の過半数の企業(52.6％、244社)が多様な主体とのパートナーシップ(共同での企画や運営)を実施しており、パートナーシップの相手先としては、「芸術の専門家」が約3分の2の160社(65.6％)にのぼり、次いで「他の企業」(47.1％)、「行政」(34.4％)の順であった。

　この調査結果からは、メセナ活動とは単に企業だけで完結するものではなく、市民(地域住民)や自治体との連携・協働が強く期待される活動であるといえよう。

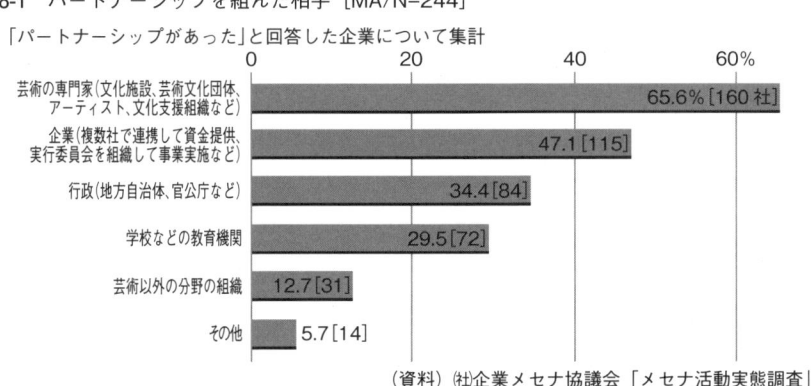

図8-1　パートナーシップを組んだ相手　[MA/N=244]
「パートナーシップがあった」と回答した企業について集計

相手	％ [社数]
芸術の専門家(文化施設、芸術文化団体、アーティスト、文化支援組織など)	65.6％[160社]
企業(複数社で連携して資金提供、実行委員会を組織して事業実施など)	47.1[115]
行政(地方自治体、官公庁など)	34.4[84]
学校などの教育機関	29.5[72]
芸術以外の分野の組織	12.7[31]
その他	5.7[14]

(資料) ㈳企業メセナ協議会「メセナ活動実態調査」

9. 企業メセナの評価は困難／不可能？

　メセナの評価は難しいといわれる。仮に、内容の似たプログラムがあったとして、その優劣は参加者数などの数値だけでは比べられないし、また、アーティストの満足度や一般への認知度も検討材料にはなるだろうが、「これ」という正解がない。
　そして、メセナ活動は、すぐに成果が出るものではないという点もよく指摘される。しかし時間がかかるにせよ、社会やアートに影響を及ぼすものであるかぎり、それを確実に把握し、何らかの評価をするべきだと筆者は考えている。
　一方、メセナ活動を実施することによって、直接的に製品やサービスの売上が増加することを意図する企業はあまりないはずである。むしろ、メセナ活動を通じて、各企業は地域及び社会とのコミュニケーションを育んでいるという点を指摘したい。
　こうした背景のもと、㈳企業メセナ協議会が行っている、メセナ活動によって何が起きたのかを客観的に記述し集積する「エピソード評価」は、すぐれたアプローチであると思う。実際に、メセナが地域や社会を確実に変革したことが、エピソードからリアルに読み取れて興味深い。例えば、ベネッセコーポレーションによる瀬戸内海・直島での活動は、メセナが直島という地域全体に大きなインパクトを与えた好例で、メセナの結果として、住民が地域に対する誇りを持つようになった、とある。
　また、アサヒ・アート・フェスティバルでは、各地のNPOなどが主体的に取り組む活動を応援しているが、アサヒビールというブランド力が小さなアート活動の信用度を上げることになり、参加団体相互のネットワークづくりやノウハウの共有化にまで至った。まさに、アートと市民のかかわり方そのものに関与するメセナであることがわかる。
　「メセナ活動実態調査」においても、「メセナ活動を行ううえで重視した点」として「地域文化の振興」を重視するという企業が年々増加しており、2008年度においては前年に続き一位（62.7％）となっている。
　また、同調査において、「メセナ活動を通じて企業が得たことは何か」を聞

図9-1　メセナ活動を通じて企業が得たこと [MA]

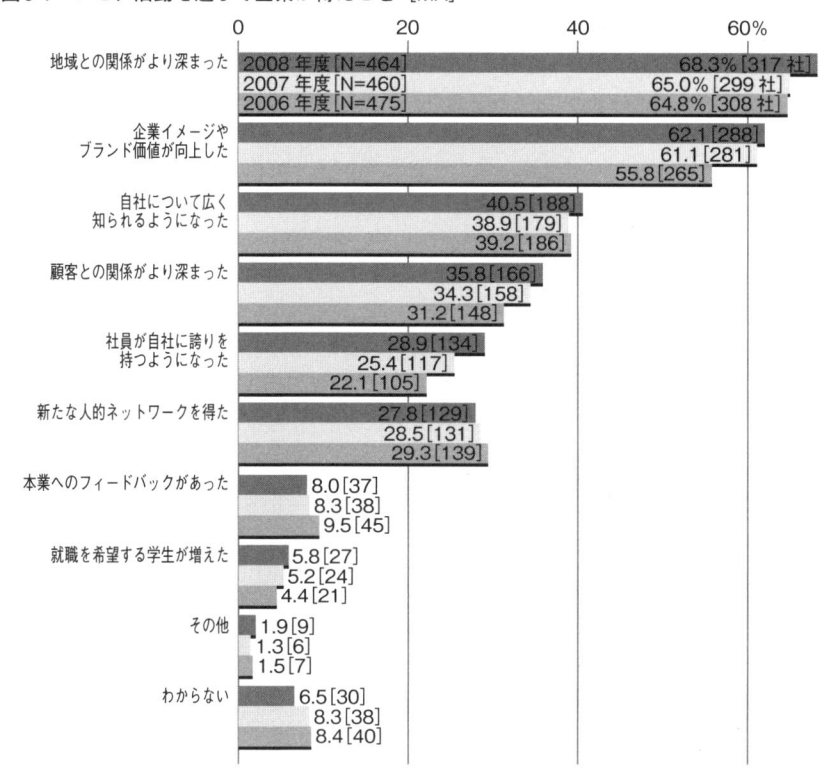

項目	2008年度[N=464]	2007年度[N=460]	2006年度[N=475]
地域との関係がより深まった	68.3%[317社]	65.0%[299社]	64.8%[308社]
企業イメージやブランド価値が向上した	62.1[288]	61.1[281]	55.8[265]
自社について広く知られるようになった	40.5[188]	38.9[179]	39.2[186]
顧客との関係がより深まった	35.8[166]	34.3[158]	31.2[148]
社員が自社に誇りを持つようになった	28.9[134]	25.4[117]	22.1[105]
新たな人的ネットワークを得た	27.8[129]	28.5[131]	29.3[139]
本業へのフィードバックがあった	8.0[37]	8.3[38]	9.5[45]
就職を希望する学生が増えた	5.8[27]	5.2[24]	4.4[21]
その他	1.9[9]	1.3[6]	1.5[7]
わからない	6.5[30]	8.3[38]	8.4[40]

（資料）㈳企業メセナ協議会「メセナ活動実態調査」

いたところ、「地域との関係がより深まった」（68.3％）が最多となっている。こうしたことから、企業がメセナに取り組む意義は、単に芸術文化振興にとどまらず、地域社会とのより良い関係の構築に大いに寄与していることがうかがえる（図9-1）。

　そのほか、メセナ活動と社会との関係について興味深い調査結果があるので紹介したい。企業メセナ協議会では、一般市民（1,022人）を対象とした調査を1999年度に実施しており、この中で、「メセナ活動」と「企業の総合的な評価」の関係についての設問を尋ねている。データとしては少々古いものであるが、ここに引用してみたい。

　ここでいう「企業の総合的な評価」とは、例えば、商品や株を購入したり、

就職先を考えたりする等の様々な場面における当該企業に関する評価の総体のことであり、こうした総合的な評価にあたってその企業が社会貢献活動の一環としてメセナ活動を実施していることを重視するか、という点を一般市民に尋ねたものである。

その結果、重視する（「かなり重視する」または「やや重視する」と回答した人）が約半数（47.8％）を占め、重視しない（「あまり重視しない」または「ほとんど重視しない」と回答した人）の16.8％を大きく上回っており、メセナ活動は企業の総合的な評価においても重視されていることが明らかとなった。

このような調査結果を勘案すると、メセナ活動への取り組みの結果として、地域や社会からの当該企業に対する評価もより向上し、そのことが、さらなるメセナ活動の基盤を形成する、という「良い循環」が構築されつつあると推測される。

10. 企業メセナとCSRは無関係？

次に、企業メセナとCSRの関係について触れておきたい。このCSRとは、Corporate Social Responsibilityの略語であり、「企業の社会的責任」と訳される。そして、企業メセナを含む社会貢献とCSRは、極めて微妙な関係にあるといわれており、「社会貢献活動はCSRには含まれないのではないか」という論を有

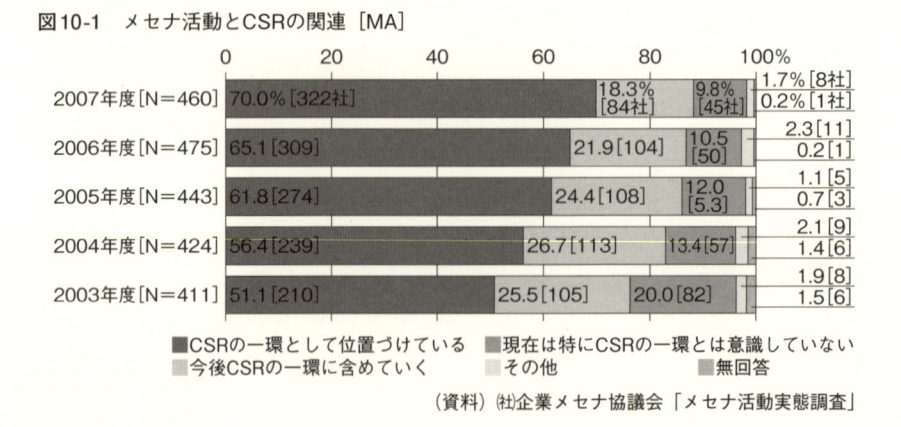

図10-1　メセナ活動とCSRの関連　［MA］

年度	CSRの一環として位置づけている	現在は特にCSRの一環とは意識していない	今後CSRの一環に含めていく	その他	無回答
2007年度[N=460]	70.0%[322社]	18.3%[84社]	9.8%[45社]	1.7%[8社]	0.2%[1社]
2006年度[N=475]	65.1[309]	21.9[104]	10.5[50]	2.3[11]	0.2[1]
2005年度[N=443]	61.8[274]	24.4[108]	12.0[53]	1.1[5]	0.7[3]
2004年度[N=424]	56.4[239]	26.7[113]	13.4[57]	2.1[9]	1.4[6]
2003年度[N=411]	51.1[210]	25.5[105]	20.0[82]	1.9[8]	1.5[6]

（資料）㈳企業メセナ協議会「メセナ活動実態調査」

識者が語ることを耳にすることもある。

　社会貢献の中でも直接的・間接的に企業の利益に貢献しないものは、企業の本来的な活動目的から逸脱しており、株主への説明責任の観点から、むしろCSRの中に含めるべきでない、という考え方も一部にある[5]ようであるが、筆者は、企業メセナを含む社会貢献活動はCSRに含まれると考えている。

　実際、「メセナ活動実態調査」（2007年度）によると、メセナ活動と「企業の社会的責任（CSR）」との関連については、7割（70.0％）の企業が「メセナ活動をCSRの一環として位置付けている」と答えている。この設問は5年前から尋ねられているが、当初と比較して約20ポイントも増加しており、「メセナ活動はCSRの一環」という位置付け及び認識が高まっていることがうかがえる。

　このように、メセナ活動がCSRの一部に組み入れられていくことに対して、企業経営者の関心が、メセナや社会貢献から、より広義のCSRにシフトしていくことを懸念する、メセナ担当者も少なからずいるようである。

　さて、CSRというと日本では、「法令・倫理の遵守」に代表されるネガティヴ・チェック等の義務的・受動的な側面が強調されることが多いようである。ただし、CSRの内容には複数の段階（法的責任、経済的責任、倫理的責任、社会貢献／等）があり、企業のレピュテーションの確立及び向上のためには、単に法令や倫理を遵守するだけでは十分ではなく、むしろ社会貢献活動に代表される自主的・能動的な活動も必要である。

　一方、企業はそもそも何のために存在しているのかと考えると、持続的に発展する社会の中で、長期的な利益を現実化し続け、結果として、ステークホルダーや社会全体の価値を増大すること、といえるのではないか。そして、このような目標を実現するためには、高いレベルでの倫理性や透明性を確保するのは当然のこととして、社会やステークホルダーとのコミュニケーションが極めて重要となる。

　もちろん、「会社」のコミュニケーション・ツールは、本業の製品やサービスを通じてのほか、様々な方法が存在するが、「企業メセナ」を通じて行うことが最適な場合、さらにいえば、「企業メセナ」を通じてしか達成できないこともあると考えられる。消費者も価値観も多様化している現代において、企業と人々をつなぐプラスアルファの魅力が必要なのである。そして、本業とは違

うチャンネルを社会と確実に結んでいく活動、それがメセナではないだろうか。
　こうした視点から、企業メセナを含む社会貢献活動はコンプライアンスと比較して、最も戦略的なCSRと位置付けられるべきであると筆者は考えている。その意味においては、企業と文化とのかかわり方、それは企業と社会とのコミュニケーションそのものなのである。

11. 企業メセナは本業に関連して実施すべき？

　近年、社会貢献の分野において、「本業としての社会貢献」や「本業回帰」といわれることが多くなってきた。たしかに、「本業回帰」とは、わかりやすく、口当たりの良いキャッチ・フレーズである。しかし、「わかりやすい」ものには往々にして落とし穴があるので注意したほうがよいと筆者は考えている。
　社会貢献活動の分野で、「本業回帰」と称している人々は、これをポジティブな意味で使っているようである[6]が、一般に企業が本業回帰といい出すときは、企業が傾いた時や事業が停滞している時である、という点に留意が必要である。
　ところで、そもそも「本業としての社会貢献」という考え方が日本においてもっともらしく語られるようになった背景はどのようなものなのであろうか。
　筆者の推測では、『競争の戦略』（邦訳：ダイヤモンド社、1980年）等で著名なアメリカの経営学者マイケル・ポーター（Michael E. Porter, 1947-)[7]が、『競争優位のフィランソロピー』[8]という論文の中で、「戦略的フィランソロピー」という概念を打ち出し、その概念をさらに『競争優位のCSR戦略』[9]という論文で「戦略的CSR」として発展させたことに、源をたどることができると考えられる。
　そして日本においては、日本経団連社会貢献推進委員会が編集・執筆した『CSR時代の社会貢献活動―企業の現場から』（2008年）の中で、「本業と社会貢献活動の接点」（p. 26）として「企業が活動する事業領域や地域の環境改善によって、競争力を強化しようとする『戦略的フィランソロピー』の考え方」と紹介されたことが、日本企業の社会貢献活動のあり方に大きな影響を及ぼしているものと推測される。

ただし、「戦略的フィランソロピー」を推奨するポーターは、前述の論文において、「本業と関連したフィランソロピーやメセナを実施すべき」という単純なことを述べているわけでは決してない。ポーターは、「様々な社会的課題の中から、当該企業として取り組むことによって大きな社会的価値がもたらされるものを選択し、企業と社会の双方がメリットを享受できる活動」のことを「戦略的フィランソロピー（戦略的CSR）」と位置付けているのであり、これは必ずしも、狭い意味の「本業」に限定されるものではない。仮に企業が、現在の「本業」や専門能力のある分野だけに限定してメセナ活動（またはフィランソロピー）を実施した場合、むしろ、メセナの持つポテンシャルを削減してしまう懸念がある。

　ところで、企業にとってそもそも「本業」とは何か。ここで、日本を代表するグローバル企業2社の事例をみてみたい。

　第一は、現在の経団連会長である御手洗冨士夫氏が会長を務める「キヤノン」である。

　キヤノンは、1933年に東京の麻布・六本木に高級小型写真機の研究を目的とする精機光学研究所として開設された後、「カメラ」という「本業」をコアとして、新規事業に多角化し急成長を遂げ、現在では「世界一のデジタルイメージングカンパニー」を標榜している。さて、このように成長を遂げた同社にとって、50年後の「本業」としてはいったい何を目指していると答えればよいのであろうか。

　では次に、経団連の先代の会長である奥田碩氏が社長・会長を歴任した「トヨタ自動車」の事例を見てみたい。同社の歴史は、1924年に豊田佐吉氏が「無停止杼換式豊田自動織機（G型）」を完成したことから幕を開ける。同社のホームページによると、「トヨタのクルマづくりも、最初は『豊田自動織機』の新規事業に過ぎませんでした。当時、『これからは自動車の時代がくる』と確信した創業者・豊田喜一郎の先見性と強い信念、そして夢に向かって突き進む力が今のトヨタをつくりあげたといっても過言ではありません。」[10] 及び「トヨタ自動車は創業者の豊田喜一郎が周囲の反対を押しきり、1937年に当時の豊田自動織機から独立したベンチャービジネスでした。その後、総合産業である自動車の『材料』、『工作機械』、『部品』などの各分野がそれぞれ独立し、現在の

トヨタグループを構成することになりました。まさにトヨタ自身がコーポレートベンチャーの歴史を歩んでいるのです」[11]と書かれている。

このような事例をみると、安易に「本業回帰」を唱える経営者は、もしかしたら質が低い経営者なのではないか、とすら思えてくる。実際、今日の企業が、現在実施している事業だけをやり続けていくとしたら、100年後には恐らく大半の企業は淘汰されてしまうであろう。

ところで、このトヨタ自動車の歴史に登場した、創業者の豊田喜一郎氏の「先見性」「強い信念」そして「夢に向かって突き進む力」という三つのキーワードは、実に意味深い内容を含んでいるように思う。なぜならば、この三つのキーワードこそが、アートが持つ力そのものではないか、と考えられるからである。

同様に、この三つのキーワードを核とする活動が、まさしく「企業メセナ」なのである。換言すると、企業が次の時代も生き残り、成長していくための投資として取り組むべき活動、それがメセナの本質である。そして、長期的なスパンで考えれば、メセナには、より根元的な部分で企業そのものを改革していく力があるのである。

このように見てくると、企業メセナを狭い意味での「本業」に押し込める必然性は全くないということが理解できよう。

12. おわりに

今日、グローバル社会の一員としての企業は、社会の持続的な発展・成熟のために、何ができるのかを真摯に問われはじめている。こうした時代において必要とされるのは、メセナ等の社会貢献活動と本業のビジネスを統合した、新しいビジネスモデルではないだろうか。前述したとおり、企業は、未来の「本業」へ向けて、企業自身を改革するようなインパクトをメセナ活動やフィランソロピーを通じて獲得することが可能となるのである。企業メセナの向こうに、そんな未来の見取り図が透けて見えるような気がする。

〈注〉
1) http://www.kokken.go.jp/nihongo_bt/2004/01volume/newspaper/topic03.html
（2009年5月12日アクセス）。
2) http://ja.wikipedia.org/wiki/（2009年5月12日アクセス）。
3) http://www.mecenat.or.jp/survey/corporations/2008_contents.html
（2010年2月2日アクセス）。
4) もっとも、「100年に一度」といわれる2008年からの世界不況を背景として、日本のメセナ活動がどのような影響を受けるのかという点については、今後の注視が必要であろう。
5) ウィキペディアの「企業の社会的責任」という項目においても、2009年1月16日にアクセスした時点では、このような記述がなされていた。ただし、2009年5月12日の時点ではこの表現は削除されていた。
6) 例えば、産労総合研究所『企業と人材』の2006年5/20号（p. 17）においては、「一般にCSRというとボランティア活動とか地球環境を守る活動といった社会貢献活動ととらえられがちですが、基本はあくまで『本業を通じての社会貢献』です」という、大手企業のCSR担当者のコメントが紹介されている。
7) ハーバード・ビジネス・スクール教授。
8) Porter, Michael E., & Karmer, Mark R., (2002). "The Competitive Advantage of Cororate Philanthropy," Harvard Business Review Dec.（「競争優位のフィランソロピー」、『ダイヤモンド ハーバード・ビジネス・レビュー』、2003年3月号）。
9) Porter, Michael E., & Karmer, Mark R., (2006). "Strategy and Society: The Link Between Competitive Advantage and Corporate Social Responsibility".（「競争優位のCSR戦略」、『ダイヤモンド ハーバード・ビジネス・レビュー』、2008年1月号）。
10) http://www.toyota.co.jp/jp/more_than_cars/new_business/index.html
（2009年5月12日アクセス）。
11) http://www.toyota.co.jp/jp/index_non_automotive.html（2009年5月12日アクセス）。

Chapter−2

野村グループのCSRと社会貢献
―支援企業からみた企業メセナ―

山川 敦子 YAMAKAWA Atsuko

1. はじめに

　2000年代に入り、メセナを含む社会貢献の考え方は、広くCSR（Corporate Social Responsibility）という概念の中で語られるようになった。そこで、本章では、CSRを担当している一企業人として、CSRについて広く考えた後に、現在その中に位置する社会貢献について論じていきたい。そして、さらには芸術支援を、私どもが関ってきた芸術支援の経験や歴史などをご紹介しながら、企業がかかわる芸術支援の現在と、そして今後についての課題や展望などを論じることとしたい。

2. CSR ― 企業の社会的責任

　CSRという言葉は、言葉としていまや市民権を得たと思われる。CSR元年ともいわれた2003年から丸5年以上が経過して、企業はそれぞれに暗中模索しながらも、それぞれのCSRを自社に位置付けてきたといえよう。とはいえ、CSRについての考え方がいまだ千差万別であるのも否めない。

　当初、ブームのように始まったCSRは、背景に相次いだ企業の不祥事などの問題があったことから「ねばならぬ」ばかりが先行した観があったように思う。そうした環境が企業にコンプライアンス重視のCSR活動を導いた面もあっただろう。もちろん、後述するように、コンプライアンスの遵守もCSRを構成する

重要な要素にほかならないが、CSRは単に「企業が義務を果たす」ことではないのである。しかしながら、法令順守の側面に焦点が当たったことは、企業からの社会へ向かっての一方方向の「報告」的な側面が目立つことにもなった。

他方、当初「CSRは社会貢献である」という考え方も広くあった。社会貢献をわかりやすく解説するとすれば、「企業の持っている専門能力を含む人的資源や金銭的人的資源を投入し、世のため人のために役立てること」であるが、そうした行為に「見返りを求めない」という考え方が「社会貢献」の言葉の中に含められることが少なくなかったことから、「CSRは社会貢献であり、企業の儲けなどに対する、一種の贖罪行為である」と考える人も多かったように思う。

それではCSRは、法令順守であり贖罪行為であるのだろうか？ おそらく現在、そういう一元的な見方をする人は少なくなっていると思う。それでは、CSRとは何なのであろうか？

[1] CSR ― わたし的CSR論

CSRの議論の詳細に関しては専門家の卓越した著書が多数ある。そこで専門的な議論はそうした著書に譲ることにして、ここでは、企業の担当者として実体験の中で考えたその思考の過程を紹介することとしたい。

CSRの担当者に任命されたとき、私は恥ずかしながらCSRという言葉をはじめて聞いたのであるが、そのときに考えたのは「責任」とは何であろうか？ ということである。企業にとって「義務」なら簡単なことである。おそらく多くの企業は様々な義務を忠実に遂行して業務を行っているはずである。「義務」はある意味わかりやすい。例えば、「納税の義務」といった場合、「誰が」、「何を」、「どこまで」行えばいいかということは、非常に明快であり、それに反した場合に受ける社会的制裁といったものも、これまた非常に明快なのである。一方、「責任」という言葉はこれに比べて非常にあやふやである。よく「責任感がある」とか「責任感に乏しい」という表現が日常使われるが、これさえも、使われる文脈や使う人によってその程度にばらつきがあることは、日々私たちが経験することである。「義務」には比較的白黒はっきりした線引きができるのに対し、「責任」という概念には、ここまでしたら「絶対的に正しい」、ここから先は「絶対的に間違っている」の間のいわばグレーゾーンが広い概念なの

である。当初、私はそうしたあやふやな概念を企業として考えることに大きな戸惑いを覚えた。そこで「責任」という言葉について考えてみることにしたのである。

　CSRについて考えるとき、この「責任」という概念を避けて通ることはできない。では、「責任」が成りたつとき、一体どういう前提、要素が出てくるのであろうか。

①「責任」のあり方を決める四つの要因
　「責任」という概念を構成する要素には四つあるように思う。
　一つは、「責任を持つ主体」である。主体が「責任を持つ」ことを自覚しない限り、「責任」という概念は生まれない。
　二つ目は、その相手方である。先にあげた主体が責任を持つその相手方のことである。責任はその範囲やあり方を、まずは主体が自ら考え納得し、そして実行しなければならない。いわば、第一人称の「私」である。そして、それが相手方に正しく伝わり、一定の満足度や充足度を得ないと、「責任が果たされた」とはされない。ここで第二人称の「あなた」という存在とその受け取り方が問題になる。第一人称と第二人称の間で、「責任を果たした」「責任が果たされた」というバロメーターになるのは、行為の内容そのものもあるが、それ以上に「相手方の満足度や充足度」を得たものであったのか、という要因も大きな場面を占める。ここで必要なのは、コミュニケーションなのである。
　三つ目の要因は「社会」である。個人やある主体が責任を果たし、果たされているか、と評価するのは、単に当事者だけではない。その周りを取り巻く大きく社会という存在がある。社会の評価は、そこで行われている事象の表出する部分を捉えて決定されることが多い。
　最後の要因が「時代」である。責任のあり方やその範囲、そして社会からの期待値は、時代によって大きく変化する。今、好ましいと思われる責任のあり方は、50年前、20年前そして現在では、さらに50年後では大きく変わっていくものなのである。
　「責任」という言葉が内包するその複雑さは、こうした「主体」「客体」「それを取り巻く社会」「時代背景」という四つの要因が絡み合って構成されるか

らではないか。

②企業の責任

企業も同様である。

企業がもつ様々な義務のほかに期待される「責任」については、絶えずこの四つの文脈の中で考えていくことが求められる。「相手方」との関係性、「社会」の中における関連、そして「時代背景」である。この中で、バランスよく継続性をもって行動しているかが求められているのである。決して法律に制定されたように、「白黒」はっきりするものがいつも存在するわけではない。王道はないのである。唯一、企業が取り得る道は、しかるべき相手方ときちんと対話をしているか、である。企業はその自らが行う「本業」によって成りたつ組織である。自らの本来の存在意義の中で、企業の関係する様々な「ステークホルダー」と、広く適切なコミュニケーションをとり、意見や期待に耳を傾け、現在の立ち位置を確認し、自らの行動とその方向性を決めていくしかないのである。企業には、様々なステークホルダーが存在しており、これは決して容易な道ではない。しかしながら、社会の中で、企業が独立した自立した存在であるならば、自ら自発的に進んで行うしかない。

「世界はフラット化した」といわれ、企業や個人の活動もグローバル化することが多くなった。そうした活動領域は大きくなればなるほど、国家としての法律や慣習だけでは解決できない問題に直面することも多い。また、ステーク

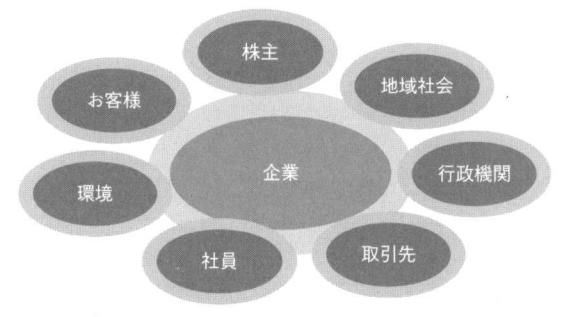

図2-1　概念図：企業とそれを取り巻くステークホルダー

野村ホールディングス㈱作成

ホルダーの範囲も、時として企業自身が考えるよりもずっと大きくなっていることも増えた。そうしたときに、この「対話」をいかに行っていくか、が益々重要なファクターとなろう。

　こうした対話を行い、それを分析し、必要な施策を講じていくことは、社会から必要とされる組織として存在していくことであり、企業としての持続可能性を高めることになる。

　例えば、当社では、特に若い世代と会話を持つ際、先に示した概念図の中心である「企業」に自分を入れて、「自らの責任」について考えてもらう。これは、企業で働く自分を考えるのに有効である。ともすれば「べき論」や、「決まり」の中で、白黒つけがちな自らの行動を、または、「前からこうやっていたから」と惰性で動きがちな自らの行動を、相対する顧客や地域社会や、上司や後輩や家族などあらゆる関係性の中で、「本当にそれが一番ふさわしいあり方なのであろうか？」と考える軸となる。それを確かめるために、ステークホルダーとの対話を行うことがいかに重要であるかに気づく糸口となる。そしてそれは、企業内だけではなく、本来は私たち一人ひとりが、自分を構成するあらゆる社会の枠組みの中で考えていくべきことなのであろう。ひとはコミュニティーの中で生きていく動物である。コミュニティーには、好むと好まざるにかかわらず、様々な考え方をする個人や団体がある。その中で、自らの役割を認識して責任を持った行動をとっていくためには、対話を通して様々な意見を取り入れながら、自己の道を見つけ出すしかないのである。これを、一般社会においては、市民としての責任だというのだろう。

[２] CSRの三つの次元

　「CSRは経営そのもの」という言葉があるように、CSRで表現される範囲は広い。そこでここではそれを整理するためにも、第一に、一橋大学大学院商学研究科の谷本教授の著書『CSR　企業と社会を考える』[1]（NTT出版）にしたがって、一般的なCSRについての整理をすることでその一助としたい。

　教授はその著書の中で、CSRを簡潔に「企業活動のプロセスに社会的公正性や倫理性、環境や人権への配慮を組み込み、ステイクホルダーに対してアカウンタビリティを果たしていくこと」と定義している。そして、様々に解釈をさ

れがちなCSRについて三つの次元に区分し整理を試みている。（表2-1参照）

①経営活動のあり方

　企業活動のあり方そのものを問うもの。企業活動のプロセスの中に社会的公正性・倫理性、環境や人権などへの配慮を組み込むもの。

　この中には、環境対策や、企業内の人事における採用や昇進の公正性や人権対策、製品やサービスの品質に対する責任や安全性、それらにかかわる情報公開などが含まれる。いわゆるコーポレート・ガバナンスやコンプライアンスなどリスク管理を主眼においたものから、さらにリスクをオポチュニティーとしてとらえ、これらを企業経営の中に戦略的に取り組むことで、企業価値を創造する積極的に攻めの取り組みをしていくものとに分けられる。

②社会的事業

　これは事業活動を通じた新しい社会的課題への取り組みといえるものである。環境配慮型商品の開発や、高齢者・障害者支援の商品・サービスの開発など社会的価値の創造、ソーシャル・イノベーションを行うものである。企業のもつ資源を生かして社会的なニーズを組み込んで行う事業であり、社会のニーズを満たしていく部分と、新たなる事業機会を狙うことで企業収益を追求していく部分が共存する。

③社会貢献活動

　社会貢献活動は本来の事業活動を離れた、企業の経営資源を活用したコミュニティーへの支援活動である。金銭的寄付、企業の人的にも物的にも様々なリソースを使った非金銭的な社会貢献なども入る。メセナやフィランソロピー活動一般もここに含まれる。

　①は企業理念に始まり、ガバナンスやそれをつかさどる機構や装置をさす。リスクマネジメントはここに入る。CSRには様々な側面があるが、①の経営活動のあり方において、明確な理念と目標のもとに、②社会的事業、③社会貢献活動を戦略や方向性を持ったうえで行っていくことは、新しい価値の創造へと

つながり、企業価値の増大へとつながる動きとなることが仮説としてあげられる。特に、レピュテーションにとどまらず、持続可能性を軸に事業化・収益化を視野に入れた戦略的社会的事業は、ほかの企業との差別化や競争力の強化を通じて企業価値の拡大に帰すると考えられる。

［3］マテリアリティ（重要性）

たいていの企業は、意図するしないにかかわらず、先にあげた三つの次元のうちの活動をすでに行っているものである。しかし、脈絡なく、「あれもこれもどれも」と手をつけていくことは、企業の持つ資源が有限であることからも効率的ではない。そこで、ステークホルダーとの関係性においては、企業とステークホルダー双方にとっての重要度を図っていく必要がある。これをマテリアリティ分析と呼ぶ。マテリアリティとは、そもそも会計学において、企業の財務上その企業の存続や行く末に大きく影響を及ぼす事象を指す。転じて、非財務的な事象を報告することが大きな役割であるCSR報告書の中で、使われるようになった。

表2-1　CSR　三つの次元

① 経営活動の あり方	経営活動のプロセスに社会的公正性・倫理性、環境は人権などへの配慮を組み込む（戦略的取り組み）
	環境対策、採用や昇進上の公正性、人権対策、製品の品質や安全性、途上国での労働環境・人権問題、情報公開、など
	→〈法令遵守・リスク管理の取り組み〉と 〈企業価値を創造する積極的な取り組み〉 （＝イノベーティブな取り組みの必要）

■地域の社会的問題への取り組み：社会的事業

② 社会的事業	社会的商品・サービス、社会的事業の開発
	環境配慮型商品の開発、障がい者・高齢者支援の商品・サービスの開発、エコツアー、フェアトレード、地域再開発にかかわる事業、SRIファンド、など
	→〈新しい社会的課題への取り組み〉 （＝社会的価値の創造：ソーシャル・イノベーション）
③ 社会貢献 活動	企業の経営資源を活用したコミュニティへの支援活動
	1）　金銭的寄付による社会貢献 2）　製品・施設・人材等を活用した非金銭的な社会貢献 3）　本業・技術等を活用した社会貢献（コーズ・マーケティングも含む）
	→〈戦略的なフィランソロピーへの取り組み〉

谷本寛治『CSR企業と社会を考える』69ページ

これは、企業自身が自らを自己分析するときに有効な手段であり、同時に、多くのステークホルダーに自らの考え方を説明し、理解を求め、対話の糸口にするのに有用なツールである。
　具体的な方法論は以下となる。企業が、社会との調和を図りながら事業活動を展開していくために、「社会の持続的発展のために重要な項目」と「当該企業の持続的成長のために重要な事項」の二つの側面を抽出整理し、それをグラフにマッピングしていくことで、それぞれの取り組みが、その企業でどう位置付けられるかを客観的に示し、今後の課題を洗い出すきっかけともなっていくものである。
　こうした分析を、様々なステークホルダーと対話を持ちながら行っていくことで、企業自身の「ひとりよがり」を排除し、変化する社会を映し出し、将来必要とされるものを映し出していくことができる。この手法は先にも触れたように、「CSR報告書」などを編纂する際に、すべての情報を読者に提供することが物理的に困難であるため、何を読者に報告していけばよいのかという観点からプライオリティー付けを行うために用いられるものである。しかしながら、企業にとってどういう戦略で様々な事業活動を行うことが、ステークホルダー

図2-2　野村ホールディングスのマテリアリティ測定分析

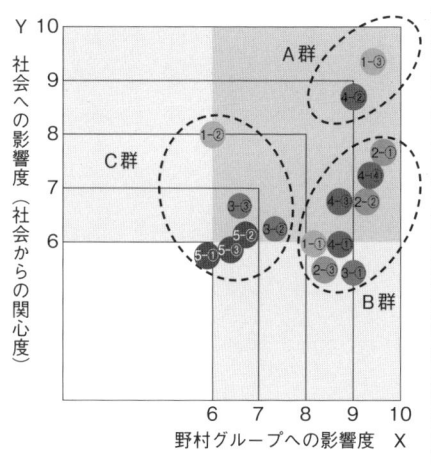

1-①	組織の透明性と信頼性の確保
1-②	CSRマネジメント体制の構築
1-③	コンプライアンスの定着
2-①	顧客重視のマネジメントの推進
2-②	情報の非対称性の解消
2-③	市場・顧客の多様性への対応
3-①	金融・経済教育の普及・浸透
3-②	地域との交流・対話の促進
3-③	社会性を考慮した事業活動
4-①	コミュニケーションの促進
4-②	社員の主体的な能力の発揮
4-③	多様な人材の融合と多様な働き方の支援
4-④	人権の尊重
5-①	環境保全活動の推進
5-②	環境情報の開示
5-③	環境問題解決への積極的対応

を包含する社会と企業自身双方の持続的可能性に繋がり、Win-winの関係を構築することになるのか、を分析するツールとしても有効である。そして、三つの次元におけるそれぞれのCSRの関連事業の現在と今後のあり方を考えるうえでも有効な手法であり、社会貢献のあり方もこうした、社会の要請と企業のあり方双方からの検証が必要なのではないか。

［4］「企業の社会貢献活動の歴史」

さてここで、CSRの三つの次元の中の「社会貢献」の分野をもう少し掘り下げたい。

日本企業の社会貢献の歴史をみると、企業の社会の中におけるあり方の歴史の一片が見えてくる。企業は社会の中でのみ機能する組織だからであろう。

日本経団連が会員企業と1％クラブ法人会員[2]が1991年から毎年実施している「社会貢献活動実績調査」という調査がある。2005年度に行われた調査では、回答企業447社の約9割が「社会的責任の一環」ととらえており、ここまで述べてきたことを企業自身が実感していることの証左となろう。「CSR元年」と呼ばれる2003年以来、半数以上の企業が社会貢献の取り組みを強化している。社会貢献活動への支出も増加しており、2007年度にはバブル期（1991年度）に次ぐ、歴代2番目の額となっている。2008年から世界全体を直撃した100年に一度といわれる経済危機の影響は社会貢献活動への支出にも出てくることは間違いなく、ほかの事業活動のあらゆる取り組みや支出とともに、社会貢献活動施策への支出の見直しなどはもちろん行われるだろう。（図2-3参照）

しかしその場合にも、「社会貢献事業」は存続し、その企業が社会の中で位置する立ち位置と、期待される役割に応じて議論されたうえで決定されていくこととなろう。

日本経団連の社会貢献推進委員会の出版した『CSR時代の社会貢献活動』には、戦後の日本企業の社会貢献の歴史に四つのフェーズをあげている。

① 寄付を主体とする1950年代から70年代

各企業が財団を設立したり、自らの決めた分野への積極的な参画を行う企業

図2-3 社会貢献活動支出額

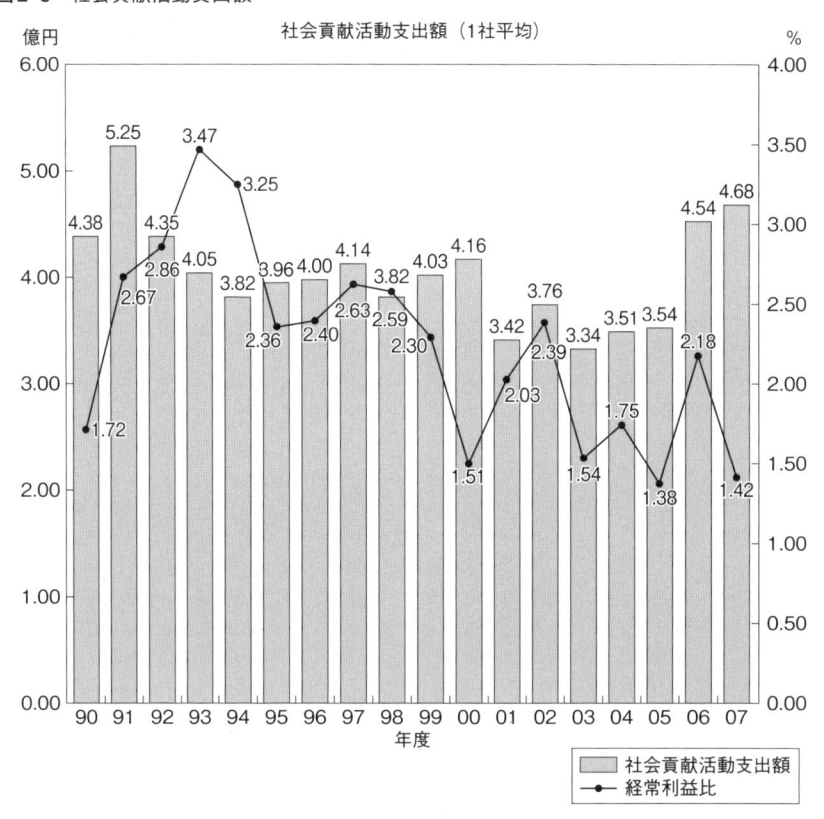

社会貢献活動支出額（1社平均）

年度	支出額（億円）	経常利益比（%）
90	4.38	1.72
91	5.25	2.67
92	4.35	2.86
93	4.05	3.47
94	3.82	3.25
95	3.96	2.36
96	4.00	2.40
97	4.14	2.63
98	3.82	2.59
99	4.03	2.30
00	4.16	1.51
01	3.42	2.03
02	3.76	2.39
03	3.34	1.54
04	3.51	1.75
05	3.54	1.38
06	4.54	2.18
07	4.68	1.42

㈳日本経済団体連合会2007年度社会貢献活動実績調査結果より

が出た。また企業のもうけ至上主義や公害・欠陥商品を生み出したという社会批判が出た時期でもあり、利益を社会に還元するという意義のもとで行われることが多かった。

②変化が訪れた1980年代

　企業の海外への投資、特に米国における「良き企業市民」としての地域貢献活動などの概念が持ち込まれる一方、CI（Corporate Identification）が盛んになり、社会との関係をいかに築くかが問われた。またバブル経済の絶頂期で、企業に資金的余裕のあったこともこれを後押しした。

③閉塞感の打破を求めた1990年代

　バブル崩壊の閉塞感から、「社会貢献」にも一定の役割が求められはじめ、「社会参加」の一形態として認識されるようになった。それまで、企業とは対立的な関係にあることが多かったNPO／NGOとのパートナーシップなども意識されることになった。

④CSRと社会貢献

　2000年代に入り、CSRへの関心が高まると、「グローバルな問題解決への動き」「国内における社会問題の顕著化」「多くのステークホルダーからの監視の強化」といった背景の中で、社会貢献がCSRの枠組みの中で考えられることになった。

　こうした背景から現在では、CSRの三つの要素である「社会貢献活動」のあり方がCSRの中で位置付けられ明確化し、同アンケートが「主なCSRの視点」として示すように、社会貢献活動にも、「企業価値・ブランドの向上」「ステークホルダーへの説明責任の向上」「活動の実効性や社会へのインパクトの向上」といった視点がより盛り込まれるようになったといえよう。(図2-4参照)

　分野別の支出額の内訳を見ると、「文化・芸術」「学術・研究」の分野が一貫して高い割合を占めている一方、最近では、「教育・社会教育」「環境」という分野が伸びをみせるなど、社会問題を解決する分野が、伸びている。こうした、

図2-4　社会貢献活動に反映している主なCSRの視点『CSR時代の社会貢献活動』より[3]

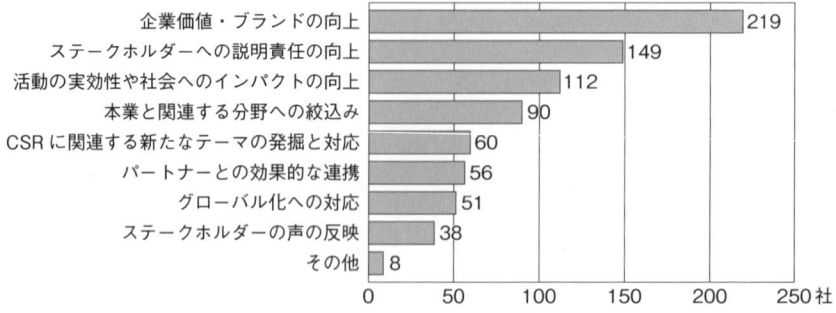

項目	社数
企業価値・ブランドの向上	219
ステークホルダーへの説明責任の向上	149
活動の実効性や社会へのインパクトの向上	112
本業と関連する分野への絞込み	90
CSRに関連する新たなテーマの発掘と対応	60
パートナーとの効果的な連携	56
グローバル化への対応	51
ステークホルダーの声の反映	38
その他	8

図2-5　分野別の社会貢献支出額の推移

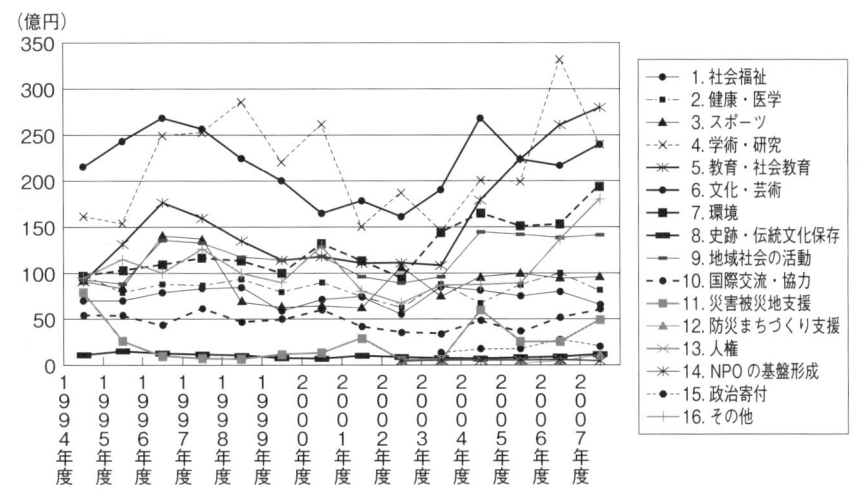

㈳日本経済団体連合会2007年度社会貢献活動実績調査結果より

様々なステークホルダーとの対話のもと、時代の要求を反映していく傾向はますます強くなると思われる。（図2-5参照）

3. 野村とPMF

[1] PMFとの出会い

　ここからは、社会貢献の一つの具体論として、野村グループがCSRの一環として行う社会貢献の中から、一般的にメセナとも位置付けられるPMF（パシフィック・ミュージック・フェスティバル）について述べたい。

　野村グループとPMFとの縁は1989年に始まる。当社がかかわりあうことになったきっかけは、PMFの産みの親である偉大な指揮者「レナード・バーンスタイン氏」と当時の経営者との出会いに始まったといわれる。そういう意味で、ある「偶然」によってもたらされることになったこの縁は、PMFを運営する組織委員会、地元札幌市、そしてPMFを支えようという多くの個人、そして、グランドパートナーズをはじめとした企業とのいわば共同参画の中に一

企業として位置することとなり、そして現在のPMFが成りたっている。

　PMFは世界三大教育音楽祭の一つである。教育音楽祭とはそもそも何であろうか。それは、音楽祭の目的を、音楽家の教育に当てるものである。PMFでは毎年7月からほぼ1カ月の間、全世界からオーディションで選出した若い音楽のプロフェッショナルの卵たちが集まり、一流の指導陣のもと技術を磨き、同世代の競争相手から刺激を受け、大小様々な演奏会で演奏をする機会を得、実際に自分の演奏が観客に響く実体験を積み、音楽が好きであれば知らない者はいないであろうという偉大な指揮者からオーケストラの指導を実際に受ける。活動期間である1カ月のうち、本当の意味でのオフの日は2日程度だというが、その間、若い感性は様々なものを吸収する。

　7月の札幌は心地よい気候である。担当になって、はじめて参加した初日のオープニングコンサートは忘れられない思い出である。オープンエアの会場に集まった市民は、芝生の上で思い思いの姿勢をとりながら、特設の舞台で繰り広げられる演奏に耳を傾ける。芝生の上だから、かしこまって座っている必要はない。子どもたちは走り回り、乳母車の中ですやすやと寝入っている赤ん坊もいる。幾分緊張気味の様々な国籍のアカデミー生たち。彼らはその後1カ月を経て東京のコンサートに現れたとき、とてつもなく成長している。素人の私にもわかるくらい、音にはハーモニーが生まれ、音符の連なりから「音楽」へと変化しているのである。そして、最後のコンサートの終わった瞬間、若い何かがはじけるように、異様な興奮に包まれて終わる。偉大なるマエストロと若者たちのそうした興奮のはじけたエネルギーそのものが、一観客として座席に座っている我々にも伝わってくるのだ。これはこのコンサートを聴いたグランドパートナーズ企業の担当者皆が口を揃えていう感想である。

　この音楽祭の醍醐味は、「教育音楽祭」であること、「市民と近くにある音楽祭」、「世界の若者が集う場所」、そして「若者の育つ現場に参画できること」であるだろう。

　2009年で20周年目を迎えるPMFが世の中に輩出してきた音楽家たちは実にのべ2,400人にのぼり、その出身国は67カ国である（図3-1参照）。20歳代前半で参加したアカデミー生はその後いろいろなオーケストラの一員として活躍するなど、音楽家としての研鑽(けんさん)を積み、いまや世界有数のオーケストラで中堅的な

役割を持つ年代にもなってきている。こうした実績は、1年1年の歴史の積み重ねを経た後にしか、なし得ない。

［2］事業を支える理念

CSRを支えるのに、企業理念も重要である。なぜ、それを行うかの、いわばレゾンデトールがそこにあるからだ。

野村グループのCSRの理念に「豊かな社会の創造」がある。これは、経済の血脈というインフラを支える、本業の金融証券業を営むことで、豊かな社会の創造を行うのは当然のことながら、同時に企業活動のあらゆる面で豊かな社会づくりを支えていく、という意味も含まれている。

また、野村グループではグローバルに行う活動を三つのE（three E's）として展開している。

三つのEとは、Employee（社員もしくは"ひと"）、Environment（環境）、Edu-

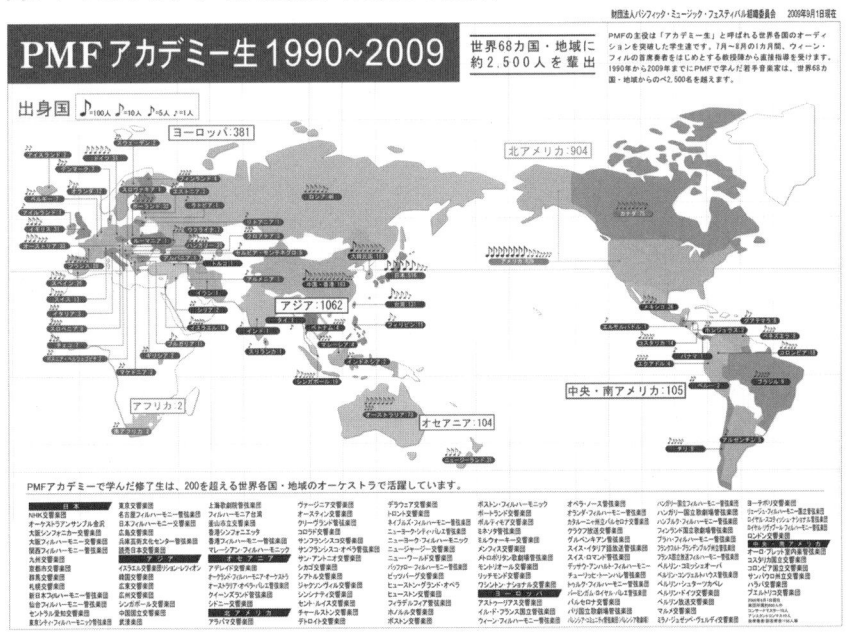

図3-1　PMFアカデミー生の出身国（1990から2007）

PMF組織委員会資料より

cation（教育）である。

　CSRや社会貢献を行うにあたり、ステークホルダーや社会の要請をよく聞くことが大切であると再三繰り返してきたが、グローバルに展開する場合、地域特性を配慮する必要がある。各国・各地域でこの三つの概念を共有しつつ、実際の活動は地域の事情に合わせて行う、という方針である。この三つはどれも、持続可能な未来には欠かせないものである。本業で、「投資」を生業にする当グループにとって、これら三つは「未来への投資」にほかならない。

　さて、翻ってPMFである。PMFは単なる地域振興の音楽祭やプロフェッショナルな音楽家による文化的な音楽祭というだけのものでない。これは、教育音楽祭なのだ。「教育」こそ、未来への投資である。こう考える当社にとって、偶然の出会いで生まれたPMFの支援ではあるが、継続してきた必然的な理由にもなってきた。偶然の出会いで、教育という趣旨に賛同した経営者が始め、そしてそれを受け継いできた後進たちもやはり「教育」への思いでそれを引き継いでいるのである。

[３] 理念があればいいのか？
　　―ステークホルダーからの認知と賛同の必要性
　さて、それでは理念に合致してさえいればいいのか？　やはり、それだけでは難しいであろう。ステークホルダーの認知と賛同がもちろん必要なのである。

①社員からの理解
　グループ内の勉強会や研修でよく登場するPMFの映像がある。それは1991年、第一回のPMFの開会式にて、故レナード・バーンスタイン氏を撮った映像である。その中で、病を押して来日したバーンスタイン氏が、アカデミー生である若者たちに真剣に指導し、時には笑いおどけ、慈愛に満ちた祖父のような視線で次世代の若者たちをやさしく見守っている映像がながれる。それだけでも、非常に心を打つ映像なのであるが、研修で社員や参加者に訴えたいのはそれだけではない。バーンスタイン氏の行った以下のスピーチなのが肝要なのである。

「私は確かに年をとっていますが、まだこうして生き永らえています。
年老いた私は、今再び選択をせまられています。
残された人生をいかに音楽と人々に尽くすことができるかを。
善良なる神は私にピアノが好きであった頃の昔に戻って
ベートーヴェンのソナタを全部弾き直すことを、
それとも総てのブラームスのシンフォニーを
今一度毎年指揮することをお望みでしょうか。
また作曲家として様々な音楽を書くことにこそ専心すべきでしょうか。
この問題について私はずっと考えてきました。
皆さんも71歳にもなればわかるでしょう。
結論は残されたエネルギーと時間を「教育」に捧げることです。
とりわけ若い人達とできるだけそれを分かち合うことです。
私の知る限りの音楽や芸術一般について、
さらに芸術だけでなく芸術と人間の関係について、
そして一人の人間であることを自覚し、自分を見つめ、己を知り、
自分に最もふさわしい仕事をすることです。」
　　1990年6月：PMFオープニング・セレモニー：バーンスタイン氏挨拶
　　　　　　　　　　　　　　　　　　　　　　　　（一部抜粋）

　この偉大な音楽家が晩年の残された時間で選んだことが教育「Education」なのである。それを見た社員は、我がことと重ね合わせ思う。後進の指導をいかに行い、信念をもって次世代を「教育」することがいかに重要であり、未来への投資へとつながっていくのか……を。
　金融証券業は豊かな未来をつくるため、経済のインフラとして円滑に機能すべく貢献していく業種である。知恵と工夫で社会に役に立つ仕組みを考えていかなければならない。そうした公益的な性格を持つがゆえに、倫理観が何よりも重要である。金融証券業はサービス業でもある。企業にとって主たる資産は「人材」しかいない。高い倫理観をもった人材をいかに輩出していくか。倫理観は何もYesかNOかの〇×問題が解ければよいというものでもない。また、お客様というひとと相対して行うサービス業に必要な人間力を養うのも同様で

ある。これに対する王道は丁寧な「教育」しかないのである。

　バーンスタインの言葉を聞くとき、一般的な人間にとっての教育の重要性はもちろんのこと、こうした会社として毎日向き合っている問題点を新たに想起させられるのである。

　そして、それを聞いた社員たちは　バーンスタインの遺志を自分の意志として胸に刻むのである。こうして、自社が支えるPMFの意義を考えるのである。

②お客様からの声

　2008年3月、奈良県の学園前の駅前ホールにはひときわ大きな拍手が鳴り響いた。

　PMF卒業生11名たちのコンサートでのアンコール曲「NHK連続ドラマ小説あすか」の主題歌が演奏された後のことである。

　2006年に新設された、野村證券学園前支店の支店長に任命された藤澤由紀さん（2008年3月当時）は、はじめてこの駅に降り立ったとき、「この成熟した街には文化の香りが良く似合う。いつかきっとそれにふさわしいオーケストラをここに招いて、地域の方々に聞いていただこう。」と考えたという。

　彼女の奮闘が実って実現したのが「PMFチェンバー・プレイヤーズ・コンサート」である。

　これは、かつてPMFアカデミー生としてPMFで学び、今はプロとして活躍する卒業生たちが、忙しい日常の時間を割いて集まって開催されたコンサートなのである。

　コンサート中では、PMFアカデミー生として夏の1カ月を過ごした思い出も披露された。最後は盛大な拍手と何回ものアンコールでこのコンサートが終了したのだが、そのとき支店長のところに老婦人の姿があった。杖をついて不自由な足をかばいながらも、支店長のもとにやってきた老婦人の目には涙が浮かんでいた。

　「支店長さん、本当に今日はこんな素敵なコンサートをここで開いてくれてありがとうね。支店長さんの気持ちがよう伝わってきました。本当に感謝してます。これからもよろしくね。」

　支店長の思いは、美しいハーモニーとなって実現し、それは地域のお客様の

心に届いたのである。

③卒業生からの声
　このように、今ではグループ内の各種のイベントでPMF卒業生たちの活躍する場ができてきている。PMFの卒業生たちからも、こんな感想が寄せられている。
　「私たちにとって『PMF』は特別な力を持った言葉です。世界中どの国でもPMFに参加していたことがわかれば、PMF修了生の音楽家同士、ほかとは異なる速さで打ち解けることができます。PMFでの体験を、私たちが音楽を通してみなさんに伝える番だと思っています。」(岡本真弓氏：ファゴット1997年)
　「PMFに参加したことは、今でも大きな誇りです。私が参加した年は金管楽器の日本人は1人、英語は得意ではなかったのですが、一緒に音楽をしていく間に言葉が関係なくなるという経験をしました。PMFの修了生として一流の音楽家に成長し、良い演奏をしてお客さまの心をつかむことがPMFに対する恩返しだと思っています。」(白水大介氏：トランペット1999年)[4]

　こうした地域やお客様からの声は、何よりもPMFとともに歩んできてよかった、と社員たちが思える一瞬なのである。そして、PMFの卒業生たちから、自らの若い時代にもったかけがえのない経験のその感謝の念の言葉を聴く瞬間は、こうした取り組み続ける企業にいてよかった、と心から思える瞬間である。
　こうして、野村グループを取り巻く様々なステークホルダーの方々の理解に支えられて、ここまで続いてきているのである。

[4] グランドパートナーズという存在
　同様に、PMFに関係する重要なステークホルダーとしてグランドパートナーズの企業がある。各企業で社会貢献関連のお仕事をされている担当者の方々とは、機会あるごとにお目にかかり、いろいろとお話をさせていただく。そうしたおつきあいの中から、学ぶことも多く、一企業だけではなく、長年にわたって複数の企業で支援している活動のよさは、そういうところにもある。
　各企業とも、PMFの理念に賛同するからこそ設立同時から現時点まで支援

を続けているのだ。

　20年を迎えた2009年に、過去を振り返る話し合いなどももたれたが、歴史を積んできている今だからこそ、当初の理念に立ち返り、しっかりと今までを検証したうえで、今後のあり方について考えていって欲しい、という要望は、PMFを運営するPMF組織委員会にも寄せられていた。こうした正論を言い続ける理解者の存在は、PMFの継続のためには重要である。

　野村とPMFとの関係には、野村がこのグランドパートナーズの一員である、という点も非常に重要なのである。

4. 芸術支援の今後 ─ わたし的考察

[1] 芸術支援を支える担い手と仕組み

　さて、2008年に全世界を震撼させた世界同時不況は、各企業の活動にも暗い影を落とした。スポーツの分野でも、実業団として長年チームを支えてきた企業が、厳しい経営状況が続くおり支援を断念するケースも数多く報道された。不況下で企業は、当然コストの削減に迫られるわけだが、企業の行うCSR活動の中でも、すぐに利益には結びつかず、なおかつ本業との関連性の少ない分野が、最も景気のよしあしの影響を受けやすいことは否定できない。企業の経営資源は限られており、期待に応えていかなければならない様々なステークホルダーの存在を忘れることはできないからである。「なぜこの活動を行うのか」という問いには、絶えずしっかりと企業も答えられなければならない。その活動が当該企業のもつ理念にのっとったものであること、ステークホルダーからの理解と認識が存在したうえで、企業や社会の全体に意義があるという二つのポイントが必要であることは言うまでもない。

　単なるスポンサーシップではなく、育てていくタイプの文化芸術支援は、時間がかかる。手間隙かけていかないと、実際の目的は達成できない。関係者のより長期的で深いコミットメントが求められるのである。「文化芸術」を歴史的に支え育ててきたのが、貴族や王族であったのにはそれなりの理由があったわけだ。現代において、そうした文化芸術に支援の担い手となるのは、国家や地方自治体であり、様々な個人や団体の意志を反映した「財団」という組織で

あったりする。比較的長期的なコミットメントを期待できる団体であるからだ。一方、企業としての支援は、株主などへのアカウンタビリティーがある中で、景気などの大きな変動のもとでのコミットメントは、時として難しくなることもある。現実的に考えて、継続性の担保という視点から考えた場合、どういう支援の形が今後望まれるのであろうか。

「ふるさと納税制度」という制度がある。これはふるさとへの寄付金が、住民税や所得税から控除されるという仕組みであるが、自分の生まれ育った地域などに、感謝や親しみの気持ちをこめて行うものである。義務である納税ではあるが、市民としての意思が働くよい発想だと思う。意思をもって納税した税金は、その使用使途をしっかり見ていこう、と思うはずであるし、そこには緊張感も生まれる。

社会をより豊かにしていこう、というあらゆる種類の取り組みがある。こうした取り組みを、市民一人ひとりがもっと積極的に選択して支援していくことはできないものであろうか。

多くの市民が、国や地方自治体、財団、企業などと一緒になって、次世代に残したいと思う文化事業を支えていく参加型のスキームを考えることができれば素晴らしいと思う。文化芸術事業にとって、多様な資金の財源を確保することは、事業の持続可能性に繋がり、そうした支援者から、時に温かく、時に厳しく見守られながら、支援者の声を取り入れた活動になっていくであろう。

日本には寄付文化が根付かないというが、果たしてそうであろうか。そうした仕組みができあがっていないからではないか。自分が希望する事業に個人が寄付をしやすくするための税制等の手当てなど、様々な仕組みを考えていく必要があるのだろう。一方で、「持続可能な豊かな社会」をつくるのは、政府や役所ではなく、自分たち一人ひとりの意志と責任なのだという認識を共有することも重要である。

文化事業は立ち上げ時には必要な自治体や企業の大きな関与や財政的なバックアップが必要になる。しかし、その事業が成熟すればするほど、特定団体だけが事業を支える、という形からゆっくりと時間をかけて、様々なその事業のステークホルダーが支えていく形へと変化していくのが、今後の理想的な社会というものではないか。価値のある事業は、市民の様々な形での参画が自然発

図4-1　PMFを囲む概念図（CSRステークホルダー概念図）

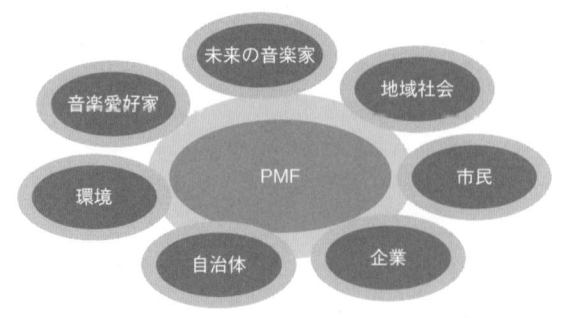

（図：PMFを中心に、未来の音楽家、地域社会、市民、企業、自治体、環境、音楽愛好家が囲む）

野村ホールディングス㈱作成

生的に出てきて、次の次元へと移行していくのだろう。

5. コーポレート・シティズンシップという考え方

　さて、野村グループにおいてCSRを担当する部署の名称である「コーポレート・シティズンシップ」についても少々触れておきたい。

　当社でCSRの部署を立ち上げるにあたって、私はその部署の名前を考えることとなった。一番わかりやすかったのが「CSR推進室」であったであろう。しかしながら、CSRでは、本来ある企業のあり方の側面を正しくあらわしていないという気がした。一つには、当時「CSRブーム」ともいわれた動きのせいもあったかもしれない。また、欧州ではCSR、Corporate Social ResponsibilityのSocialが何をさしているか非常に不明確であり、「責任」を考えることは重大なことにもかかわらず、対象が不明瞭になることをよしとせず、もっとシンプルに「CR」、Corporate Responsibilityとする企業が多くなったということを欧州企業の担当者から聞いたということもあったと思う。そんなとき、Corporate Citizenship という言葉に出会った。日本語で訳すと「企業市民」という意味となろうか。企業が、社会を構成するいろいろな主体の一員として、自分の責任のあり方や、行動のあり方を考えていくのにふさわしい名称だと思った。そして、部署名を「コーポレート・シティズンシップ推進室」とすることにした。

　企業も社会を構成する一員としての自らのあり方を考えていくものとして、

一番適しているのではないかと考えたのである。企業だけでなく、政府もNGOも地域住民など一般の個人も、一人ひとりがそれぞれに自らの役割と責任を真摯に考え行動する、そうした自律した主体の集まりこそが、人類と地球のサステナビリティ、持続可能性というゴールへの道筋を導き出すことになるのではないか。多少大それた考え方ではあるが、そう考えたのである。

PMFという、いまや歴史を刻み始めた文化事業へのかかわり合いも、こうした様々なステークホルダーの一員としてのかかわり合いの中で、その関係を考えていきたいと思っている。

6. おわりに

最後に、こんなエピソードをご紹介して、本チャプターを終えたい。

2007年のPMFの最終日、最終コンサートを終えた後に開かれた、参加者によるささやかなパーティの挨拶の席上に立った教授陣のひとりがこう言った。

「君たちはもうすでに自分たちでわかっているだろうが、今日素晴らしい演奏をした。僕は心からそう思う。演奏の間中、僕は我々の偉大なる大先輩バーンスタインが、すぐそこにいるのを感じた。すぐほらそこで見ていたんだよ。僕たちと一緒にそこにあることを感じた。僕らはバーンスタインの遺志をついでここにこうしているのだと確信した。」

バーンスタインの未来にむけた素晴らしい意志であり遺志、これをひとごとではなく、自分の気持ちで引き継ごう、と市民一人ひとりが思ったとき、PMFは次の素晴らしい時代を迎えるのではないか。それはまさしく持続可能な素晴らしい未来を自分たちと次世代に約束することになるのではないか。

〈参考文献〉
1) 谷本寛治『CSR 企業と社会を考える』 NTT出版、2006年、第2章参照。
2) 社団法人 日本経済団体連合会 HP 社会貢献活動実績調査から。
   http://www.keidanren.or.jp/japanese/policy/csr.html

3)日本経団連社会貢献推進委員会編著『CSR時代の社会貢献活動　企業の現場から』日本経団連日本経団連出版、2008年、22頁。
4)野村ホールディングス株式会社発行『CSRレポート2008』、51頁。

Chapter—3

企業はなぜ美術館を持つのか?

―三井グループのメセナ事業とは―

大室 康一 OMURO Koichi

1. はじめに

　三井不動産が中心となって三井グループが支援する「三井記念美術館」は、東京の中心、交通至便な日本橋に2005年10月に開設された。新しい美術館ではあるものの、三井家から寄贈を受けた日本と東洋の貴重な美術品を収蔵する「三井文庫別館」(東京都中野区)を、三井家に縁のある日本橋の地に移転する形で設立公開されたもので、実質的には長い歴史を持った美術館であるといえるだろう。

　「三井記念美術館」は、昭和初期の日本を代表する重厚な洋風建築として、1998年に国の重要文化財に指定された三井本館(1929年竣工)の建物の中に設けられた、いわば「文化財という器の中に創られた文化施設」という特色を備えている。重要文化財として建物を残しながら、そこに新しい美術館を造ることは、単に美術館を新築するよりも大きな労力が求められるものだった。

　しかし、その設立に踏み切った理由は、「三井記念美術館」には三井グループが社会貢献事業として美術館を支援しているという側面とともに、三井不動産が取り組む日本橋地区の再生計画という長期的な街づくりの中で考えられた施設という位置付けがあったからである。

　ここでは、「三井記念美術館」の設立と運営の支援を通じて三井グループが行っている事業を、この二つの側面から紹介したい。

2. 三井グループと日本橋

[1] 三井家に縁の深い日本橋で、三井家が収集した貴重な美術品を公開

　「三井記念美術館」がある日本橋は、三井家の家祖・三井高利（1622～1694年）が、江戸時代はじめの延宝元年（1673年）に呉服屋の「越後屋」を開いた土地であり、三井グループの歴史が始まった縁の深い場所である。

　三井高利は元和8年（1622年）、伊勢松坂（現三重県松阪市）で誕生。父・三井高俊は妻の殊法と酒・味噌・質商売を営んでいた。当時の酒屋は一般的に醸造業と金貸業を兼ねていたが、高俊の店では酒、味噌の販売と金貸業を行っていた。金貸業は、通常武家や下層の平民を借り手としていたとされるが、こうした商いを行っていた点からも、すでに高俊は富裕な平民であったことがわかる。この店は高利の祖父・三井越後守高安の名にちなんで「越後殿酒屋」と呼ばれ、殊法の才覚によって大いに栄えた。このため、三井家では高安を「遠祖」、越後殿酒屋を繁盛させ、高利の商いに大きな影響を与えた殊法を「商売の祖」とし、現在の三井グループにつながる礎を築いた高利を「家祖」としている。

　高利が開いた「越後屋」は江戸・日本橋に呉服店、京都に仕入店を構え、江戸からの注文なしに京都で下値の商品を仕入れて江戸へ送った。これにより「店前売り」、「現銀（金）掛値なし」という新たな商法を実現させた。これが庶民の人気を集め、その後の繁栄へとつながっていく。

　天和3年（1683年）に、日本橋本町から両替商の集まる隣町の駿河町（現・室町）へ「越後屋」を移転した（これが現在の日本橋三越本店の三井本館側に開く地下鉄の入口付近にあたる）。それと同時に開業した両替商では、金銀の両替、為替を取り扱い大きな利益をあげ、三井は呉服と両替を両輪とする豪商として一躍その名をあげた。「越後屋」は後の「日本橋三越本店」となり、両替商は「三井銀行」へと発展・変遷し、どちらもその姿を日本橋に残している。

　元禄7年（1694年）に三井高利が死去。十男五女をもうけた高利は財産の配分と和合協力を求める遺言「宗寿居士古遺言」を残したが、高利の長男・高平がこれを改め、三井家とその事業を規定する家法「宗竺遺書」を享保7年（1722年）に制定した。これにより、高平を総領家とする六本家と三連家が設けられ、現在の三井十一家（六本家と五連家）に継がれている。

明治に入り両替商としてさらに発展・成長した三井家は、大番頭・三野村利左衛門の尽力により、明治9年（1876年）に国内初の私立銀行となる「三井銀行」を開業する。その後、三野村の後を継いだ益田孝は27歳という若さで三井物産を創業。同じく、三井銀行副長として指揮を取った中上川彦次郎は、優秀な人材を採用して日本の近代工業の育成を図ることで三井銀行を官金依存型経営から脱却させるなど辣腕をふるった。1887年（明治20年）に明治政府から九州にある三池炭礦の払い下げを受けたことを機に、三井家は多くの系列会社を擁する一大コンツェルンを築き上げるまでになる。その本拠地となった旧三井本社も明治35年（1902年）に日本橋に建てられて、昭和4年（1929年）には現在の三井本館が竣工している。こうした発展は、外務大臣、内務大臣、大蔵大臣を歴任した井上馨や、実業界で日本の近代化を図った人物として知られる渋沢栄一ら三井家の顧問的存在によるところが大きい。さらに、日本の近代化を支えた人物として、藤山雷太、武藤山治、藤原銀次郎、日比翁助、池田成彬、馬越恭平、向井忠晴、米山梅吉らが三井から育っている。これが「人の三井」といわれる所以となっている。

　太平洋戦争の敗戦によりGHQの財閥解体を受け三井本社が解散となるまでの約300年の間に、三井家では企業経営を拡大させていく一方で、美術品の収集を中心に芸術家たちを支援し、その作品を後世に残すことが何代にもわたって受け継がれてきた。そうした三井家が江戸時代から収集してきた数多くの美術品を、三井家に縁が深く、三井グループのルーツともいえる日本橋で、より多くの人へ公開すること。そしてそのために、美術品本来の価値を正当に鑑賞していただけるような、よりよい環境を創ること……。戦後、三井系企業が三井グループにとなって存続してきたなかで、歴史的必然ともいえるこうした理由もまた「三井記念美術館」開設の大きな動機付けとなったのである。

[2] 三井本館街区の再開発
　「三井記念美術館」誕生のきっかけとなった日本橋再生計画。その背景についても少し触れてみたい。
　日本の競争力再生のために「都市再生」が謳われて久しいが、世界の都市間競争が激化し、アジアの各都市が圧倒的なパワーとスピードで魅力を増してき

ている中、東京の街づくりが従前までのアメリカの追従型でよいのかという疑問が生じる。長年にわたり人と資本を惹き付けている都市は、街そのものが固有の歴史と文化を育んでいるもの。こうした歴史性や文化性を、現代の街づくりの中で再生していくことが重要なのである。文化が経済を再生させるといわれる今、その歴史と現存するコンテンツに鑑みたとき、連綿と続く老舗によって培われてきた「こころ」と「わざ」を持った日本橋ほど、日本的な都市再生の旗手として相応しい街はほかにないだろう。

　日本橋には、独自の文化や産業、歴史的な建築物や老舗などが数多く残されている。それらハード面だけでなく、現代の東京ではめずらしくなってしまった安全や品格といった地域の資産も継承している。しかし、その反面で都市構造の変化などによって失われた文化もある。その代表である精神的シンボルともいうべき橋「日本橋」をとりまく環境を蘇らせることをはじめ、現代の街に必要な機能を更新、付加した次の世代に向けた街を創らなければならない。これが日本橋再生計画の基本的な考え方である。例えば、道路元標のある日本橋の空を覆う首都高速道路を地下に移設して、橋の上に広々とした青空を取り戻そうという活動なども、この計画の一環として行われている。

　「残しながら、蘇らせながら、創っていく」という日本橋再生計画のコンセプトワードを体現したのが、重要文化財である三井本館街区の再開発計画だった。歴史的な建築物の保存と新しい開発の推進。この一見矛盾する課題を解決するために、三井不動産は新しい都市計画の制度創設を以前から働きかけてきた。産・官・学一体となったその働きかけを受け、東京都は歴史的建築物の保存の誘導と、歴史や個性豊かな都市景観の形成をはかることを目的とした「重要文化財特別型特定街区制度」を1999年（平成11年）に制定。その第一号認定によって、三井本館を「残す」とともに、複合的な魅力を備えた最先端の超高層ビル（日本橋三井タワー・地上39階・高さ194m）を隣接して「創る」ことが可能となった。（図2-1）

図2-1　2005年10月に開設された三井記念美術館

「三井記念美術館」は、都市部の再開発における保存と開発の両立に先鞭をつけ、日本橋ならではの文化とエンタテインメント機能を「蘇らせる」要素として導き出されたものでもあったのだ。

3. 三井文庫から三井記念美術館へ

[1] 三井文庫に寄贈された三井家の美術品

「三井記念美術館」の収蔵品は、茶道具を中心に、絵画、書跡、刀剣、能面、能装束、調度品など多岐にわたる。所蔵数は、国宝6点、重要文化財71点を含む4,000点、ほかに約13万点にも及ぶ切手類も所蔵している。中核をなす茶道具は、国宝「志野茶碗　銘卯花墻（うのはながき）」や重要文化財「黒楽茶碗　銘俊寛」など優品が揃っている。さらに、絵画では三井家と親交のあった江戸時代中期の画家・円山応挙の国宝「雪松図屏風」（図3-1）、書跡では藤原定家の国宝「熊野御幸記」（図3-2）というように、日本の文化を伝えるに相応しい日本橋の地で、そのシンボルともいえる貴重な美術品を公開している。

これらの美術品は1965年（昭和40年）に財団法人となった「三井文庫」（東京都中野区）に、南家から切手、北家・新町家から美術工芸品が寄贈されたことを機に、1985年（昭和60年）に設立された「三井文庫別館」に数度にわたって三井家から寄贈されたものである。戦後の税制に対処する意味も含め、三井家が約300年にわたって収集し伝世してきた美術品の維持・管理が「三井文庫別館」に託された結果、これほどまでの美術品を所蔵することができた。

絵画では、北家四代高美や五代高清、六代高祐は円山応挙と親交があり、大旦那である三井家は応挙の良き後援者だった。こうした関係から、応挙の代表

図3-1　国宝 雪松図屏風　円山応挙筆

図3-2　国宝　熊野御幸記　藤原定家筆

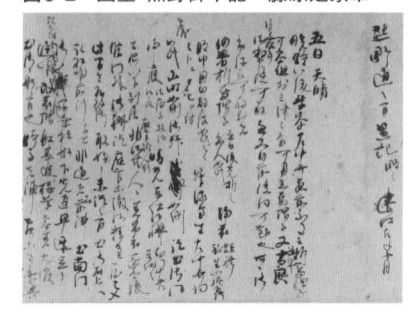

図3-3　孔子廟堂碑　虞世南筆

作として名高い国宝「雪松図屛風」をはじめ、応挙を祖とする円山・四条派の作品が多く伝えられている。また、狩野派や円山派の人型掛け軸は、主に北家の書院等での祝儀に使用されたものだと考えられている。新町家旧蔵品では、東山御物の六祖破経図や蓮燕図など中国南宋時代の名画のほか、聚楽第図屛風や、寄贈後に重要文化財の指定を受けた日月松鶴図屛風も名品として知られている。

新町家の九代高堅は明治後半から昭和初期にかけて精力的に中国古拓本の碑法帖を収集し、識者の間では彼の号をとって「聴氷閣本」の名で早くから著名だった。これらの碑法帖は中国書法を語るうえでの不可欠なコレクションとなっており、なかでも孔子廟堂碑（図3-3）・孟子師碑・善才寺碑の3点は、清の李宗瀚が所持した4点の弧本（原碑が失われ唯一残る拓本の意味）、いわゆる「李氏四宝」のうちの3点として知られている。

書跡としては、掛軸・巻物・手鑑帖・扁額・金石文などを収蔵。新町家は明治以降、拓本や地図・和漢書を収集しており、国宝「銅製船氏王後墓誌」は金石文として高堅の拓本収集の範疇に入るものといえる。経巻は北家の寄贈品に見られ、「紺紙金字経」のほか、「敦煌経」が百点余りある。国宝「熊野御幸記」は史料としてまた定家の書として貴重なものである。茶掛としては墨跡や古筆切・消息などが各家にあるが、古筆切では室町家の高野切と三色紙が圧巻。北家では、表千家との親交を物語る茶人の書が多く見られ、消息や詩句などが多数含まれる。また、北家には古筆手鑑が2点伝わり、「筆林」は江戸時代から北家が所蔵していた。「高欒」は明治以降に入手したものと思われるが、極めて質の高い手鑑で、寄贈後に重要文化財に指定された。

収蔵品の過半を占める茶道具は、各家の長い歴史の中で集積したもので、質・量ともに他に例を見ないコレクションとなっている。新町家においても江戸時代は北家同様に茶道具の収集が盛んだったが、明治以降に茶の湯から遠ざかったため、茶道具の寄贈品は比較的少ないものの、いずれも江戸時代以来、人目に触れることなく蔵に眠っていた優品が揃っている。室町家の茶道具は、遠州好みの瀟洒なものが多く、その質の高さは他に例を見ない。志野茶碗銘卯花墻（図3-4）は、日本で2碗しかない国宝の和物茶碗で、長次郎の黒楽茶碗銘俊寛（図3-5）と玳皮盞は、寄贈後に重要文化財に指定された。このほか、同家の茶道具は、十代高保、十二代高大が収集したものが大部分

図3-4　国宝　志野茶碗　銘卯花墻

図3-5　重要文化財　黒楽茶碗
　　　銘俊寛　長次郎作

で、遠州流の綺麗さびの美に通じる瀟洒な茶道具が多く見られる。
　能面の主なものは、大和猿楽四座の流れをくむシテ方五流の一つ金剛流の宗家に伝来した54面。平成20年（2008年）に一括して重要文化財に指定された（図3-6）。
　北家から寄贈された刀剣は点数は少ないものの、国宝2点・重要文化財7点を含んでいる。（図3-7）
　切手は南家の十代高陽が収集したコレクションで約6万点を数える。交通史・郵政史研究という視点の中での収集品は、日本とヨーロッパを中心として、飛脚状や消印なども含まれている。また、三井家旧蔵品ではないが、元ダイセル社長の昌谷忠コレクション約7万点も寄贈されている。
　これらの美術品のほかには、向付、大皿、食籠など室町家より寄贈された懐石用食器類をはじめ、蒔絵の棚、箪笥、手箱、硯箱、香道具などの漆芸品、櫛、

かんざし、印籠、たばこ入れなどの装身具、象牙細工、自在昆虫などの置物に優品が見られる。

また、「三井記念美術館」の中央の展示室では、三井家に縁のある国宝茶室「如庵」の室内を精巧に再現。茶道具の取り合わせを展示して「用の美」を見せる一方で、伝統的な「造形の美」を再発見するという、文化と美の本質に触れる試みにも挑戦している。「三井記念美術館」は、現代及び未来の人々と社会のために、どのように貢献できるかを、常に思考し実践する美術館を目指している。

図3-6　重要文化財 能面 孫次郎 伝孫次郎作

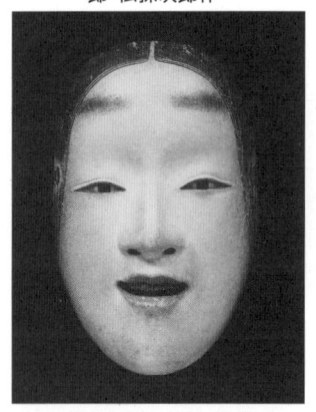

図3-7　右：国宝　短刀　無銘貞宗　名物徳善院貞宗
　　　　左：国宝　短刀　無銘正宗　名物日向正宗

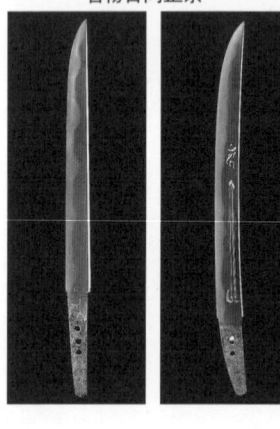

［2］コンテンツとして貢献する文化施設（三井グループとしてのメセナ事業）

ところで、営利的な側面からみると、美術館は、それ自体としては決して収益性を望める施設とはいえない。また、それを望むような性格のものでもないといえる。しかし、長い歴史によって培われた文化は、経済的な尺度では測れない価値をもって人を魅了する力を秘めている。

これは逆にいうと、いくら投資したところで、一朝一夕に文化というものは創りあげることができないということである。

日本橋には、江戸時代からの長い歴史があり、固有の文化がある。この日本橋という土地の記憶を継承する「三井記念美術館」は、文化の発信施設として街のシンボルになるとともに、人を呼び寄せる効果を発揮する。この集客力は副次的に街への経済効果をもたらし、結果として街の魅力を高め、街全体のポテンシャル向上に貢献することになると考えられる。文化と経済、この相反するように思

える概念は、実は長期的な視野で考えると極めて緊密につながってくるものだとわかる。日本橋地区再生の街づくりを推進するためのコンテンツとしての「三井記念美術館」は、文化を継承する象徴としての存在意義に加え、その経済的な波及効果も大きいと考え、三井不動産は三井本館という場所を用意し、三井グループ各社に働きかけて開館に踏み切ったのである。

　このような観点から、企業の文化や芸術に対する支援活動は、必ずしも非経済的な面だけでなく、直接的な経済性についても考慮する必要があると考える。運営面でも、支援企業の営業的使用に極力配慮し、各社のVIP等の時間外来訪にも対応できるよう体制づくりを行っている。

　さらに、長い歴史の中で培われてきた文化を支援する活動は、決して一時的、短期的なものでは効果はない。地域社会の文化の振興のため、あるいは文化全般を振興するために、企業は長いスパンで支援を続けていくことが求められる。

　この点からは、単独企業ではなく三井グループとして支援する仕組みが意味を持つことになると考える。個別企業をとりまく環境変化のリスクが社会貢献費用の削減というかたちで直撃することを、グループでヘッジすることで避けることができるからだ。もちろん、現在の三井グループは戦前の財閥のようなコンツェルンではなく、「同根」ゆえの人的つながりをベースにしたゆるやかな企業グループだが、だからこそグループのシンボルとしての社会貢献施設はグループとしてのつながりを確認できるものでもある。より歴史の長い三井記念病院も同様の施設である。

4. 三井記念美術館の運営

[1] 運営と組織

　「三井記念美術館」が開設された三井本館は、昭和初期の代表的洋風建築として、1998年に国の重要文化財の指定を受けている。この重厚・壮麗な魅力を備えた三井本館の7階フロア全体を美術館として改装し（図4-1）、展示室1・2では本館創建当時の内装を生かして品位ある鑑賞空間を創出している。洋風建築のなかに、日本・東洋の美術品を展示することにより、伝統的な「造形の美」の再発見の機会を提供している。また、展示室3では、三井家縁の国宝茶室「如

庵」の室内を精巧に再現した展示ケースを配置し、茶道具の取り合わせによる「用の美」を楽しめるようになっている。展示室4・5・7には、重厚な本館のイメージを継承しながらも、最先端の現代的な壁面ケースを配している。展示室6はミニギャラリー的な性格を持ち、所蔵する国内外の切手や浮世絵版画などを展示している。

　この施設は、財団法人三井文庫の美術館部門事業として運営されている。三井文庫は、社会経済史史料の保存・公開、調査研究を行う史料館（本館）と、美術品の保存・公開、調査研究を行う「三井記念美術館」（別館）からなる非営利の研究機関で、その起源は20世紀初頭にまで遡る、歴史ある施設である。

図4-1　美術館として改装された7階フロア（写真は展示室2）

図4-2　三井本館7階フロア見取り図

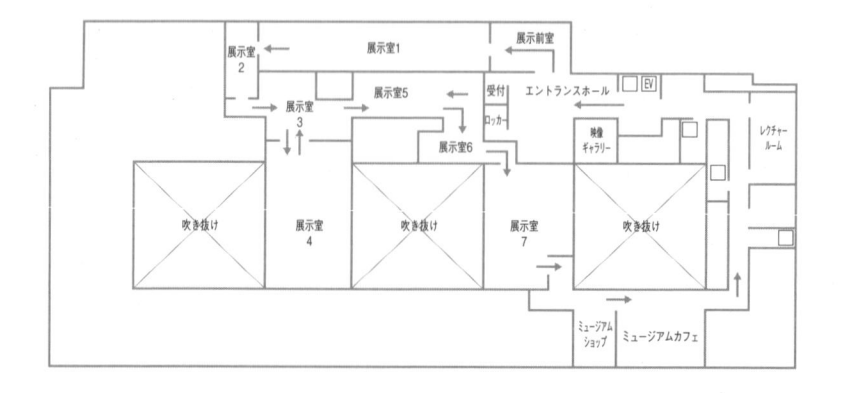

1965年（昭和40年）に財団法人として新たに発足して以来、特に公益に資するものとして文部科学省から特定公益増進法人の認定を受けている。

現在、三井文庫の運営は賛助会社49社（2009年9月現在）からの寄付によって支えられているが（表4-1）、「三井記念美術館」においては永続的な運営を前提に、入館料をはじめ企画展の開催など、ある程度自立できる美術館としての運営を念頭に置いている。

陣容は文庫長1名、三井記念美術館館長1名をはじめとする19名が、本館及び「三井記念美術館」の在勤者として業務にあたっている（表4-2）。

［2］展覧会の開催と教育普及活動

「三井記念美術館」では、所蔵品を軸に年に数回の企画展を開催している（表4-3）。

表4-1　三井文庫賛助会社一覧（2009年9月1日現在）

株式会社IHI	三井金属鉱業株式会社
エームサービス株式会社	三井情報株式会社
王子製紙株式会社	三井住友海上火災保険株式会社
株式会社カネカ	三井住友カード株式会社
三機工業株式会社	株式会社三井住友銀行
ＪＡ三井リース株式会社	三井住友建設株式会社
株式会社商船三井	三井住友ファイナンス＆リース株式会社
昭和飛行機工業株式会社	三井製糖株式会社
新日本空調株式会社	三井生命保険株式会社
太平洋セメント株式会社	三井石油株式会社
ダイセル化学工業株式会社	三井石油開発株式会社
大和証券エスエムビーシー株式会社	三井倉庫株式会社
中央三井トラスト・ホールディングス株式会社	三井造船株式会社
電気化学工業株式会社	三井不動産株式会社
株式会社東京放送ホールディングス	三井不動産住宅サービス株式会社
株式会社東芝	三井不動産住宅リース株式会社
東レ株式会社	三井不動産販売株式会社
トヨタ自動車株式会社	三井不動産ビルマネジメント株式会社
株式会社日本製鋼所	三井不動産レジデンシャル株式会社
日本製紙株式会社	三井物産株式会社
日本製粉株式会社	三井ホーム株式会社
日本ユニシス株式会社	株式会社三井三池製作所
ファースト・ファシリティーズ株式会社	株式会社三越
富士フィルムホールディングス株式会社	ららぽーとマネジメント株式会社
三井化学株式会社	

表4-2 三井文庫在勤者（2009年3月31日現在）

文庫長（常務理事）	1名
事務局長	1名
研究員	2名
研究助手	1名
司書	2名
事務局員	2名
三井記念美術館館長（理事）	1名
三井記念美術館参事	1名
学芸員	3名
三井記念美術館運営部	5名
計	19名

そこでは企画のテーマに沿った美術品を所蔵しているほかの美術館へ貸し出しの協力を依頼するなど、展示会をより充実したものにする工夫を行い、また「三井記念美術館」からの貸し出しも行うことで、美術品の「相互乗り入れ」を積極的に行っている。

このほか「三井記念美術館」では、教育機関との交流促進を図るため、教職員対象の見学会、研修会及び申請を受けた小学校等への出張講座を実施するなど、教育普及活動も行っている。また、展覧会の理解を促すためのワークシート、小冊子等の学習教材の作成・配布、さらには美術の面白さ楽しさを家族で体験するワークショップの実施、大学の博物館学講座との連携、一般の各種団体等へのレクチャーなど、年間を通して積極的に教育普及活動を展開している。所蔵されている美術品の研究が今後より本格化し新たな歴史的発見も期待され、また新規寄贈品も増えていくことが予想されているなかで、美術館としての充実を図るとともに、このような教育普及活動もより広がりのあるものへと発展させていきたいと考えている。

5. おわりに

以上、述べてきたように、三井グループにとっての「三井記念美術館」は、ステークホルダーや社会からの「グッドウィル」の確保を目的とする企業フィランソロピー的な側面にとどまらず、またそれを安定的に継続するためにも、企業本来の経営理念に沿った経済性の視点も包含した企業行動の事例といえるのではないだろうか。

東京都が制定した重要文化財特別型特定街区制度の第1号認定を受けて誕生した「三井記念美術館」の永続的な支援は、今後の都市部の再開発を牽引する先行例となって、将来各地で文化を中心とした都市再生が進むものと確信している。

表4-3　展覧会一覧（2009年2月現在）

【平成17年度】
開館記念特別展Ⅰ　「美の伝統　三井家伝世の名宝」（2005.10.8～12.25）
開館記念特別展Ⅱ　「日本橋絵巻」（2006.1.7～2.12）
企画展「三井家のおひなさま」　開館記念特別展示「江戸老舗所蔵の名品」（2006.2.21～4.2）

【平成18年度】
企画展「京焼の名工～永楽保全・和全～」（2006.4.11～7.2）
企画展・美術の遊びとこころ
美術のなかの「写（うつし）」― 技とかたちの継承（2006.7.11～9.3）
開館一周年記念特別展　「赤と黒の芸術　楽茶碗」（2006.9.16～11.12）
特別展　今輝く、中国古典美術の遺宝　「敦煌経と中国仏教美術」（2006.11.18～12.17）
企画展「新春の寿ぎ」― 国宝 雪松図・卯花墻を中心に ―（2007.1.4～1.31）
企画展「三井家のおひなさま」　特別展示「丸平文庫の京人形」（2007.2.10～4.8）

【平成19年度】
企画展　拓本の世界　― 3館所善本碑帖展 ―
「中国五千年　漢字の姿［フォルム］
三井聴氷閣（ていひょうかく）名帖の全貌（2007.4.21～7.1）
企画展　美術の遊びとこころ　「旅」（2007.7.14～9.30）
特別展「美の求道者　安宅英一の眼　― 安宅コレクション」（2007.10.13～12.16）
企画展「国宝 雪松図と近世絵画」（2007.12.23～2008.1.31）
企画展「三井家のおひなさま」
特別展示「丸平文庫蔵　京（みやこ）の人形あそび」（2008.2.9～4.6）

【平成20年度】
企画展　― 数奇の玉手箱 ― 三井家の茶箱と茶籠（2008.4.16～6.29）
特別展 美術の遊びとこころⅢ
NIPPONの夏 ― 応挙・歌麿・北斎から「きもの」まで ―（2008.7.12～9.15）
特別展　茶人のまなざし「森川如春庵の世界」（2008.10.4～11.30）
金剛宗家伝来能面54面の重要文化財新指定記念
寿ぎと幽玄の美　国宝雪松図と能面（2008.12.10～2009.1.24）
三井家のおひなさま
特別展示「きもの ― 明治のシック・大正のロマン・昭和のモダン」（2009.2.4～4.5）

【平成21年度】
三井家伝来　茶の湯の名品（2009.4.15～6.28）
特別展　知られざるタオの世界
「道教の美術　TAOISM ART」― 道教の神々と星の信仰 ―（2009.7.11～9.6）
慶應義塾創立150年記念
「夢と追憶の江戸」― 高橋誠一郎浮世絵コレクション名品展 ―（2009.9.19～11.23）
特別展　江戸の粋・明治の技　柴田是真の漆×絵（2009.12.5～2010.2.7）

Chapter—4

舞台芸術にとって
メセナとは

―公共文化ホールのファンドレイズ―

高萩 宏 TAKAHAGI Hiroshi

1. はじめに

　公共ホールの運営に携わるものに、2003年に改定施行された指定管理者制度は様々な新しい課題を与えた。ここでは、その中で特に、公共ホールの運営にあたっての外部資金の導入について考えていく。

　公共ホールへの指定管理者制度の導入効果として、まずは効率化があげられる。しかし、文化芸術活動は学校とか実験室の活動に似ていて、あまり「効率的」（少ない投資で最大の効果をあげる）という概念がない。公共ホールの場合、設置自治体よりの限りある資金提供を使って「効率的」に事業を進めようとすれば、まずは事業の縮小再生産が想定されてしまう。そこで、地域の文化芸術活動の拡大・活性化を図るために、外部資金の導入が必要になる。地域の公共ホール自身が、建った時点で地域の資源であるのだから、その資源を使って新たな資金導入を考えてみたい。

2. ファンドレイジングを始めよう

　公共ホールへの外部資金の導入には、いくつか方法がある。施設の一部で営利事業を行う、施設の一部を広告塔として使うなど、設置場所によっては有効な方法もあるだろうが、ここでは、文化芸術施設であることを使った資金導入を考える。

文化芸術活動の資金を、設置自治体・享受者以外の第三者から調達することをファンドレイズと呼ぶ。慈善団体・政治団体の第三者からの資金調達と同じだ。公共ホールのファンドレイジングに取りかかる準備は、自分が運営に携わっている施設の現状を様々な角度から検討してみるところから始める。事業数、事業規模、事業内容、参加人数、収支など全体像を把握したら、それが文化芸術施設として所期の目的を達成するために、その建築費・維持管理費に見合っているのかを自らに問い直す。

　そもそも、その施設は「公共事業として建物を建設すること」や、「立派な施設として見せびらかすこと」が目的ではなかったはずだ。公共の文化芸術施設として、「創造性の豊かな社会づくり」に役立ち、「地域の経済に貢献すべき」役割を担って誕生したはずだ。それなら、それに相応しい内容・規模の事業を設置自治体の担当部局に提案し、それに対して十分な予算を確保して指定管理させてもらうのが本来の手続きだ。

　もちろん、その前にそういった活動を維持するのに、どれだけの予算が必要なのか、支出の見直しを行い、適正予算の作成・執行が行われているかのチェックも求められる。すべての支出項目・金額について財政部局を納得させられなければ予算を確保することはできないからだ。ちなみに、必要な支出であれば何も恐れることはない。例えば公共文化施設において、一般的に宣伝費が多いというのはよく指摘される。しかし、ほかの公共事業の宣伝と異なり、チケットを売るビジネスを行っている以上、一定の宣伝費は不可欠である。また、芸術家の人件費のように基準がないものについても、相場を把握しその芸術家の年間総収入を参考に拘束期間によって妥当な人件費を割り出すなど、支払額の根拠を示して説得することも必要である。

　しかし、ほとんどの場合、設置自治体が公共ホールの本来の活動に見合った十分な予算を準備できることはない。営業収入を増やすべく入場料・参加料・貸し館収入を上げるにも限度がある。そこで、予算に合わせて事業規模を小さくするのではなく、外部から資金を調達して当初の目的を達成しようというのがファンドレイジングなのである。

　したがって、担当者としては、どういうところが資金提供してくれる可能性があるのかという情報を収集し、その資金提供先がどうすれば資金を提供して

くれるのかという戦略を考え、あるときは企画をつくり、あるときはなぜ資金を提供すべきなのかの根拠を示し、説得することが必要となる。ちなみにこうしたファンドレイジングを含め、芸術文化団体・施設の経営を行うこと、及び、そのための研究を「アーツ・マネジメント」という。

現在、公立文化施設におけるアーツ・マネジメントの重要性が指摘されているが、その主な内容は、

「芸術活動と社会の出会い方を様々にアレンジすること」
「芸術団体・芸術施設のよりよい運営について研究・実践すること」
「芸術を公的資源としてとらえ、その社会的活用を多角化していくこと」
「芸術活動の活性化のための資金を様々な形で確保していくこと」
「芸術団体や芸術施設の価値を社会的に、教育的に、経済的にわかりやすく説明すること」

とされている。なお、作品を創作するプロデュースについてはアーティストとプロデューサーの業務として別に扱うのが一般的である。

[1] 外部資金を集める根拠

外部からの資金提供という場合、共同で事業を行う共催者を見つけて必要な費用をシェアするという場合もあれば、冠スポンサーを探して協賛金を得るという場合もあるが、まずは助成金・補助金について考えてみたい。助成金・補助金とは、支出の不足を補うため、あるいはある事業・活動を行うために何らかの援助団体・機関や官公庁のプログラムに則って得られる援助金のことで、1990年の芸術文化振興基金の設立に始まる中央政府の文化芸術政策の大転換の後、文化庁、芸術文化振興基金、財団法人地域創造など、国レベルで配られている助成金・補助金の額はそれ以前の10倍を超えている。

では、そもそもなぜ文化芸術施設の事業はこうした助成金を受けることができるのだろうか。芸術活動について考えるとき、「誰が、誰のために、誰の負担で」行うのかということに立ち返って考える必要がある。かつては、貴族など一部の権力者や富裕層などによって庇護され、享受されてきた芸術活動は、20世紀には誰もが創作者にも観客にもなれる、一般大衆のものになった。みんなが享受できる可能性があるなら、こうした芸術活動にかかる費用を直接的な

受益者である観客だけが負担するということではなくなる。「民主的な手続きに則って公共の負担を求めることができる」と考えられるようになってきた。だから、公共の取り組みとして芸術活動が行われ、税金から助成金や補助金を得ることもできるわけだ。

その理由は、

「芸術のある生活は、活動している当人だけでなく社会全体に良い影響を及ぼす」

「芸術活動が活性化すれば、それを鑑賞するために人が集まり、アーティストばかりでなく技術者・サービススタッフなどの雇用が生まれる」

「芸術は社会の創造力を養う」

「芸術活動は決して一部の専門的な人の営みでなく、社会全体とまた将来の社会の仕組みと深く結びついている」

などと説明されている。少し難しい言い方をすると、つまり芸術活動は単なる私的財と区別され、公的な援助を必要とする公共財的な性格を多く併せ持つ混合財であるからだ。これについては『新訂　アーツ・マネジメント概論』(水曜社) の第三章「アーツ・マネジメントへの経済学からのアプローチ」に詳しい。ちなみにその中で片山泰輔は、芸術活動に公共による援助が必要な理由として、

「文化遺産説」

「国民的威信説」

「地域経済波及説」

「一般教養説」

「社会批判機能説」

「イノベーション説」

「オプション価値説」

の七つをあげている。

[2] 芸術活動への資金提供先 (助成元)

芸術活動に対して助成プログラムをもっている助成先については、財団法人助成財団センターのデータベースで情報を入手することができる[1]ので参考にしていただきたい。

このどこか一つからでも補助金・助成金を獲得するのは、大変な仕事であるが、公共・民間の助成団体の助成プログラムには申請書のフォーマットがある。ただし、良い結果を出せるかどうかは別の問題だが。いずれにしても、まずは相手がどこに採用のポイントを置いているかを読み取りつつ、ガイダンスに沿ってきちんと書類を作ることからはじめよう。読みやすい構成に心がけ、申請書の中にキラリと光るアイデアがあればなお良い。

　フォーマットがないものはその分難しくなる。その点で、メセナ協議会の認定を受けるための申請書が参考になるので一度目を通しておくことをお薦めする[2]。なお、企業メセナについては後半で詳しく紹介する。いずれにしても、ファンドレイズにあたっては、当該事業の予算はいくら不足しているのか、外部資金はいくら必要なのか、お金が集まった場合どうなるのか、逆に集まらなかった場合どうなるのか。この点もあらかじめ考えておかなければならない。

　事業内容を決め、欲しい額を決め、依頼先を決め、そしてお金を負担してもらえる根拠を見つける。ファンドレイジングの第一歩はそこから始まる。

[3] 民間資金の導入

　公共文化施設の公共は決して「税金で建てました」とか「税金で運営します」という意味でなく、「地域のみんなのもの」という意味である。「地域」をどの広さで捉えているかは難しいが、公共文化施設の存在意義は、地域のみんなに役に立つか、喜ばれる活動をしているか、にあるべきで、その運営に関しては、「地域のみんなで支える」のが正しい。「地域のみんな」とは、地域の自治体だけでなく企業や、商店街、お店、住民組合、個人であり、扱うテーマによっては、さらに広い国とか地球規模までも地域と想定できる。

　目の前の事業を、縦から横から斜めからと検討して、広告媒体としての価値、寄付の対象としての可能性を考える。予想する観客対象と考えられる人々へ何らかの告知することに価値を感じる人がいそうな場合、広告媒体としての価値も少しはあるかもしれない。例えば、コンサートなら地元の楽器屋さん、展覧会なら画材関係、ダンスなら衣装関係のお店、演劇なら本屋さん。寄付となるともう少し対象が広がって、芸術愛好家すべてに可能性が出てくる。

　どちらにしても、広告はどの大きさでどのように載せられるのか、名前の告

知はチラシ、ポスター、地域内広報紙まで載せられるのか、当日のパンフレット、施設内へ掲出できる場所はすべて考えて、広告または寄付の募集の案内を作成する。招待券や割引優待までをつけてもよい。広告なら、スペースにもよるが、一件最低5万円全体で10万円以上を目標としたい。見返りを求めない寄付なら一件最低1万円全体でやはり10万円以上を目標としたい。できれば事業の6カ月前、最低でも3カ月前までに案内を関係各所に配る。もちろん、可能性の高いところには、自分で行って説明する。事業の趣旨、何でお金集めを始めたのか、集まったお金の使い道、などを書いた案内が必要だ。といっても、それらの媒体が完全に広告価値として成立する場合は極少ないと考えられるので、文化芸術事業への広告の場合は基本的には寄付と同じ地域メセナだと思って対応した方がよい。地域の芸術活動に関心を持っている企業やお店、個人との会話からすべてが始まる。

かつて、企業の冠公演が流行ったころ、舞台芸術の公演に関しての情報の広がりとしては、実際に来る人の10倍の人が行ってみようと思い、その10倍の人が公演の存在を知っていると言われていたから、仮に500人を集める公演なら5,000人が行こうと思い、5万人に知らさなければならない、ということになる。実際の動員予定だけでなくどれくらい広く告知活動をするか、広告を出稿してもらうなら、そのくらいのセールストークは必要かもしれない。

自治体の直営の施設では、その事業に関わる広告や寄付の収入でも、直接その事業では使うことはできない。いわゆる「支出予算」という状態で、いくら外部資金を導入しても、当該事業の予算の拡大には繋がらない。その場合は、広告費の一部を肩代わりしてもらうことで、いつもより大掛かりな広告を展開するとか、シニア向けの入場料の半分を肩代わりしてもらうことを約束してもらうことで、シニア割引を実施する、などの工夫が必要だ。要は、事業を拡大するために収入を増やす。そのために、客の数を増やすのか、単価を上げるのか、または、膨れ上がる支出を抑えるために、一部のものを寄付してもらうとか、割り引いてもらうとか、具体的に目標を定めてそれを実現するため柔軟に思考することである。

［4］企業メセナ

　企業が本来の営利の追及でなく文化芸術活動を支援するのは、企業も社会を構成する一員として、現代社会が抱えている問題に企業市民（コーポレート・シチズン）として積極的に取り組み、問題解決に貢献する義務があるとする考えからだ。これは、文化芸術活動が盛んになることにより、社会が創造性のある活力のある状態を保つことが企業の経済的な発展も保障するという論理に基づいている。

　企業の文化芸術の支援方法を考えてみると、単に資金を援助するだけでなく企業のもつ様々な資源を文化芸術活動に役立てる方法が考えられる。

　「文化芸術活動に役立つノウハウを持った人材の提供」
　「社内ボランティアの活動を推進する」
　「一時的に企業活動に使用しないスペースの提供」
　「既に持っている媒体による芸術文化の普及」
　「自社媒体を使った広報活動への協力」
　など、数えあげればきりがない。

［5］個人からの寄付

　個人からの寄付について、キリスト教の普及している西洋と異なり、日本人は個人寄付になじみがないとも言われているが、赤い羽根募金、歳末助け合いなど、大きな寄付金を個人から集めている活動もある。芸術活動一般でなく、子どもへの芸術普及、障害のある人の芸術鑑賞援助、シニア向け芸術活動など、特定分野に絞った大掛かりな芸術活動への寄付集めキャンペーンを考えることなども、アーツ・マネジメント関係者の次の仕事かもしれない。

［6］いくつかの分類

　民間企業・個人で広告費・協賛金として芸術活動に何かを提供する場合について、いくつかの分類を示してみる。

　　・企業側からみたお金の出し方での分類
　　　広告協賛、ネーミングライツ、冠公演、チラシ・パンフレットへの広告出稿、SP協力等

　　　　　オフィシャル・スポンサー（参加型スポンサー）
　　寄付
　　　　企業会員
　　　　個人会員

・ものの提供による協力
　　現物提供：移動手段（飛行機、船）、宿泊、衣装
　　場所の提供：稽古場、公演場所
　　紙面・電波の提供：新聞社、放送会社
　　共催：パートナーシップ型のものもあり

・企業の性格での分類
　　地元に本社のある企業
　　地元が創業地である企業
　　創業者の出身地
　　工場がある企業
　　主力商品の販売のモデルケースとなる地方

・商品による分類
　　嗜好品：酒、ビール、
　　贅沢品：香水、バッグ、服、花
　　サービス業：販売、流通、
　　公共系事業：電力、ガス、通信

[7] 企業メセナの受け方
　事業担当者が企業の支援を求めるには、いくつか段階がある。以下、順を追ってみていく。

①企画書と予算書を作成する
　　支援を求めようとする活動の概要を言葉にする作業から始める。社会性が

あり、企業の支援を要請するに足る活動であることがポイントである。芸術文化の普及を目指す活動、教育的な要素を含む活動、国際文化交流への貢献、その分野での実験的、先駆的な活動など自分の活動をまず印象づける必要がある。さらに、全体の予算を作成し、収入の見込み、支出の予定を作ることで、事業の実現性をアピールするとともに、どの部分を支援して欲しいかを明確にする。

②企業のメセナの方針を知る

　まずはメセナの実績があるか？　どの分野の芸術に興味を持っているか？　芸術の先駆的な活動を重視しているのか？　芸術活動の子どもへの普及に興味を持っているのかなど。さらに依頼する企業を定めたら過去の実績を調べてそれに合わせて企画書のポイントを修正することも大事である。相手先にメセナの実績がなくても、企業文化、企業としての歴史的な展開など、企画事業と関係を作れる糸口を見つけることも工夫が必要。

③企業の窓口を知る

　メセナ活動を行っている企業の場合、専門の部署を持っているか、広報または総務の一部がメセナの窓口を行っている。メセナという言葉もだいぶ一般化してきているので、どこがメセナの窓口かをみつけるのはそれほど難しくはない。実績のない企業の場合は、取締役クラスの趣味から調べて、話を聞いてもらえそうな人に持ち込むか、地域向けの窓口をしている部署を何度でも訪ねて、話を聞いてもらうところから出発するしかない。

④企業を訪問する

　窓口がわかったら、連絡して趣旨を説明する。先に企画書を郵送して欲しいという場合もあるが、とにかく面談の日程を決めて訪問する。企業の担当者は必ず、「何故、我が社に支援を求めるのか？」を尋ねるので、明確な答えを用意しておく。企業メセナは、決して宣伝行為ではないので、事業の社会性を訴えると同時に、その社会性が企業イメージと合うことが大事なポイントになる。

⑤支援額について

　収支予定の差が支援額の希望額となるが、これがあまり大きいと事業の実現性に疑問が出てくるし、あまり小さいと自己努力で解決しそうにみえる。企業のメセナ活動の実績を調べていき、支援可能な額を見込むことは必要だし、複数社の支援を受ける形にしておくことも支援を受けやすくする。

⑥信頼関係を築く

　継続的な支援はお互いに望ましいので、実際の活動の際に見てもらう、参加してもらうことは重要だし、事業の反響まで含めた事後の報告、決算書の提出は欠かせない。信頼関係ができれば将来的に新しい活動を共同で開発することも考えられる。

3. おわりに

　公共文化施設の運営における「効率化」が「経費の節減」に向かい、それが「公共文化施設における雇用の不安定化」を招き、本来の公共文化施設が提供すべきサービスの低下を引き起こすことがないことを願う。指定管理者制度の改善については、文化政策の中で研究されるべきものと思うが、ここでは、広告であれ、メセナであれ、個人寄付であれ、とにかく、目の前の文化芸術活動へ、第三者からの資金を少しでも獲得する方法を考えてみた。

　年に1回の広告が通年になり、さらに大きな広告や、寄付につながっていけば素晴らしい。外部資金の導入、それは事業の社会性を担保するものでもあり、「公共」という名に恥じない文化施設になる第一歩である。

〈注〉
1) ㈶助成財団センターデータベース、http://www.jfc.or.jp/。
2) ㈳メセナ協議会ホームページ、http://www.mecenat.or.jp/。
本稿は財団法人地域創造レター No140、142　制作基礎知識シリーズ Vol.26 ファンドレイジング (1)、(2) をもとにしている。

Chapter—5

企業メセナは
音楽家を成長させる

―シリーズ「大好きな長崎へ音楽のプレゼント」(通算4回) とともに―

大室 晃子 OMURO Akiko

1. はじめに

　2006年9月に長崎で行われた演奏会「大好きな長崎へ音楽のプレゼント～大室晃子ピアノ・コンサート」は、長崎大学経済学部の菅家正瑞教授（経営管理論）の主導の下で発足した「企業メセナ研究会」によって行われた。この「企業メセナ研究会」は、「企業メセナの研究にあたって、その実態・内容を模擬体験することは今後の研究に有意義だろう[1]」という考えのもとに発足され、「大好きな長崎へ音楽のプレゼント－大室晃子ピアノ・コンサート－」は「企業メセナ研究会」の実験台として少しずつ改良を試みながらシリーズ化され、毎年秋に長崎ツアーのような形で続いてきた。駆け出しの演奏家である筆者にとっても大きな経験となり、演奏家とは「コンサートで演奏する人」というだけでなく、社会とどうかかわっていくことができるのか、そもそも演奏家というのはどんな使命を持つ職業なのか、ということを深く考えさせられる機会にもなった。

　この章では、通算4回のシリーズ、「大好きな長崎へ音楽のプレゼント」を振り返りながら、社会と音楽のかかわり、またメセナを受ける側の演奏家としての立場から、筆者の意見を詳しく述べたいと思う。そして、筆者が留学を含めほぼ6年にわたって住み、「クラシック音楽」「企業メセナ」の本場でもあるドイツで体験した「企業メセナ」による演奏会、そして社会における音楽のあり方などについても日本と比較しながら考察してみたい。

2.「大好きな長崎へ音楽のプレゼント」シリーズとともに

[1] シリーズ開催のきっかけ

　筆者は、日本で音楽の専門教育を受けた後、2002年3月からドイツの音大へ留学した。音大に伴奏助手として勤務しながら、2007年末まで拠点をヨーロッパにおいて音楽活動を行っていた中で、2006年の春頃、友人でもある日本人チェリストから、「今度帰国したら大分で演奏会があるから、伴奏してもらうことになるかもしれない」という話を受けた。それならば大分の演奏会の前後に、同じようなプログラムで近隣県である長崎でも演奏会を企画してもらえないだろうかと思い、思い切って知り合いである菅家教授に連絡をした。すぐに快諾の返事を得て、菅家教授とともに下準備にかかったが、諸事情から肝心の大分での演奏会の伴奏をする機会がなくなってしまった。残念な思いでその旨を菅家教授に伝えたところ、「せっかく乗りかかった船なのだし、ピアノ・ソロという形にして長崎で演奏会をやってみないか」という話になり、具体的な企画へと進んでいった。大学院を卒業後、日本国内ではあまり演奏活動は行っていなかったので、思ってもいない成り行きに驚くばかりであったが、もちろん喜んで菅家教授に計画して頂くことにした。

　菅家教授は、前々からご自身の研究テーマである「企業メセナ」の実践をぜひ長崎でやりたいと企図していたようである。東京では「企業メセナ」は当たり前のようになっているが、長崎は保守的な地域であることもあって、その言葉さえまだまだ浸透していないという。そこで菅家教授はこれを機会に長崎で、「企業メセナ」の典型ともいえる音楽の支援活動－企業が自ら社会によい音楽を提供すること、いい演奏家を発掘して世に送ることなど－について、筆者をいわば「実験台」としてやってみよう、と決意したと思われる。

[2] コンサートの経過
①第1回　2006年9月8日～10日[2)]

　「長崎でピアノ・ソロの演奏会を開く」ということが決まってから、菅家教授が作った演奏会の企画は、一週間近く長崎に滞在する「長崎ツアー」ともいえる大きな計画になった。この計画は、菅家教授の学生時代からの友人でもあ

るKAJIMOTO（旧梶本音楽事務所）顧問の佐藤正治氏[3]によるアドヴァイスに多くを得ている。佐藤氏は、ベネズエラのホセ・アントニオ・アブレウ博士（Dr. Jose Antonio Abreu, 1939-）の提唱した音楽による人材教育システム「エル・システマ」（el sistema）を日本に紹介した人物であり、この活動の「オーケストラ（音楽）は子どもを救う」という理念を実現すべく様々な演奏の企画も多数行っている[4]。菅家教授は佐藤氏の提案を取り入れ、アウトリーチ・コンサート－演奏会に行きたくても行かれない人や子どもたちのために、音楽家自らが出向いて、ナマの音楽を届けること（outreach concert）を施設や学校で行い、その後リサイタルをするという計画を立て、「大好きな長崎へ音楽のプレゼント」と名付けた。アウトリーチ・コンサートというのは、最近日本でもかなり浸透してきており、企業にスポンサーの依頼するとき、アウトリーチ・コンサートが含まれていると承諾を得られることが多いという。これは、やはり企業メセナの本質ともいえる「社会への還元」が最もわかりやすい形で表れるからであろう。今回の計画でも企業からのバックアップを期待したが、このような大がかりな企画が具体的に決まったのは2006年の初夏のことであり、この時点で企業の予算計画を9月のコンサートに向けて変更させることはほぼ不可能であると思われた。結局は、菅家教授が前出の佐藤氏らとともに結成した「企業メセナ研究会」が、企業から寄付金として集めた研究資金から支出するという形になり、いわば「アカデミック・メセナ」という形でこの企画が行われることになった。「大好きな長崎へ音楽のプレゼント」という演奏会のタイトルのとおり、チケット販売によって収入を得るのではなく、「企業メセナ研究会」から市民に無料で音楽を「プレゼント」することになったのである。

図2-1 「大好きな長崎へ音楽のプレゼント　大室晃子ピアノ・コンサート」チラシ

長崎滞在は1週間となり、最初の2日間を新聞社や教育委員会を回りインタビューを受けることや挨拶に費やした。4回にわたる演奏を3日間で、そして反省会を兼ねてもう1泊。

図2-2　平成18年9月9日付長崎新聞朝刊芸能欄

　また、これらの計画を新聞社にインタビューしてもらうことも決まった。インタビューを受けても実際にそれが記事となるのは大変なことだそうだが、地元の長崎新聞社は、筆者が作家の故遠藤周作氏のファンであること、そして遠藤氏の小説「沈黙」を読んで感動し、今回アウトリーチに「沈黙」の舞台となった長崎市「外海地区」を選んだということに興味を示して下さり、演奏会前日には新聞朝刊にカラー写真入りの大きな記事を掲載して頂いた。

　ところで「沈黙」の舞台である「外海地区」というのは、過疎化に悩み長崎市に合併されて「外海町」から「外海地区」になった自治体であり、地区に2つしかない小学校の一つ、黒崎東小学校は全校生徒が60人足らずの小さな小学校である。アウトリーチ・コンサートの会場となるこの小学校の体育館は、小学生だけでは広すぎるのではないかということで、小学校の裏山にある中学校の生徒も一緒も参加できることにした。その広い体育館の側面にアップライト・ピアノを置き、生徒たちには周囲を囲むように座らせて生演奏を聴いてもらうように配慮した。これは、ピアノを弾く姿を多くの子どもたちからよく見えるようにしたほうがいい、という佐藤氏の意見を取り入れたからである。

　いよいよ「大好きな長崎へ音楽のプレゼント」が始まり、初日にこの黒崎東小学校で実際にアウトリーチ・コンサートに臨んでみると、初めて大勢の子どもたちの前でトークを交えながらのアウトリーチ・コンサートは、とまどうば

Chapter-5　企業メセナは音楽家を成長させる —— 203

かりの大苦戦であった。ここ長崎の9月は連日30度をゆうに超えるほど蒸し暑い日が続くので、会場となった体育館を開け放さなくてはならず、音が拡散してしまう。自分の弾く音もよく聞こえず、演奏することに集中できない。また、演奏を聴くことに慣れ親しんでいないシーンと静まり返って聴く子どもたちに向けて、どうやって話しかけたらよいのかわからなくなってしまう。小学校1年生と中学校3年生では言葉の理解度も全く違う。一応「話すこと」は考えてきたつもりでも、現実を目の前に全く手ごたえが掴めなかった。そのうえ、ケーブルテレビのカメラがすぐ横に張り付いている。「これがテレビで流れるのか」と思うと、緊張のあまり早口になるし、何より弾いている横にレンズがあることが、慣れない筆者には気が散って仕方がない。様々な「予期しなかったこと」を処理しきれず、終わった後は自己嫌悪に陥った。それでも、屈託のない子どもたちの笑顔や好意的な感想に励まされ、次回機会があれば確実に修正しなくては、と強く思ったこのとき、演奏というのはどんな状況の中であれ、明確な目的を持って相手にしっかり伝えなければならない、ということをはっきりと意識した。

　もう一つのアウトリーチ・コンサートの会場である長崎大学医学部歯学部附属病院でのコンサートでも、環境は変わっても苦戦は変わらなかった。長崎の地元テレビ局のカメラが、今度は弾いているときの表情を狙う。そして、病院のロビーでは出入りも多く、様々な雑音や声が聞こえる。その度に「演奏がつまらないのだろうか」と不安になってしまうし、患者さんの体調も気になる。時間を気にしながらの演奏というのも、普段は経験しないことである。しかしながら、苦戦したこのアウトリーチ・コンサートが放映されたことによって美術館コンサート、最終日のリサイタルに興味を持ってくれる人が多くなったことには驚かされた（アンケート集計による）。美術館では立ち見がでるほどの盛況、続く旧香港上海銀行記念館ホールでの本格的なリサイタルも

図2-3　黒崎東小学校でのアウトリーチ・コンサート風景

ほぼ満席のうちに終わり、今度このような機会があればぜひ今回の反省を生かしたいと思っていたところに、菅家教授から「来年もやりましょう」という話を受け、決意も新たに第2回に臨むことになった。

②第2回　2007年10月2日～5日[5]
「バッハとメンデルスゾーン－ライプツィッヒを愛した音楽家たち」
　2007年6月に筆者はドイツでの学生生活を終えた。その後もヨーロッパを中心に演奏活動を続けていたが、第2回目は、6年近くのドイツ生活を経ていよいよ日本への完全帰国を考えている中での準備となった。今回は菅家教授の提案で、元日本フィルハーモニー首席チェロ奏者であった奈切敏郎氏[6]と、「企業メセナ研究会」にも所属する長崎大学准教授の加納暁子氏（ヴァイオリン）[7]との共演という形で計画を進めることになった。菅家教授は、地元企業単独による「企業メセナ」として実施するため、有力な地元企業に働きかけたが、結局受け手は見つからなかった。その理由は様々であるが、一番にあげられるのは長崎の経済状況が依然停滞気味であること、そして「企業メセナ」について企業側の理解があまり進んでいないこと、などがあげられるということであった。それでも、メイン・スポンサーとして野村證券長崎支店と、地元企業と事業所の協力が得られた。野村證券に、顧客へダイレクト・メールなどで宣伝をして頂けたのはありがたいことであった。
　選曲はすべて筆者に任せて頂き、ピアノ・トリオでの演奏は、以前から弾いてみたかったメンデルスゾーン（J. L. F. Mendelssohn B., 1809-1847）の第1番作品49を中心にして他を選曲し、そこからふさわしいテーマを決めた。テーマを決めようと思ったのは、前回の反省を生かして演奏会に明確な意図を持たせようとしたからである。
　ところで、この第2回の準備をしていた時期に、筆者は旧東ドイツの街ゲルリッツ（Görlitz）で演奏する機会があった[8]。以来ゲルリッツ近郊の街であるドレスデン（Dresden）やライプツィッヒ（Leipzig）を代表とするザクセン（Sachsen）州の魅力にすっかり虜になってしまい、第2回でメンデルスゾーンをとり上げるならば、彼の敬愛した作曲家であるバッハ（J. S. Bach, 1685-1750）も演奏し、2人の作曲家と縁の深いザクセン州ライプツィッヒの魅力について触れられる

ようにしたいと考えた。そして、テーマを「バッハとメンデルスゾーン－ライプツィッヒを愛した音楽家たち－」と決定し、メインである最終日の演奏会では、前半は3人の演奏家がそれぞれバッハのソロ作品を弾き、後半は先に決まっていたメンデルスゾーンのピアノ・トリオを弾くというプログラムを組んだ。

　実際にツアーが始まって驚いたのは、アウトリーチ・コンサートで訪れた小学校の雰囲気である。前回は全校生徒60人足らずの小学校で、それぞれの子どもたちとの触れ合いも多かったのだが、今回は600人の福田小学校の訪問である。広い体育館が子どもたちでぎっしりと詰まっており、一番遠い子どもたちにも音が聞こえるだろうか、と少々不安になる。前回よりトークには気を遣ったのだがやはりコミュニケーションが取れている、という実感はあまりなかった。そして、街の中心にも出やすい小学校では、すでに演奏会に行ったことがある子どもも多く、前回のときのように子どもたちが目を輝かせて聴き入る状況とは少し違っていたように思う。訪れる学校によってずいぶん雰囲気が違うということは、この第2回以降続く学校訪問で常に実感することとなった。

　長崎大学医学部歯学部附属病院では、前回と同じ状況であったので、取り立てて問題はなかったように思う。演奏終了後の患者さんたちの笑顔に接し、またアンコールを期待する表情を見ることができたのは、演奏する側としても大きな充実感に包まれたものである。

　しかし、県美術館での演奏会、長崎大学の中部講堂での演奏会、そして旧香港上海銀行長崎支店跡記念館ホールでの演奏会では大きな問題が出た。この日程が全国的に有名な長崎のお祭りである「おくんち」の前行事（「庭先回り」という）の日にちと重なってしまい、ほとんど聴衆が来なかったのである。10月の長崎は「おくんち」の雰囲気一色であり、街をあげてのお祭りの日に演奏会に足を運ぼうという人はやはり少ない。ダイレクト・メールも「おくんち」の前には効果がほとんどなかったようである。また、前回集客に苦労しなかったこともあり、今回はケーブル・

図2-4　附属病院ロビーでの演奏風景

テレビ、新聞の宣伝もしないという姿勢で臨んだことも失敗であった。演奏内容はかなりの自信を持って臨んだので、アンケートによると聴きに来た人は満足だったようだが、演奏会の成功には集客というのが大きな役割を果たすということを痛感した。どんなにいい演奏をしようと、広い会場ががらがらでは寂しい雰囲気となってしまう。これは企画側の責任でもあるが、一つの演奏会を成功させるには、様々な「プロフェッショナル」がそれぞれの役割について責任を持って遂行しなくてはならない、ということを目のあたりにした思いだった。菅家教授も同じ思いを抱かれたということであり、次回はメディアの活用などもっと修正して臨みたいという意欲が出てきた。そのため第2回終了後に、来年も実施することと、この企画を菅家教授の定年までシリーズ化することが決まった。

今回の長崎滞在では、「大好きな長崎へ音楽のプレゼント」終了後も、個人的に外海の黒崎東小学校や菅家教授のご息女が通った幼稚園を訪れ、ボランティアでアウトリーチ・コンサートを行った。黒崎東小学校の樽美寛校長とは昨年以来、何度かメールのやりとりをしていたこと、また学校の子どもたちにドイツからクリスマス・カードを送るなど交流していたこともあって、今回は非公式に訪れたのだが、このような継続した交流というのは、たった一度の訪問に比べると、ずっと身近な気持ちになる。小学校の先生の協力があってこそだが、このように演奏家が気軽に行って演奏できるような環境は、子どもたちにとっても意義深いと思うし、また演奏する側にとっても、その土地で演奏した思い出がさらに深くなるいい機会だと思った。

③第3回　2008年11月5日〜7日「フランスのエスプリをあなたに[9]」

第3回目は、筆者が6年のドイツ生活に終止符を打ち日本に帰国し、母校である東京藝術大学に勤務しながら本格的に演奏家として歩み始めた時期に行った。前回に続き加納氏に共演をお願いし、「フランスのエスプリをあなたに」というテーマの下、フランスゆかりの作曲家、ドビュッシー（C. Debussy, 1862-1918）、ショパン（F. Chopin, 1810-1849）、フランク（C. Franck, 1822-1890）を中心にプログラムを組んでみた。

ドイツで生活している間に、パリには演奏会やレッスン、また友人を訪ねて

図2-5 長崎県美術館でのコンサート風景

図2-6 みのり園でのアウトリーチ・コンサートの様子

何度も訪れたが、その度に憧れを裏切らない、それ以上の粋な魅力に酔いしれた。そのような「粋＝エスプリ（esprit）」を長崎の皆様に演奏でお伝えしたいと願って準備を進め、今年初めて選んだ会場である長崎市北公民館施設「チトセピア・ホール」での本格的なコンサートのほかに、アウトリーチ・コンサートとして、福祉施設「みのり園」、時津北小学校、長崎大学附属病院の3カ所。そして、恒例の県美術館でのロビー・コンサートを含めた、計5回演奏することになった。

　福祉施設は、アウトリーチ・コンサートでは初めて訪れる所である。音楽に合わせて体をゆすったり、たまに喜びを表すために大声を出してしまったりする人がいると聞いていたが、実際に経験してみるとそれは特に気にならなかった。それよりも、資金難の福祉施設であるため、ピアノは全く調律されておらず、そのピアノを弾かなくてはならないということは、想像以上に大変なことだった。特に、今回のように共演者がいると、いい演奏になることはほぼ不可能である。2人で合わせて弾いても音が全く共鳴しないから、楽譜通りに演奏してもかなり聞きにくい響きができあがる。確かにピアノの調律には費用がかかるが、最低限これを守らないとせっかくの「ナマの演奏」でもいい効果が得られない。初めての福祉施設での演奏であり、聴き手からの反応に手ごたえを感じただけに、残念な思いが残る。

　続く時津北小学校は、前回の福田小学校と同じくかなり大きな小学校である。実はこの小学校は、先の黒崎東小学校におられた樽美寛校長の転任校で、事前

にコンセプトを理解してくださっており、お互いに信頼して臨むことができた。学校の入口に大きく「歓迎」の看板が出ていたことなど、心のこもった準備を感じるとやはり嬉しいものである。

　メインの演奏会に関しては、宣伝と集客の問題という前回の反省を生かして「おくんち」の日程を避けたこと、本格的なコンサートの前に行われたアウトリーチ・コンサートでのケーブル・テレビの収録や、長崎新聞から取材を受けたことも影響してか、最終日のチトセピアでの演奏会はたくさんの方々に聴いて頂くことができた。

　そして今回、何より大きく変わったことは、「特別招待券」の発行である。そもそもこの企画の主役は長崎の地元企業であり、それらの企業による「メセナ」であるのが本来の姿である。演奏には企業から報酬を戴き、市民に音楽を「プレゼントする」ということで無料の演奏会を行ってきたのである。しかし「無料」となると、「タダの演奏なら質が悪いかもしれない」、あるいは「行こうと思っていたけれど、今日はなんとなく行かなくてもいいかな」と、マイナスのイメージを持たれてしまうのではないかという危惧もあった。スポンサーとなる企業側も、お金を出してそれで終わり、という可能性も高く、そうなると「メセナ」の活動としては疑問が残る。そこで菅家教授が考えたのがこの「特別招待券」であり、この券を街のプレイガイドやホールに置き、チラシを見て興味を覚えた人は、自ら出向いて券を求めに行ってもらうようにする、あるいはスポンサーとなった企業にも配付し、独自にその使い道を考えてもらうようにした。「この特別招待券をどのように使えばよいのか」、と企業が主体的に考えることが「企業メセナ」のもう一つ大きな意義でもある。前回の反省にもあげたように、その演奏会が成功するかどうかは、もちろん演奏内容は言うまでもないことだが、演奏を企画する側の「集客」、当日の会場の雰囲気を良くすることも本当に大きな役割を果たす。

　実際、この「特別招待券」の存在が、今までのシリーズを大きく変え、方向性が見えてきたのは大きな収穫であった。

④第4回　2009年10月28日〜30日、12月19日「ドイツ3大Bを弾く[10]」
　第3回目の「特別招待券」発行から形が見え始めてきた「企業メセナ」演奏

会も、いよいよ最終回である。最終回には、例年のようにソロ・室内楽を中心とするプログラムを10月に行い、さらに締めくくりとして、12月に長崎大学管弦楽団との共演をする2本立てとなった。

①10月28日〜30日　ソロ・室内楽

　毎年行っているソロ・室内楽中心のプログラムでは、今回、様々な新しい試みを行った。菅家教授の紹介で、長崎出身で東京在住のヴァイオリニスト、松川裕子氏に共演をお願いした。お互いに東京に住んでいるため、演奏会に向けての練習はすべて事前に行うことができるのは、滞在費をなるべく抑える上でも大きな利点がある。そして、松川氏は高校までを長崎で過ごし、今もご両親が長崎在住である。そのためか特別招待券はずいぶん早い段階から出ている、という話を菅家教授から聞き、今年はさらにたくさんの人に聴いていただけるのではないか、という期待が膨らんだ。

　今回のテーマである「ドイツ3大B」とは、ドイツを代表する作曲家バッハ、ベートーヴェン（L. v. Beethoven, 1775-1827）、ブラームス（J. Brahms, 1833-1897）の頭文字がすべてBで始まることに由来する。今回のテーマはどちらかといえば、菅家教授の希望が強かったが、筆者としても6年住んだ国であるドイツの作曲家とどっぷり向き合うのもいいのではないかと思い決定した。曲選びは松川氏と相談しつつ、この3人の作曲家のヴァイオリンとピアノのための曲を演奏しようかとも考えたが、やはりソロと室内楽と両方あったほうが多様性に富み興味深く聴いてもらえるのではないか、という結論に至り、ピアノ・ソロで、ベートーヴェンのソナタの中でも傑作中の傑作である作品57の「熱情」ソナタを入れることにし、それ以外をヴァイオリンとの室内楽曲にした。

　アウトリーチ・コンサートは、「ドイツ3大B」にとらわれないプログラムを組むこととし、恒例の附属病院と、初体験である「離島」にある学校が2校、それから県立盲学校を回ることに決まった。それに加えて「ドイツ3大B」のプログラムを組む本格的な演奏会では、毎年行っている県美術館と慣れ親しんだ旧香港上海銀行長崎支店跡記念館ホールで実施できることが決まり、今年も盛りだくさんのツアーとなった。

　今回の演奏会は、長崎入りした日に新聞社で取材を受け[11]、そのまま附属病

院へ直行して演奏するという慌ただしい日程で幕が開けられた。ところで筆者は、この長崎入りをする前の週に、愛知県幸田町の「幸田町文化振興協会」が主催するアウトリーチ・コンサートを終えたばかりであった。幸田町では、トロンボーン奏者の加藤直明氏[13]とともに、町内全ての6つの小学校を同じ演奏プログラムで回ったのであるが、加藤氏の考えたプロフェッショナルなプログラム、そしてわかりやすいトークに刺激を受けたこともあり、ここ長崎でも例年に比べずいぶんとスムーズに演奏を運ぶことができたと思う。

次の日の朝はいよいよ離島へ。最近話題になっている軍艦島の近くに浮かぶ伊王島と高島へ向かった。まずは長崎港を出てから船で20分くらいの伊王島の小学校でのアウトリーチ・コンサート。全校生徒は20人未満とのことだが、中学校や地元のPTAの方々にも集まって頂き、60名ほどの聴衆を相手に45分のアウトリーチ・コンサートを行った。子どもたちに話しかけるときちんと答えを返してくれることで、コミュニケーションはうまくとれている実感があった。しかし、船の出港時間の関係で、コンサート開始時間ぎりぎりに到着し、そして終わってすぐ高島へ出発するという演奏するだけの滞在で、心の触れ合いなどが全くないことが残念であった。やはりアウトリーチ・コンサートの醍醐味というのは、演奏の後の子どもたちとの交流も重要なのではないかと思う。同じ目線で話したり会話をしたりすることによって、子どもたちの心にも演奏家のパーソナリティとともに、音楽が深く入っていくのではないだろうか。高島では今度は反対に、同じく船の出港時間の関係で滞在時間がたっぷりとあり、演奏が終わった後も交流の場が持てたこと、島を案内してもらう時間があったことで、お互いにしっかりと触れ合った実感があるのは嬉しいことだった。

さて、ここまでは非常に順調なコンサートが続いていたが、毎年恒例の美術館における演奏会は苦戦となった。美術館での演奏は、天井が高く気持ちの良い響きで、毎年とてもいい雰囲気の中でコンサートを終えることができたのだが、今回はまずプログラムに難があったように思う。

「ドイツ3大B」の最後の演奏会の縮小版として美術館で1時間ほど演奏したのだが、ロビー・コンサートにしてはプログラムが重すぎた。昨年、フランクのヴァイオリン・ソナタを全楽章演奏した経験があるので、ブラームスやベートーヴェンでも問題はないと思っていたが、やはりもうすこし聴きやすい曲を

挟んでも良かったのではないかと思う。重厚な響きが続く今回の曲は、天井が高く、奥行きもあるロビーには不向きであり、ちぐはぐな印象になってしまったことが残念である。集客に関しても、期待が大きすぎたのか、思っていたほどの成果が出ず、翌日の最終日の演奏会に不安材料が出てきてしまった。しかし、筆者が感じたのとは逆に、美術館が行ったアンケートの集計によると、回答者全員が満足しているという結果となり、救われた気持ちである。

　最後の本格的な演奏会の日は、企画段階から「最終日は演奏会に集中したい」と菅家教授に話していたのだが、連絡ミスからこの日の午前中に盲学校を回るハードなスケジュールとなってしまった。盲学校では、離島の学校でのプログラムと同じにするつもりだったが、さすがに夜の演奏会のことが不安ということもあって、急遽プログラムを変更し、リハーサルも兼ねて「ドイツ3大B」のみで演奏させてもらうことにした。ベートーヴェンの「熱情」ソナタもトークを挟みながら全楽章演奏し、よく知られているような曲や、アウトリーチ・コンサートにいつも演奏される曲は省いてみた。これはかなりの冒険であったが、結果的には思いがけない効果があったようにも思われる。最近流行りのアウトリーチ・コンサートというと、わかりやすい曲を演奏し、歌や手拍子で参加してもらいつつ「楽しく」コンサートを終えるものが主流となっているが、クラシック音楽というのは、そもそもその醍醐味として「とっつきにくいかも知れないけれど本当に深いもの、聴けば聴くほど心に響いてくるもの」ということがあげられると思う。特に、ピアノやヴァイオリンには、歴史の荒波をくぐって残ってきた名曲が本当に多い。それらを一心不乱に演奏する真剣な雰囲気というのを味わってもらうのも、一つのやり方ではないかと思う。盲学校では、ここの児童のほかにも知的障害の子どもたちにも参加してもらったが、彼らが最後のブラームスの演奏では引き込まれて聴いてくれているのがよくわかり、これからの活動へのヒントとなった。

　その夜の演奏会は、かつてないほどの盛況ぶりを見せた。会場は満席で、立ち見も大勢おり、やっとこのシリーズが根づいたことが実感できたこと、そしてドイツでまだ「学生時代」に始まったこのシリーズも、4回目。最終回にしてようやく、プロのピアニストとして歩き出したことを実感できる内容となったと思う。

図2-7　旧香港上海銀行長崎支店跡記念館ホールでの演奏会の様子(左)とそのプログラム(右)

②12月19日　ピアノ・コンチェルト

　ピアノ・コンチェルトは、当然ながらオーケストラとの共演であるため、まずは共演するオーケストラの確保が必要となる。候補にあがったのは、ともにアマチュア交響楽団であるが、セミ・プロでもある長崎交響楽団、そして長崎大学の学生オーケストラである長崎大学管弦楽団である。どちらのオーケストラも2009年12月に定期演奏会を開催する予定が決まっていたので、菅家教授は、「企業メセナ研究会」代表としてすでに2008年末あたりからまず長崎交響楽団と交渉を始めていた。「企業メセナ研究会」からの条件は「ドイツ3大B」のピアノ・コンチェルトをプログラムに入れることであり、オーケストラ側からの条件はチケットの負担など金銭面の条件であった。選択に公正を期すため「企業メセナ研究会」で用意していた金銭的条件は示さず、筆者のキャリアや演奏実績のみを提示した。しかし、残念ながら長崎交響楽団には採用されなかった。そこで、長崎大学管弦楽団との交渉に移り、最終的には、「ドイツ3大B」のピアノ・コンチェルトをプログラムに入れること、「企業メセナ研究会」が演奏料を負担する、すなわちオーケストラ側からのソリストへのギャランティーは不要、また「3大B」の演奏をすることに対し「企業メセナ研究会」がオーケストラへ演奏料を支払う、という条件で長崎大学管弦楽団との共演が決まり、「企業メセナ研究会」との共催という形に落ち着いた。そこから学生の代表とともに曲目を決めることになり、菅家教授をはじめとするこのシリーズ関係者の意見を取り入れ、やはりベートーヴェンの名曲、ピアノ・コンチェルト第5

図2-8 長崎大学管弦楽団（指揮：河地良智）とのピアノ・コンチェルトの様子

図2-9 平成21年11月11日付長崎新聞

番作品73「皇帝」が一番いい選択ではないか、ということになった。

　10月のソロ・室内楽の演奏会のとき、今回のコンチェルトまでの予定を含む「ドイツ3大B」コンサートについて長崎新聞社から細やかな取材を受け、11月中旬に第一回のときと同様に大きく新聞に掲載してもらったため、掲載日以降、従来とは違って菅家教授のもとに幾つかの問い合わせがあった。メセナ研究会主催のシリーズ演奏会では「特別招待券」があれば無料で入場できるが、長崎大学管弦楽団の定期演奏会では入場料が必要である。そこで、長崎大学管弦楽団から「特別招待券」を発行してもらい、メセナ研究会の「特別招待券」と交換することができる、という仕組みにした。

　10月のソロ・室内楽の演奏会が終わり、あとはコンチェルトを残すのみとなってから、「皇帝」の本格的な練習が始まった。アマチュアのオーケストラはプロとは違って、ピアノ演奏を交えたリハーサルを何度もしなくてはならないので、筆者も練習のため11月から2度ほど長崎を訪れた。指揮者の河地良智氏[12]の厳しい指導のもと、音楽演奏以外の職業を目指す学生たちの熱意溢れる音楽に感動しながら本番を迎え、無事シリーズを完結できた。

［3］シリーズを終えて

　演奏家は、練習の段階では作曲家や曲と深く向き合い、自分の能力や感性を総動員して、時に苦しみながら突き詰め、一定の時間をかけて演奏する曲を仕上げていく。しかし最終的には、やはり「伝える、つなげる」というコミュニケーションの役割を果たさなくてはならない。今回のシリーズを通して学んだことは、何よりもまず、長い年月にわたって遺された芸術作品を次の世代へ伝えていくこと、あるいはこれから遺っていくことになる作品を正しい形で伝えていくことなど、大変な自覚を持って演奏しなくてはいけないという責任感である。そして、演奏会場で舞台に立った以上は、聴衆とのコミュニケーションを図ることが最重要であるということも、このシリーズでの経験を通じて実感したことだ。日本での学生時代に、「大学」という芸術のアカデミックな教育機関で、作曲家の遺した作品を深く厳しく学ぶこと、そしてそれを理解し発表するという「研究」の機会はたくさんあったが、実際に舞台に立ち、舞台と客席のコミュニケーションを図る「演奏会」というのは、やはり家に籠って練習しているだけでは身につかず、自ら企画し、あるいは第三者に企画して頂き、舞台上での経験を積んで体得していくしか道はないように思う。

　そもそも、アカデミックな機関においては、「芸術作品」というのはそれ自体に崇高な「価値」があり、受け手である大衆はその「価値」によって自己啓発させられるし、「芸術家」はそのように大衆を導いていく存在という考えのもとに学ぶ。これは学問の世界とも共通すると思うが、大学の存在意義というのは、研究者が自分の全存在を賭けて課題に突き進み、新たな解釈や視点を発見し発表するところにあり、それを学生に伝えていくという教育の場でもある。したがって大学で音楽を学ぶということは、演奏に必要な楽器を操る能力の修得はもちろん、作品を紐解き、新しい発見をしてそれを発表するという作業が大部分を占める。そこでは「伝える」ための作業というより、作品への献身と、演奏する側に寸分の隙間もないほどの集中力や没頭することが求められ、「聴き手」の存在は忘れがちになるように思う。アカデミックな評価とは、同じ演奏家同士の集まる演奏会の「業績」によるものであるので、評価を得ていい演奏をしようと詰めていくことにのめり込んでいくと、どうしても自分と作品のことしか見えなくなってしまう。

しかし、音楽家というのは、舞台人でもある以上、演奏する場に出るには、同時に聴いてもらう人がいなくては成り立たない。そして、現在のように音楽もお茶の間に浸透し消費される時代になると、忙しい現代人が「演奏会場に足を運ぶ」ということは、人生を変えてしまうほどの強烈な体験を求める、ということや深い何かを求めるというよりは、彼らのそれぞれの人生の中で、美しい音楽を聴くことで癒されたり、華やかな曲から生きるエネルギーをもらったりしたいと望む人がほとんどである。もともと演奏家には、舞台に立った以上は演奏会に足を運んで頂いた人に喜んでもらいたい、という本能があり、求められていることに応じたいと願っているものである。しかし、現代のような進んだ資本主義社会にあっては作品も演奏家も「商品」として聴衆に「選んでもらう」ことになり、消費される一方の音楽が巷には溢れ返っていると、「選んでもらえる」演奏家であることが求められ、長い歴史をくぐりぬけてきた素晴らしいクラシック音楽も大衆迎合路線に走りすぎてしまう危険が高くなってしまう。「親しみやすい」ことと「迎合」とは、明確に違うものである。しかし、筆者が留学時代を含め生活していたドイツにおいては、国内において社会が音楽に期待する役割も大きく、音楽家は尊敬される職業であり、音楽の担い手も受け手ももっと自然な形で音楽とともにあったように思う。恵まれた環境の中で過ごした後、日本に帰国してからは、今述べたようなアカデミックな面と、その真っ向から対立するこの「商品」という面を同時にクリアしなければいけないことに悩み、模索する日々が続いている。そのような中で、今回の長崎のシリーズを経験したことは、その悩みを解くヒントになったと思うし、これからの時代に日本で音楽活動を続けていくうえで、大変参考になる機会であった。

3. ドイツにおける音楽の社会的役割

[１] 音楽が中心にある国[14]
　「ドイツ連邦共和国」について、日本との最も大きな違いを簡単に述べてみると、何よりもまず地方分権が国の隅々まで浸透していることがあげられるであろう。現在の「ドイツ」の元となったドイツ帝国は、1871年、ベルリンを中心とするプロイセン（Proissen）が中核となって形成された。プロイセンのほ

かに、ミュンヘンを中心とするバイエルンやドレスデンを中心とするザクセンなどの、それぞれ豊かな芸術文化を誇る小国が集まって創られた国である。成立後も、一枚岩の国家としてではなく上述の小国を基礎とした連邦制を採用し、各州が独自に文化と教育を振興し、またそれぞれが競い合っていた。このような歴史を脈々と受け継いできた現在ドイツにおける文化振興は、16の州とおよそ14,000の市町村が主体となる「文化分権主義」の立場にたって、公共サービスの一つとして展開されている。そして、音楽界においては、次の三つの柱が中心となっている。

　一つ目の柱としては、劇場に所属する音楽家の存在があげられる。現在、ドイツ国内には、15の「オペラ専用劇場」、約70のオペラ・バレエ・演劇の各部門を一つの劇場内に持つ「三部門劇場」、約50の演劇専用劇場があり、ほぼすべての劇場が専属ソリストを抱え、劇団、バレエ団、合唱団、オーケストラなどのアンサンブルを常備している。公演形態としては、年間を通じて数十種類の演目を日替わりで上演する「レパートリー・システム」を採用しており、夏の6週間にわたるシーズン・オフを除いてほぼ毎日公演があるので、一つの劇場の年間の公演回数は300回を超えることになる。

　次に二つ目の柱として、歌劇場に所属しないプロのオーケストラが約130団体存在する。なかでも州都では、州の放送局が持つオーケストラがあり、こちらは交響曲を中心にオーケストラのための曲目の演奏会が主である。放送局のオーケストラは、いわばその街の音楽の「顔」であり、オーケストラ・プレーヤーを目指す学生にとっては憧れのオーケストラでもある。

　もっと日常に根ざした音楽活動は、町の中心にある教会によって行われ、これが三つ目の柱となっている。ここではミサの度に讃美歌が歌われ、祝日にはオーケストラと合唱のための宗教曲が企画・上演される。教会には必ず「教会音楽師」（Kirchemusiker）がおり、彼らがその教会を取り仕切り、小さい町や村においては町や村全体の音楽界を取り仕切る。J. S. バッハも、日本では「作曲家」「オルガニスト」として有名だが、実際はこの「教会音楽師」であったのである。彼の残した膨大な作品のほとんどが、教会のミサ曲、また自分の子どもたちも含む教育のための鍵盤楽器曲、世俗的な宗教曲など実生活に根ざした音楽である。現在も教会音楽師は、オルガン演奏、即興演奏、合唱指揮な

ど様々な厳しい国家試験をクリアして、初めてそのポストが得られる職業である。実は筆者も、在独中に「代理」として一時「教会音楽師」を務めたことがある。ミサの伴奏のほか、合唱の指導、伴奏、そして慣れないオルガンと格闘しながら、幅広く教会音楽と接することができたことは、目から鱗が落ちるような素晴らしい経験であり、「ピアノ・ソロ」という筆者が今まで人生を賭けてきた分野が、音楽の中でいかに特殊な世界であるかを痛感した。

　このようにドイツの音楽界は以上の三つの柱が中心となっており、音楽大学が存在する街では音大の主催するコンサートも市民にとっては関心が高い。

　そして最後に、海外や別の都市のオーケストラ、劇場、ソリストによる演奏会があるが、これらはあくまでも「特別」なものであり、ここには、華やかな別世界の雰囲気がある。ただし、チケットも高額なことが多いため、市民にとっては「馴染みの」という雰囲気はなく、一年のうち何回か足を運ぶことを楽しみにしている、という位置付けである。

[2] 識者によるドイツの音楽事情

　ここで筆者の体験を裏づけるために、識者によるドイツの音楽事情を少し引用してみよう。例えば、ドイツ音楽に詳しい藤野一夫氏は、次のように述べている[15]。

　「ドイツでは、劇場やオーケストラが、学校や病院と同じように、都市や地域の生活に不可欠なものとして存在し、社会に開かれた公共財として市民的に合意されている。(中略) 地域主権の国ドイツでは、メディアにおける地元紙の存在が大きい。リアルタイムで講演批評が掲載され、多くの市民がこれに応酬する。読者投稿欄は賛否両論でひとしきり賑わい、議論に触発されたほかの市民も自分の耳で確かめようと劇場へ向かう。定期的再演を可能にするレパートリー・システムは、批評を踏まえた上演改善の余地を残し、一過性のブームに捕らわれない長期的評価を保証する。専門家の批評と公衆による議論の相乗効果が『公論』の厚みを形成し、上演の質を向上させる応援団の役目を果たしているのだ。[16]」

　また、指揮者でヴッパータール (Wuppertal) 市音楽総監督の上岡敏之氏によると、ドイツ人は「国民性によるのか、自分の眼で確かめる、あるいは自分の

音楽を持っている[17]」という。それに対し、日本では「いまだ批評や公論の力が弱く、芸術の再評価の最高審級であるべき『市民的公共性』が他の権力によって植民地操作されている[18]」、「つまり行政や、マスメディア、マーケット、特定の芸術家といった権力、権威が決定権を占有し、一般公衆はおおかた芸術の『消費者』にとどまっている。芸術界に潜入する消費社会構造は、中央集権国家体制とも無縁ではない。地域主権確立の前提条件は、市民的公共圏の奪還にある[19]」と述べている。ドイツで音楽家として生活していると、市民の話題の中心に音楽がある、ということを実感することが多く、さらに消費の対象としてではなく、「より良き市民」となるために音楽を含めた芸術を生活に求める人が多いことを、常に肌で感じることができる。

［3］シュトゥットゥガルトでの「企業メセナ」体験[20]

　筆者が留学していたシュトゥットゥガルト（Stuttgart）は、ドイツの中でも文化レヴェルが非常に高く、音楽への市民や企業の関心もとても高いように思われる。街の大きさとしては、ドイツの中で中堅であり、ベルリン、ミュンヘン、ハンブルク、フランクフルトなどの大都市よりも1ランク小さい。バーデン・ヴュルテンベルク（Baden-Württenberg）州の州都であり、自動車生産の街としても世界的に有名で、経済的にも大変恵まれており、ヨーロッパにおける「住んでみたい街」のアンケートでも常に上位にある。そして、ドイツでも屈指といわれるシュトゥットゥガルト州立歌劇場が象徴するように、音楽的な面でもとてもレヴェルが高く、ファンも多様である。筆者が行った演奏会は、それらは必ずしも「聴きやすい」ものだけではなく、現代曲などの意欲的なプログラムのときもあったが、常に客席は埋まっていた印象がある。人気オーケストラであるシュトゥットゥガルト放送交響楽団の演奏会がいつも盛況なのは理解しやすいが、シリーズ化している地味な弦楽カルテットの演奏会も一定数の愛好家が「シリーズ通し券」を買っているのでこれらも盛況であり、かなり通好みの演奏会でも、演奏内容が素晴らしければ、ブラヴォーが飛ぶ街であった。

　そのような街に住んでいた筆者は、知らず知らずのうちに様々な企業からのバックアップを得て学び演奏をしていた。このことは本チャプターの2で述べた長崎での「大好きな長崎へ音楽のプレゼント」シリーズの経験によって数多

く気付くこととなった。

　まず第一にあげられるのが、バーデン・ヴュルテンベルク州立銀行（Landesbank Baden-Württemberg＜LB-Bank＞）から奨学金を得て大学院で学んだ経験、及び、シュトゥットゥガルトを含め近郊の地元企業が主催する演奏会、あるいはもう少し規模の小さいパーティやイベントで何度も演奏させてもらった経験である。小さな町や村の中小企業の経営者は、その地域において影響力を持つので、地域に何か還元しなくてはならないという思いが強く、「企業メセナ」という言葉は知らなくても当然の義務として何らかの活動をすることは当たり前となっている[20]。また、企業に限らず、その地域の要職にある個人が、広い自宅を開放してハウス・コンサートをすることも日常化しており、筆者のような留学生や駆け出しの演奏家は、そこで演奏し経験を積むと同時に、ハウス・コンサートで知り合った別の人が主催するハウス・コンサートに出演してさらに経験を積み、結局そのような形でファンを作り、大きなコンサートへの足がかりを作るようなシステムが根づいていたように思う。

　そのような様々な経験の中の一つである、フォルクス・バンク（Volksbank）の演奏会シリーズ「仕事後のコンサート」（Concert after Business）について報告してみよう。

　フォルクス・バンクはドイツ有数の銀行の一つである。シュトゥットゥガルトで一番大きい、いわゆる街の中での「本店」は東京でいう「大手町」のような金融機関が立ち並ぶ通りにある。本店のメイン・ホールで、2カ月に一度くらいの割合で音大から推薦を受けた学生や卒業生によるコンサートが開かれる。筆者も2006年に弾く機会を得たが、その利点は、スポンサーに気兼ねなく自由にプログラムを組めること、そして何よりも集客の心配がないことである。チケットや集客の負担がないということは、観客数がいつもよい状況であるということである。いくら銀行からの「招待」といっても観客数が多いとは限らず、聴いてくれる人がいなければ演奏家側も企画側も寂しい思いをすることに変わりはない。このコンサートに出演する頃、筆者はまだシュトゥットゥガルトに2年ほどしか住んでおらず、知り合いが少ない身としてとても心配であったのだが、それは全くの杞憂に終わった。フォルクス・バンクに勤めている社員だけではなく、銀行の顧客やこのシリーズのファンらの来場で、150席くら

いになるメイン・ホールは立ち見がでるほどの盛況であった。メイン・ホールは即席の会場であるが、広々として気持ちがよく、またよく調整された素晴らしいピアノが置いてあった。当日は、シュトゥットゥガルトで一番大きなピアノ会社の腕利き調律師が来て調律した。これはピアニストとして大変ありがたいことで、調律の費用は意外と負担が大きいため、経費削減として真っ先に削られることが多い。余程の調子外れでない限り、ほんの少し聞くだけではわからないかもしれないが、狂いがなくても一音に集中し演奏する側としては、微妙にピアノが不安定である状態ではとても神経を使うし、また演奏にも影響が出る。このシリーズはピアニストが一番集中しやすい環境を整えてくれる素晴らしい機会であり、観客も多く、また企画する銀行の方からも感謝の言葉を受け、演奏する喜びを全身で味わうことができた。演奏家も、企画者も、聴き手も、全員が満足していることを実感できるのは、なんと幸せなことだろうか。

　長崎での「企業メセナ」演奏会シリーズも、企業がスポンサーになって顧客にチラシなどで宣伝をしている点ではあまり違いがないが、何よりもいつも心配の種であるのは集客の問題である。地元出身でなく知名度のない演奏家がそこで演奏するのは、当然苦戦を強いられる。演奏会のアンケート結果によると、「新聞で知った」から演奏会に来たという理由が一番多く、メディアによる圧倒的な力を見せられた。しかし、ドイツではフォルクス・バンクでの演奏会のように、「あの人は有名だから」とか「新聞に載っていた」というのではなく、「今日は何となく音楽でも聴いてみようか」と気軽に足を運んだり、そしてそれが社交の間でも話題となって次の客が集まったりする。このように、音楽が生活に根差している状況にふれると、ドイツはやはり文化的な底力があると、改めて驚かされる。そして、そのような聴衆を持つ国では、やはり企業もメセナをしやすいのではないかと思う。

[4] ドイツの音楽教育
　ドイツでは、先ほど述べたような音楽の三つの柱が市民生活に根づいている。そのうえで「特別」な演奏会として華やかな引っ越し公演や、スター演奏家による演奏が行われるが、日本には残念ながらその「三つの柱」がない。そのため、音楽の担い手も受け手もドイツと日本ではまだまだ落差が大きいように思

える。

　ドイツの音楽大学は、一にも二にもプロの音楽家を育成する「職業訓練校」としての性格が強い。華やかな国際的ソリストとなる道は、ほぼ幼少の時点で決まってしまうので、音楽大学で学ぶ学生の大部分の目標は、「公立の音楽学校の講師として演奏技術や音楽をきちんと伝えられる教師として務めること」、「オーケストラに入ること」である。ピアノの学生であれば、楽器、歌の伴奏者＝コレペティトール（Korrepetitor）として、あるいは講師として音大に残りながら専門教育をし、演奏活動をすること、劇場所属のコレペティトールとなり、作品の上演に貢献することなど、将来へ向けての堅実な目標が徹底している。華やかな夢を追いかけるというより、個々人が職業として選び設定した目標のための指導を受け、卒業してからもその道のプロフェッショナルになるべく現場で学びながら働き、音楽活動を展開していくのである。ドイツには日本のような「おけいこ事」という文化や考え方はあまりなく、音楽大学を卒業するということは音楽で仕事をしていくことである、という考え方が当たり前とされている。無事音大に入学してからはまさに「訓練」してそれぞれが将来の目標に合わせてマイペースでしっかり学ぶという気風がある。また、国立の音楽大学には必ず教育学部が設置されており、一つの大学の中で様々なレヴェルの生徒が一緒に学んでいるということも、日本から来た筆者には新鮮であった。また、日本の音楽大学在学中には必ず一大イベントとなるコンクールに関しても、ドイツの学生のスタンスはまるで違う。「ドイツではまず誰もコンクールに注目しない。クラシック音楽（の育成）が時間のかかるものとわかっているし、ピアノにしてもヴァイオリンにしても、若くして音楽ができるという発想は国民の中にない[21]」と評されるように、コンクールでの成績がその演奏家の一生を保証するものではないということが浸透しているためか、ドイツの学生はそれほどコンクールを重要視せず、それよりも現場で学ぶことや、企業がバックアップしてくれる演奏活動を重視する。ピアノに限って言えば、伴奏での出演やオペラのピアノ稽古などの経験を重ね、たたき上げで演奏家になっていく人が多い。実際、町ごとにコンクールが存在すると言われているようなイタリアの小さいコンクールでは、それこそ「企業メセナ」の一種なのか、地元の音楽学校の先生が「町おこし」を兼ねて開催することが多く、賞金稼ぎにくる優秀

な数名のロシア系演奏者を除いては、参加者のほとんどはアジア人である。ドイツの音楽大学の卒業実技試験では、演奏会の形式をとるため、超絶技巧をなんとか1曲クリアできることが求められるのではなく、一晩の演奏会として完成させるようにプログラムを組むことが求められる。身の丈にあった曲を、音楽の基本を守りながらいかに高い完成度で演奏でき、さらにプラス α としてどんな分野が得意なのかアピールできることに重きが置かれ、評価される。音楽大楽で学ぶということは、「演奏家は音楽をきちんと聴衆に届けるための存在」であるとして、基本を徹底的に学ぶという事である。そして、そのように訓練を受けた演奏家によって、「質の高い公演、つまりあそこにいけば裏切られない、感動が与えられるということの繰り返し[22]」（前出上岡氏発言より）という音楽が提供されるのである。

4. おわりに

［1］これからの「企業メセナ」への提言

　東京ではもちろんのこと、ベルリンやパリでも「大スター」演奏家のコンサートやイベントは、彼らの名前で興行が成り立ち、よく知られた曲で固めたプログラムで、聴衆はその妙技に酔いしれる。日本でのそのような大がかりなコンサートやイベントには、大企業のスポンサーがたくさんつき、演奏会も華々しく行われているが、当然ながらチケットはかなり高額で、ごく普通に生活している人には到底手が出ないものである。

　不況といわれる昨今では、大スターの来日でも集客に苦労している。スポンサー関係によるチケットがあまり演奏には興味のない人にわたり、舞台と客席の温度差の違いに唖然とさせられることがある。

　そのような現状に接して思うのは、本当はもっといろいろな形で親しみやすい演奏会ができるのではないかということである。帰国して様々な演奏会に出て感じるのは、大がかりなものでなくても、リーズナブルでありかつ親密な空間でじっくりと味わうような、筆者がドイツで経験したような演奏を聴きたいと思っている人もたくさんいるのではないか、ということである。ピアノの世界でも、通常のレパートリーであるショパンやリストだけでなく、隠れた名曲

が数多くあり、普段は接する機会のないそれらの曲こそ、採り上げられる価値があるのではないかと思う。演奏家もそのような演奏の場を求めているのに機会がないというのが現状なので、地元の企業が先頭に立って両者をつないで実現可能にするならば、本当に意義深いことだと思う。音楽はよく、人と人とをつなぐもの、人と時代をつなぐものと言われるが、何百年もの歴史の中を生き抜いた音楽を、一つの空間で多くの人と一緒に直接に触れ合うことができるのはとても幸せなことだと思う。そして、演奏する側にとっても、経験が多ければ多いほど演奏の質は上がっていき、より良いものを提供できるのではないかと実感している。

　また、音楽を受けとる側も、演奏家とともに自発的に会場の空気を創ることを楽しむようになると、そこにはさらに豊かな音楽が生まれてくると思う。大スターの妙技に興奮するコンサートだけでなく、駆けだしの演奏家の演奏を聴き応援しながらその成長を見届ける演奏会、未知の作品へ興味をふくらませる演奏会、小さな空間でその演奏家の息づかいを感じる演奏会など様々な形のコンサートを、それぞれ楽しもうとする気持ちが、会場の雰囲気をリラックスしたものにし、演奏家も最高のパフォーマンスができる。弾き手と聴き手が同じ土俵にいるような空間ができたら、それは本当に理想的ではないだろうか。

　そのためにはやはり演奏する側にも経験が必要で、その経験を自らのものとするには時間がかかる。特に日本では、一部の恵まれた演奏家でない限り、このような経験を学ぶスタートは音楽大学を卒業してからとなる。ただでさえ、日本ではクラシック音楽は「採算がとれない」「売れない」という観点から敬遠されてしまうことが多い。それに加え、経験を積んでいない演奏家を使うことや、前例のないプログラムの演奏会への不安の大きさから、演奏会の顔ぶれはいつも一定の評価の定まった音楽家であり、同じような一般的に人気の高いプログラムに固まってしまう。しかし、そのような価値観では、次世代に「伝える」こともできなくなってしまう、という危機感を筆者は抱いている。

　最後に、もう一度「大好きな長崎へ音楽のプレゼント」シリーズへ話を戻すが、このシリーズも菅家先生のご退職とともに今回で一区切りとなる。4回を試行錯誤でやってきて、やっと軌道に乗り始めたところであり、毎年楽しみに

聴きに来られる方も多く、少し寂しい気がする。また、時津北小学校の樽美校長のように、このシリーズを通してずっと見守り、協力して下さった方々とのご縁は今後ともぜひ大切にしたい。そして、このシリーズを通じて様々な「演奏会のしくみ」を学び体験して感じるのは、演奏家は演奏に全力を尽くす、という当たり前にして最大の任務である。演奏会を企画する人が、企画の大変さや経済的な問題など様々な難題に直面したとき、「あの演奏家のためならぜひ」「この演奏は絶対に素晴らしいものになる」と思わせるほどの信頼を得られることが、演奏家の価値なのだと思う。

　最後に、スポンサーとなって頂いた企業、団体の皆々様、そして大変な企画をほぼお一人で進めて下さった菅家教授に心から御礼申し上げます。

〈注〉
1) 菅家正瑞（稿）「実験的メセナの実施報告」『経営と経済』長崎大学経済学会　第86巻第3号　2006年、225頁。
2) 詳しくは「前掲資料」を参照のこと。
3) 佐藤正治氏の略歴については本書「執筆者紹介」を参照のこと。
4) Chapter7 2.を参照のこと。
5) 菅家（稿）資料「実験的企業メセナの実施報告　その2」『経営と経済』第87巻第3巻2007年、参照。
6) 奈切敏郎氏は国立音楽大学で学んだ後，昭和46年日本フィルハーモニー交響楽団に入団。その後平成19年に定年退団するまで首席チェロ奏者などとして活躍。
7) 加納暁子氏の略歴については「執筆者一覧」を参照のこと。
8) 「ザクセン文化インフラ研究所」サマーアカデミーでの演奏会。さらに本稿「3.ドイツにおける音楽の社会的役割」を参照のこと。
9) 菅家（稿）資料「実験的企業メセナの実施報告　その3」『経営と経済』第88巻第4号　2009年、参照。

10) 菅家（稿）資料「実験的企業メセナの実施報告　その4」『経営と経済』第88巻第4号　2010年、参照。（予定稿）
11) 第2部 Chapter-5、図2-9参照のこと。
12) 河内良智氏略歴：桐朋学園大学卒業。第3回民音指揮コンクール奨励賞。現在、洗足学園音楽大学教授、学部長。
13) 加藤直明氏略歴：東京藝術大学卒業。財団法人地域創造の事業の一環である「公共ホール音楽活性化支援事業」の平成18、19年度登録アーティスト。アウトリーチ・コンサートに関しての知識、実践ともに経験が豊富である。
14)、15) ここでは神戸大学大学院国際文化学研究科の藤野一夫教授の文献を引用した。
　　　　藤野一夫氏は「ザクセン文化インフラ研究所」の客員教授も務め、ドイツの音楽事情や日本との比較にも詳しい。代表的著作として、以下の文献が揚げられる。
　　　　藤野一夫（稿）「文化教育の再生―現代ドイツ文化政策の焦点」『都市政策の課題と芸術文化の役割ドキュメント』日本学術振興会人文・社会科学振興プロジェクト、2009年。
　　　　藤野一夫（編著）『舞台芸術環境の国際比較研究 ― 知的支援システムの構築に向けて ― 』科研報告書、2006年。
　　　　藤野一夫（共著）『市民活動論』（執筆分担：第7章「新しい市民社会への仕掛けづくり―ドイツの社会文化センターを事例に」）有斐閣　2005年。
　　　　藤野一夫（稿）「地域主権の国・ドイツの文化的多様性の歴史 ― ザクセンを中心に ― 」『芸術文化による国際交流の可能性 ― 現状調査と実践的提言 ― 研究成果報告書』神戸大学国際文化学部　2005年。
　　　　Fujino,Kazuo; Über latente koreanische Einflüsse in der japanischen Gegenwartskultur. In: Die Stärke der Schwäche, hrsg. von Matthias Theodor Vogt, Jan Sokol, et al. Verlag Peter Lang Frankfurt am Main, Berlin, Bern, Bruxelles, New York, Oxford, Wien, 2009, S. 47-58.
　　　　Fujino,Kazuo; Die Strahlkraft der Dresdner Musik des 19. Jahrhunderts für Japan. In: Dresdner Hefte 88, hrsg. vom Dresdner Geschichtsverein e. V., 2006, S. 27-35.
　　　　Fujino,Kazuo; Kulturpolitik in Japan. In: Kultur im Dialog mit Politik und Gesellschaft, hrsg. von Friedrich Loock und Gesa Birnkraut, KMM Verlag Hamburg 2003, S. 129-140.
16)、18)、19) 藤野一夫（稿）「都市における芸術監督の役割と議論する公衆」『季刊　文化経済学会』No.61（文化経済学会＜日本＞）、2007年、pp. 1-2.
17)、21)、22) 東京大学本郷キャンパスにおける公開研究会「都市における芸術監督の役割とは」（2007年3月開催）レポート『音楽現代』芸術現代社　2007年7月号。
20) ドイツにおける地域企業の社会貢献については、次を参照されたい。
　　　　菅家正瑞『環境管理の成立』千倉書房　2006年、第7章 環境志向の市民化管理、243頁以下。

Chapter—6

東京フィル・サポーターズ メセナの流儀

—企業メセナを「語る」—

池田 卓夫 IKEDA Takuo

1. はじめに

　新聞記者は「脚で稼ぐ」。オフィスに座して思考を巡らせるのは原稿を執筆する最終段階。あとはひたすら外を回り、人と会い、物事を目撃したり体験したりで、物語を組み立てていく。こうした"仕入れ"過程を「フィールドワーク」と外来語で表記する機会も多い。企業メセナを論じるにあたっても、記者自らはスポンサー企業の社員でもなければ、支援を受ける芸術家・芸術団体の立場でもない。情報や資金を発する側、受ける側の間に立ち、判断材料を集め、わかりやすく提示する媒体（メディア）の機能を記者は担っている。

　特に筆者が現在、主な執筆領域としているクラシック音楽やオペラは中世・ルネサンス時代の黎明期以来、つねに自立的経済活動の主体ではなく、教会や王室、富裕市民層、全体主義国家、企業、自治体などの援助の下に生き延びてきたため、支援を「受ける」側の論理は一貫して明快、いつも「お金が欲しい」に尽きる。一方、支援を「与える」側は社会の変遷に応じ、様々な変化を遂げてきた。21世紀初頭の日本では公的補助金、企業メセナ、個人スポンサーの3者が支援を分担。公的補助金主体の欧州、民間スポンサーのみの米国の中間に位置する、それなりにバランスのとれた文化支援モデルを形成している。

　2008年夏、米国のサブプライムローン（信用度の低い債権）による信用創造システムの崩壊に端を発した世界金融危機以降、企業メセナの減額を危惧する声は多いし、事実、会社自体の経営が行き詰まり、文化支援の継続が不可能にな

った事例はある。しかし、筆者は今から10数年前、米国第2位の富豪がシカゴ美術館東洋美術部長の職責に対し、未来永劫のスポンサーを決めた（チェアーシステム＝個人や企画ではなく、あるポストに関して発生する費用を支出するスポンサー形態）際のインタビューでの一言が忘れられない。「好況の間は誰もが文化支援者（メセナントゥム）を気取る。だがメセナの真価が問われるのは、経済情勢が反転した折だ。不況の間も変わらない支援を続けてこそ、芸術家は安心して創作に没頭できる」。日本の現状も、有象無象の企業メセナの真贋を見極める好機に違いない。

　同年11月、作曲家の三枝成彰が代表を務める「エンジン01文化戦略会議」が名古屋市内で開かれた折、筆者は音楽評論家の肩書で中澤新一（思想家・人類学者）を「組長」とする座談会「哲学と藝術のチョモランマ」に竹山聖（建築家）、南條史生（森美術館館長）、波頭亮（経営コンサルタント）の各氏とともに出演した。一メディアでしかありえない新聞記者が、知の精鋭・先輩に囲まれ、どうなることかと思われたが、全員の見解は次の2点で、あっさりと一致した。

　景気が悪くなると、バブル期特有の消費型文化イベントは立ちゆかなくなって消えるので、真に創造的なアーティストの存在に光が当たりやすくなる点では芸術の好機である。

　企業メセナ促進において日本の税制を米国との比較で批判、「日本も米国並みの寄付優遇税制を適用すれば、メセナの金額は飛躍的に増加する」との考え方は間違い。日本人は身内の小集団の内部では互いに助け合う反面、小集団を一歩出た先の社会全体に関しての思いやりは欠ける。見ず知らずの他者のため寄付する土壌が民族的に乏しいので、税制を変えても、寄付は伸びない。

　日本で欧米流のメセナ、個人スポンサーを期待しても、国民性が壁となり、簡単には広まらないという認識は、かなり多くの文化人・文化団体が実感しているのではないか。筆者が欧米での新たな試みも参考にしつつ、日本なりの代案として考えられるのは次の2点だ。

　保険会社なら展覧会での展示物搬送にかかわる損害保険料、運輸会社なら搬送費用、航空会社なら物品やアーティストの移動に伴う航空運賃、ホテルなら外来ゲストの滞在費など、本業で提供できる財やサービスを無償とする「現物支給」のメセナを促進する。

米国に次ぎ世界2位、経済危機後も1,000兆円以上で高止まりしている個人金融資産の活用。1990年代の「失われた10年」を通じ、預貯金金利がゼロに近づき、株式や証券投資信託での運用にも期待が持てなくなった結果、個人金融資産は銀行預金や「たんす預金」で不可動化している。一方、芸術家や芸術団体は公的資金や大企業、富豪の支援に目を向けがちで、「少しなら芸術支援に資金を提供してもいい」と考える個人へのアプローチを怠ってきた。個人のスモールマネーをこまめに束ね、確定利付債などの安定した手段で運用、第三者による審査委員会が支援先を決定する「メセナ投信（ファンド）」をNPOとして立ち上げ、銀行や証券会社の店頭で簡単にアクセスできるようにする。

　日本の中にある資源、技術、人材の組み合わせを動かすだけで、かなりのメセナ増額は可能と思える。足りないのは全体を見据え、デザインを描けるだけのリーダーシップ、知恵だろう。日本のメセナはまだまだ黎明期と言える中、筆者は、個人の才覚で奮闘してこられた方々を3カ月に1度、インタビューする機会を与えられた。東京フィルハーモニー交響楽団が定期会員向けの季刊誌「ファンファーレ」の裏表紙で「メセナの流儀」という題名の連載を始め、筆者が初回から聞き手を務めてきたのである。それぞれのゲスト、東京フィルの御快諾をいただき、これまでの6回分を本書に転載することができた。メセナの当事者による忌憚ない発言の数々には、机上の空想を超えた説得力ある。拙稿には結論がない。あとはインタビューに目を通され、読まれた方々ご自身に可能な範囲の文化支援に思いを巡らされ、実行に移してくださることを切望するのみだ。

2. 大賀典雄　ソニー相談役・東京フィル理事長に聞く
　――企業による文化支援の前提、「税法」の改善を切望します

――まずは支援を必要とするオーケストラの側の責任者として一言、お願いします。

　東京フィルの経営は入場料など自前の収入だけで成り立たないのが現状です。私も個人的に支援していますが、ニューヨークのメトロポリタン歌劇場のプログラムに載る長大な寄付者のリストを見るたび、日米の開きに溜息が出ま

す。東京フィルの場合も1,000万円規模の寄付が20〜30件あれば、事情は随分と違うのです。1年のうち9カ月間、新国立劇場でオペラを演奏することで一定の収入が見込めるとはいえ、残りは別のオーケストラが入ります。3カ月分の仕事は自力で見つける必要があり、けっこう大変です。オペラで共演した指揮者が東京フィルを気に入り、演奏会での共演に発展するなど新国立劇場に感謝すべき点は多々あれども、できれば専属にしてほしいというのが運営に携わる側の願いです。

――東京フィルに限らず、日本の演奏団体への支援を広げるうえでの課題の決め手は。

　まずは日本企業が国内の演奏家・演奏団体に対し、もう少し目を向けてくださることでしょう。東京文化会館で上演される海外歌劇場の豪華な舞台に多額の協賛金を出す企業も、東京フィルにはなかなか出してくださいません。伝統の差があったとしても、私たちのオーケストラには国際的に腕の立つ奏者がいます。日本の経営者が自国の音楽家を積極的に支援していく上でも、税制の改正は急務です。日本の税制では個人の寄付に対する税金控除が小さく、多額の寄付では大部分が課税されてしまいます。国家が税制を諸外国に負けないものに改正すれば、歌劇場を国立で造る必要などなく、メトロポリタン歌劇場のように民間資金だけで立派に運営することだって可能です。

――経営者の立場から、文化支援に熱心な企業の例を挙げていただけますか。

　東京フィルの演奏会場としてもお世話になっているサントリーホールのオーナー、サントリーは音楽に限らず、美術や文学、学術など幅広い分野で見事な文化支援を展開しています。ホールは先代の佐治敬三さんが建てられましたが、ご子息の信忠社長は昨年、大がかりな改修を実施されました。音響は一段ときれいになり、音の悪い席がなくなりました。本業で立派に利益を出しつつ、文化支援への責任も継承された点で、佐治さんのご子息は立派な経営者だと思います。

――ありがとうございました。

3. 小野光太郎　小野グループ代表・東京フィル理事に聞く
——日本のオーケストラ理事会も国際化の時機

——日本は世界屈指の経済大国であり、同盟関係にある米国の影響も大きく受けるのに、ことメセナ（企業による文化支援）に関しては米国の足元にも及びませんが？

　前回のインタビューで大賀典雄理事長（ソニー相談役）も指摘されていたように、寄付に対する日米の税制の違いが存在するのは事実です。米国は寄付か納税かの選択肢が明確で、寄付の多寡が"利益"と同じく株価を左右します。寄付を拒む企業は社会的にも評価されません。カーネギーホールの会議でも「利益を税金にとられるくらいなら文化団体を支援した方がよほど世のため、人のためになる」といった話がよく出ます。日本では税制と別に、土木行政を優先する官僚の存在も文化行政の行く手を阻んでいるのではないでしょうか。確かに明治維新以来、「日本の社会的生産基盤（インフラストラクチャー）は欧州に比べ著しく見劣りがする」とされ、行政は近代建築や道路、橋などへの投資を優先してきました。その言い分は理解できるし、個人レベルでは文化に造詣の深い人が多いにもかかわらず、どうも官僚や経済人の根底には「文化は道楽だ」とみなす遺伝子が根強いように思えます。

——それでも大賀さんや樋口廣太郎さん（アサヒビール名誉顧問）らの世代までは自社の利害を超え、幅広くメセナの旗を振る経済人も少なからずおられましたが。

　みみっちくなったのは、バブル経済の崩壊以降です。私が編纂にかかわっている和独大辞典のプロジェクトも数多くの企業が支援していたのに、バブル崩壊後はみな、降りてしまいました。当時の痛手からはようやく立ち直ろうとしていますが、今は株主や銀行の監視が厳しく、すべてにおいて精神の余裕がありません。あらゆる案件が稟議書を伴って精査され、業績も四半期単位で問われるとなれば、経営者の考え方も変わらざるをえません。万事ドライで近視眼的になり、下手にメセナなど考えようものなら「社長の道楽」と言われてしまう。昔流の財界人の考え方、行動は育まれにくくなり、情けない状況です。

——オーケストラの理事会のあり方も転機を迎えているのでしょうか。

　米国の事例にも触れ確かめたのですが、欧米でオーケストラの理事へ就くに

は「資金を提供する」のが大前提です。理事は自分で演奏するわけでも、事務局で働くわけでもなく、資金と引き換えに名誉を得ます。何も出さないでなるのは、情実でしかありません。評議員はオーケストラの活動にも通じた実務家であるべきですが、理事会の方は出資者かスポンサーで固め、それぞれが応分の負担をして日本のオーケストラが抱える悩みを緩和し、実りある芸術・文化活動を支えていく時代、国際化の段階に入ったのではないでしょうか。
——ありがとうございました。

4. 韓昌祐(ハンチャンウ) マルハン代表取締役会長・東京フィルハーモニー交響楽団理事に聞く
——利益を出した会社には芸術文化を育てる義務がある

——クラシック音楽との出会いには、壮絶な闘病体験がおありだったとか。

陸上競技で鍛えた身体なのに20歳のころ、戦後の栄養失調で肺浸潤(はいしんじゅん)、つまり肺結核に罹(かか)り、東大病院に半年以上入院しました。当時の結核といえば、不治の病。3人部屋で一緒だった2人の学生さんは亡くなりました。幸いにも私は新薬ストレプトマイシンの治験に加わることができ、背中に麻酔なしで針を刺して髄液を抜くルンバール(腰椎穿刺(ようついせんし))治療の激痛に耐えつつ、なんとか生還したのです。この間ラジオから流れるクラシック音楽をひたすら聴きました。京都での創業時に音楽喫茶を営んだ時期もあり、もともと音楽は好きだったのですが、入院中にヴァイオリンへの傾倒を深めました。あのころ新進だったスターン、メニューイン、オイストラフ(父)らを聴き、誰の演奏か言い当てるのが楽しかった。マルハンの創立20周年には日の出の勢いにあった鄭京和(チョンキョンファ)さんの演奏会を開きました。お母さんに「ストラディヴァリウスを買ってやって」と言われて驚きもしましたが、30年前は韓国人演奏家への偏見も強い時代。弟の明勲(ミョンフン)さんが立派な指揮者となり、東京フィルとのマーラーに日本の聴衆が熱狂する日が来るとは夢にも思いませんでした。

——自社の催事にとどまらず、メセナ(文化支援)も幅広くなさっているのですね。

個人、会社のいかんを問わず、そこそこ利益を得たのであれば芸術文化を理解し育てる社会的義務があると思うのです。支援する側にも満足感や名誉が残

ります。マルハンでも経費を節約して、年に2～3億円のメセナを実施しております。4年前にグループ売上高1兆円を達成した記念の大パーティーにも韓国人テノール歌手がゲスト出演、お客様の9割方はクラシックを初めて聴かれたにもかかわらず「いっぺんで好きになりました」と言って帰られました。地元の京都でロータリークラブの記念事業に考え出した日韓中"3大テノール"の競演も大いに受け、マルハン創立50周年記念では東京フィルとの公演も実現したので、次は全国ツアーを目指しましょうか（笑）。大阪府の橋下徹知事は府営オーケストラの解体を公言しましたが、財政再建の総論は理解できるとしても、社会における文化の必要性から見れば大問題で、自分が肩代わりしようかと思ったほどです。

——人生の最後まで、クラシック音楽とともにありたいですか？

　グレゴリオ聖歌をはじめ、自分が死んだときにかけてほしいレコードはメモにしてあります。昔から大切にしてきたLP盤を聴きながら「いちばん幸せに亡くなる方法」もときどき、考えたりします。絶壁の上にプール付きのすばらしい別荘を建て、ベランダで海を眺めながらシャンパンを飲み、ショパンの「別れの曲」を聴いているうち、すっと自然に、眠るように旅立てたらと思います。目下は自分にとって最大の名誉である韓哲文化財団理事長、東京フィル理事の職責を全うし、スポンサーとして肩入れするサッカーJリーグの大分トリニータを優勝させたいと切望しているので、まだまだ先のことになりそうですが（笑）。

——東京フィルのためにも、長生きしていただかなくては。ありがとうございました。

5. 寺田小太郎　東京フィルハーモニー交響楽団理事に聞く
——人間とは果たして、どこで充足するのでしょうか？

——東京フィルとは長いお付き合いですね。

　もう40年近くになるでしょうか。私どもの経理をお願いしている公認会計士事務所に音楽好きの社員がおられ「東京フィルには練習場がなく、お寺や倉庫を転々としている」と聞かされて以来です。これ以前は洋楽と無縁でした。ちょうど山手通り（環状6号線）の拡幅計画がもちあがり、土地を提供する見返り

に数十億円規模の保償金の当てがあったため、そのお金で小さなビルを建てれば、練習場の提供が可能かと考えました。しばらくして日本生命がオペラシティ再開発事業に参入、国との話し合いの過程で美術を展示する施設も作ってほしいと言われこれに積極的にかかわる決意をしました。後になって道路拡幅の用地が無償提供に変わったことを知り、愕然とするのですが、すでにかなりの美術品を収集、日生に土地も売ってしまったので熟慮の末、区画整理組合の発足に調印しました。再開発事業に唯一の個人として踏み止まる条件こそ、東京フィルの練習場確保でした。しかし、これも途中で専用からオペラシティ小ホールの優先使用に変わり、東京フィルは年間140日を有料で借りることになってしまい所期の目的から遠い結果となり、今でも大変残念に思っています。

――全面的に夢が実現したわけではなさそうですが、それでもオペラシティの新しいホール、練習場、事務所を得た後、東京フィルの演奏力は目覚しく向上したと思います。

　最初の出会いをきっかけに、他のオーケストラやオペラにも足を運ぶようになり、随分と楽しませていただきました。素人の耳が受けた印象ながら、東京フィルの音の質はいくつかの山を越えながら、少しずつ変わってきた気がします。ご縁を授かったときの尾高忠明さん、金管楽器が目覚しく改善した時期の大野和士さんと、それぞれの時代を代表する若手指揮者を経て、現在のチョン・ミョンフンさんに至るわけですが、本当にすばらしい歩みです。

――経済人でないとはいえ、戦後の日本社会をずうっと体験してこられた方の目に、現在の世界的金融危機・不況はどう映りますか。

　私は今81歳。終戦のときは18歳でした。1991年に旧ソ連が崩壊した際、資本主義の勝利のように言われましたが、私は「いずれ同じことが起きる」と思いました。目下のアメリカ発の不況を体験しながら、「そろそろ資本主義も終わりじゃないか」と見でいます。戦後63年、日本もいろいろ充足しましたが、さて、おなかいっぱいになったその先、どうするのか。人間はどこで、何によって満たされるのか。根源的な問いかけと向き合う時期です。

――ありがとうございました。

6. 竹村健一　東京フィルハーモニー交響楽団評議員に聞く
——盛田昭夫さんに請われ、東京フィルの評議員になりました

——クラシック音楽との出会いは半世紀以上前にさかのぼるのですね。

　1953年に京都大学を卒業、フルブライト奨学金制度の第1期生として米国シラキューズ大学へ留学しましたが、英語もあまりできず、非常につらい思いをしました。ある日、ホセ・イトゥルビ（1895-1980＝スペイン出身のピアニスト・指揮者で1940年代から米国で活躍、ハリウッド映画にも出演した）の野外演奏会に出かけたら、体中を揺さぶられるような感動を覚えた。めったにない経験でした。以来、音楽がアメリカ生活の淋しさを紛らわせる最良の友になったのです。日本では当時、初任給が3,000〜4,000円なのにLP盤1枚は2,000円もしたでしょうか。米国には1、2ドル（1ドル＝360円の固定相場制の時代だったので360〜720円）で買える大衆向きの盤が大量にあったのに感謝します。大体はクラシック音楽の録音でしたが、当時一番活躍していたのは、レナード・バーンスタインでしょう。クラシック音楽を一般に広めようと、指揮だけでなく、自身による解説のスピーチやテレビ番組を通じ、いろいろな努力をしていました。帰国後、東京フィルをはじめいろいろな演奏会に出かけても、指揮者が"お高く"とまり、何も解説せずにさっと振り出す演奏会が多かったのは、非常に残念でした。

——東京フィルの評議員をされていますが。

　盛田昭夫さんに誘われたのです。私はソニーについて書いたこともないし、ビジネス面の付き合いもなかった。にもかかわらず、最も親しい経済人でした。57歳の私にスキーを始めさせ、還暦（60歳）をスキー場で祝ってくださったのも盛田さんです。音楽の話をしたことは一度もないのですが、会長を務めておられた東京フィルの「評議員になってほしい」と言われたときは、尊敬してやまない盛田さんの頼みであればと二つ返事で引き受けました。以来しばしば、妻と東京フィルの演奏会へ出かけてきたことは確実に人生の救いになっており、ここでも盛田さんには感謝しなければなりませんね。後継の大賀典雄・東京フィル現会長・理事長（ソニー相談役）ともども、帝王カラヤンとあれほど近しくなった日本人は他にいないでしょう。人種偏見を超え、音楽に国境なしを実践した点でも盛田、大賀のお二人は破格の日本人だと思います。

―― その路線を踏襲され、竹村さんご自身がもう少し、東京フィルの運営と積極的にかかわってくださることを私たちは期待します。

　バーンスタインの例ではありませんが、これからは珍しい曲目を無料招待で聴かせるとか、さまざまの試みを広告代理店などの知恵も借りながら企画する時代でしょう。幅広く支援を呼びかけるため、私が毎月主宰する「竹村会」でパンフレットを配るくらいの行動は、すぐにも起こします。米国の富豪ロックフェラーは亡くなるとき「私は神様に愛されたから大金持ちになれた。でも寄付（社会貢献）をしないと神様に怒られる」と遺言したそうです。困難な時代だからこそ、日本の企業人、リーダーらにも求められる見識でしょう。

―― ありがとうございました。

7. 小野敏夫　東京フィルハーモニー交響楽団理事に聞く
―― 半世紀超える合唱体験、メセナの原点に

―― NEC以外のテーマで最初に取材させていただいたのも、合唱の話題でした。

　中学から高校にかけての親友の一人の文化度が非常に高く、負けじとばかりにレコードを集めたり演奏会へ出かけたりしたのが音楽との出会いです。最初に買ったLP盤はフランチェスカッティ独奏、ミトロプーロス指揮のメンデルスゾーンの「ヴァイオリン協奏曲」でした。中高一貫のミッションスクールだったので教会に通い、高校2年のとき聖歌隊に入りました。大学を出てNEC入社後も一度も中断なく歌い続け、今も4つの合唱団に所属しています。高田三郎先生作曲の日本語の聖歌をヴァチカンで奉献唱したことも、六本木男声合唱団の一員としてウィーンの楽友協会ホールに立ち独唱したこともありました。現在も渋谷の教会では聖歌隊員として歌い、指揮もしています。また、洗礼儀式直後の独唱も30年以上続けています。歌うのは楽しみというより、生活の一部。自分の人生から音楽を取ったら味気ないでしょう。会社員としても社会貢献の部署に携われ、幸せでした。せめてもの恩返しのつもりで、退職後もボランティアとして、いくつかの音楽団体の世話をさせていただいています。

―― 東京フィルとも旧新星日本交響楽団の時代から、20年以上のお付き合いという。

　オーケストラは宿命的に「採算が取れない」構造で、国や自治体、企業、個

人による支援を必要としています。でも、オーケストラの側にも努力が求められます。演奏のレベルは世界的ですから、あとは経営的にもっと自立したビジネスマインドをもってほしい。たとえばマーケティング。上手にIT技術を使い、インターネットラジオなどで演奏の紹介やチケットの販売を行えば、費用をあまりかけずに、若者など新しい聴衆を開拓できると思うのですが。一方、協賛する企業側の意識や文化度も引き続き高めていく必要もあります。海外の取引先と会食するような場面での話題は、もっぱら仕事の話ではなく、音楽や文学、宗教といった文化全般が多いのですね。日本の企業人も音楽ファンが増えてきたのですが、まだ「クラシック音楽は高尚で近寄りがたい」とか、中には「楽員は給料が安いといっても、副業で稼いでいるのでないか」といった先入観もあり、まだ音楽界との間には溝がある。私は財界と音楽界の両側にかかわってきた人間として、及ばずながら、なんとかその橋渡し役を担えればと願っています。

——現在は2年後の東京フィル創立100周年に向け、支援推進委員会の先頭に立たれています。

　日本企業も、以前は景気の波とは関係なく、メセナなどの文化支援を続ける気概があったものですが、今は苦しくなると簡単に切ってしまう。私としては、東京フィルへの支援を今後、企業だけでなく、全国の個人層にも広く、強く呼びかけたいと思い、すでに委員会で行動に移しています。

——奮闘に期待します。ありがとうございました。

Chapter—7

メセナは見返りを求める
―三つの事例から見えてくる実状―

佐藤 正治 SATO Shoji

1. はじめに

　メセナ（芸術文化支援）は善であり、メセナを施す側は見返りを求めてはならない、と言われることがある。それで良いのだろうか？
　企業にメセナを求める表現者は、企画書（マニフェスト）を提出し、活動の成果＝見返りを企業に用意すべきであると考える。ここに述べる見返りは、「スポンサーメリット」という短絡的な見返りではなく、活動の成果が企業と社会に及ぼす長期的な見返りを意味している。企業が見返りを要求することは表現者の活動の質を向上することにつながる。
　芸術文化活動の表現者とメセナを施す側が共通のゴールを意識することが重要であると考える。
　以下に述べる実践例を通して、メセナの送り手と受け手の関係を見返りという観点から探ってみたい。実践の段階でぶつかる難問にどう対処したかについても触れたい。

2. 日露友好ショスタコーヴィチ交響曲全曲演奏プロジェクト2007

　指揮者井上道義がショスタコーヴィチの交響曲全曲を日比谷公会堂にて、日本とロシアのオーケストラによって安価なチケット料金（最高3,000円）で行う

企画を実施するために「日露友好ショスタコーヴィチ交響曲全曲演奏プロジェクト2007」実行委員会が結成され、企業に協賛パートナーシップを呼びかけた。筆者はこの実行委員会の事務局長を務めた。

　企業に向けた企画書の一部は下記の通りである。

本公演　　指揮＝井上道義／会場＝日比谷公会堂（2,074席）
■コンサート①
　2007年11月3日（土祝）17:00開演　管弦楽＝サンクトペテルブルク交響楽団
　交響曲第1番、第2番「10月革命に捧ぐ」、第3番「メーデー」（合唱＝日露友好特別編成合唱団）
■コンサート②
　2007年11月4日（日）15:00開演　管弦楽＝サンクトペテルブルク交響楽団
　交響曲第5番「革命」、第6番
■コンサート③
　2007年11月10日（土）17:00開演　管弦楽＝サンクトペテルブルク交響楽団
　交響曲第7番「レニングラード」
■コンサート④
　2007年11月11日（日）15:00開演　管弦楽＝サンクトペテルブルク交響楽団
　交響曲第10番、第13番「バビ・ヤール」（バス独唱＝セルゲイ・アレクサーシキン／合唱＝東京オペラシンガーズ）
■コンサート⑤
　2007年11月18日（日）15:00開演　管弦楽＝広島交響楽団
　交響曲第9番、第14番「死者の歌」
■参加公演
　（ソプラノ独唱＝アンナ・シャフジンスカヤ、バス独唱＝セルゲイ・アレクサーシキン）
　2007年11月25日（日）15:00　管弦楽と合唱＝東京アカデミッシェカペレ
　オラトリオ「森の歌」ほか
■コンサート⑥
　2007年12月1日（土）17:00開演　管弦楽＝東京フィルハーモニー交響楽団
　交響曲第4番
■コンサート⑦
　2007年12月5日（水）19:00開演　管弦楽＝名古屋フィルハーモニー交響楽団
　交響曲第11番「1905年」、第12番「1917年」
■コンサート⑧
　2007年12月9日（日）15:00開演　管弦楽＝新日本フィルハーモニー交響楽団
　交響曲第8番、第15番
■主催：「日露友好ショスタコーヴィチ交響曲全曲演奏プロジェクト2007」実行委員会（事務局＝株式会社梶本音楽事務所　内）
■後援：在日ロシア連邦大使館

■認定：社団法人企業メセナ協議会
■協力：日本ショスタコーヴィチ協会

～日比谷公会堂の再生を願う～
「日露友好ショスタコーヴィチ交響曲全曲演奏プロジェクト2007」実行委員会
実行委員長
　黒柳 徹子　（女優、UNICEF親善大使）
　井上 道義　（指揮者、同プロジェクト音楽監督）
　オノ・ヨーコ　（芸術家）
　髙橋 宏　（首都大学東京理事長）
　今村 有策　（東京都参与、トーキョーワンダーサイト館長）
　村上 光一　（フジテレビ相談役）
　南部 靖之　（株式会社パソナ代表取締役社長）
　江戸 京子　（アリオン音楽財団理事長）
　篠田 正浩　（映画監督）
　小林 和男　（元NHKモスクワ支局長、作新学院大学教授）
　亀山 郁夫　（東京外国語大学学長）
　森田 稔　（宮城教育大学名誉教授）
　吉松 隆　（作曲家）
　岡山 尚幹　（社団法人日本オーケストラ連盟顧問）
　梶本 眞秀　（梶本音楽事務所代表取締役社長）
　ユーリ・テミルカーノフ
　　　　　　（指揮者、サンクトペテルブルク・フィルハーモニー協会会長）
　マルタ・アルゲリッチ　（ピアニスト）
　パトリツィア・コパチンスカヤ　（バイオリニスト）
　ソル・ガベッタ　（チェリスト）
　エリザベス・ウィルソン　（音楽学者）
　ロザムンド・バートレット
　　　　　　（ダーラム大学、ロシア文学者、ショスタコーヴィチ研究者）
　ドミトリ・ソレルチンスキー
　　　　　　（サンクトペテルブルク　ショスタコーヴィチ協会会長）
　マナシール・ヤクーボフ　（モスクワ　ショスタコーヴィチ協会会長）

主旨
　このプロジェクトは下記の三つの目的を持っています。
1. ショスタコーヴィチの交響曲全曲を短期間に集中して演奏し、その芸術的成果を問う
2. 日比谷公会堂の歴史的社会的役割を見直し、演奏家の側からその将来のあり方を問う
3. 日比谷公会堂の再生および日比谷公園と日比谷地区の活性化に貢献する。
　日比谷公園は1903年（明治36年）に日本発のドイツ式洋風近代公園として開園

しました。それは日本国民に三つの洋（洋式花壇、洋食、洋楽）を提供する使命を持っていました。開園当初から構想されていた日比谷公会堂は26年後の1929年（昭和4年）に佐藤功一の設計、清水組の施工により竣工、東京市長後藤新平の発議と安田善次郎の寄付によって開館が可能となりました。

その日比谷公会堂は戦前、戦中、戦後の日本国民の洋楽の入り口として大切な役割を果たしてきました。ルービンシュタイン、ハイフェッツ、ピアティゴルスキー、カラヤン、ジュリアード弦楽四重奏団をはじめとする世界一流の音楽家やオーケストラが初来日公演を行ったほか、青少年のための音楽会、日本音楽コンクールなどの会場として、日本人音楽家の初舞台や初めて生演奏に触れる機会を青少年に提供してきました。

しかしながら1980年代に入って使い勝手の良い新しいコンサートホールが都内に次々と建設されるにつれて、日比谷公会堂でのクラシックコンサートは激減し、現在50歳以下の世代で、ここに一度も足を運んだことがない人が多くなりつつあります。

日比谷公園開園の3年後に生まれたロシアの作曲家ショスタコーヴィチは日比谷公会堂の誕生と時を同じくして交響曲の創作を始め、生涯に15曲の交響曲を残しました。そして日本の先駆的な指揮者とオーケストラが1940年代から60年代にかけて彼の七つの交響曲の日本初演をここ日比谷公会堂で行っています。

ショスタコーヴィチの作品を敬愛し、その複眼的な内容を意識した演奏で既に多く内外の聴衆に強い印象を残してきた指揮者、井上道義は、2005年から2006年、ロシア各地のオーケストラでショスタコーヴィチの作品を指揮した後、その総括として2007年秋に、日本での管弦楽発祥の地である日比谷公会堂で、集中的全曲演奏を行います。

1906年から1975年まで生きたショスタコーヴィチは、「周年記念」を持つ過去の大作曲家と違って、「現代」と同時代の音楽家と言えます。楽譜の入手さえも困難で活動も実力もまだまだ脆弱であった戦前、戦中、また戦後の我が国のオーケストラは、勇気と同時性への共感を持って彼の作品の日本初演を行なって来ました。それは彼の音楽への興味だけでなく、社会体制の違う国への強い好奇心があった事には間違いありません。

現代の基準に照らせば音響面に問題がある演奏会場といわれていますが、ショスタコーヴィチの音楽がその背後の時代、社会などへの記憶を呼び覚まし、感動の本当の意味を現代の聴衆に体験してもらうのに日比谷公会堂は最適なのではないか、という理由で、井上道義は本公演のために日比谷公会堂を選定しました。

半世紀前の時代、先輩達の感動を想像すると同時に、初演当時の料金を意識してできるだけ安価なチケット料金を設定し、館内では当時の世相を現わす資料を展示する予定です。

それによって現代の若い人たちには、彼の音楽の立つ場所と時代を知る絶好な機会を提供すると同時に、日比谷公会堂に青春の思い出のある「半世紀前の若い人たち」にこそ、もう一度、その頃の感動と、時代の息吹を思い起こしてもらいたいというのが狙いであります。

またこの事業によって、歴史的建造物に選定された日比谷公会堂の未来が議論されることを期待しています。我が国に浸透している「使い捨て」文化に対して、

日比谷公会堂は「時は流れ去るものではなく、積み重なるものだ」ということを認識させてくれ、そこから新しい価値を引き出すことの重要性を教えてくれるに違いありません。豊かさと深い感動のシーソー関係を複眼的に捉えることこそ、これからの時代には必要だと考えるからです。

この機会を捉えてショスタコーヴィチの音楽のみでなく、日本と新生ロシアの広い意味での文化交換を行い、人生での「感動」を見つめなおし、音楽マーケットとして世界最大となった東京と現代の大天才の音楽と、二つの国の将来を見つめようというのがこの事業企画であります。

以上

図2-1 ショスタコーヴィチ交響曲全曲演奏プロジェクト2007、横断幕と井上道義

（写真：三浦興一）

計8回のコンサート実施にかかった総経費：1億2,510万円、チケット収入：2,900万円、企業と個人からの協賛金・寄付金の総額：9,200万円、公的機関からの助成金総額：280万円、会場での募金総額：130万円、という収支結果となった。

この事業は企業メセナ協議会認定事業とされ、企業の都合に合わせて企業メセナ協議会を通した寄付金と実行委員会に直接入金する協賛金との二つの方法でファンド・レイジングが行われた。

寄付・協賛に加わった企業は以下の通りである。

みずほフィナンシャルグループ、トヨタ自動車、三菱商事、竹中工務店、野村アセットマネジメント、三菱UFJ銀行、東芝、東京ガス、DOWAホールディングス、住友商事、積水ハウス、全日空、第一生命、三菱自動車、三菱地所、郵船航空サービス、ヤマハ、レンゴー、フジテレビ、キッツ、中島薫商店、ポーラ、コクヨ、日本石材研究所、新日鐵、匿名企業（順不同）

助成金を給付した公的機関は以下の通りである。

東京都芸術文化発信事業助成、朝日新聞文化財団、三菱UFJ信託芸術文化財団、国際交流基金（順不同）

個人の寄付の詳細については割愛する。

収支計画を作成した後に、寄付や協賛金の目標額が計画通り達成されない場合どうするか？　この問題は会場を確保し、参加団体と仮契約し、コンサート

の発表とチケット発売のタイミングと大いに関係してくる。

　このプロジェクトは2007年夏の段階でその目標額が大きく下回っていた。プロジェクトがマニフェスト通りに実行されることが、メセナを施す側への最低限の果たすべき見返りである。したがって、計画を中止するという解決策は問題外である。チケット料金を値上げすることもマニフェストに反する。

　解決を見たのは、計画を提唱した表現者自らが自腹を切る覚悟を持ったからである。メセナを受ける側が、メセナを施す側にもなる例である。

　主旨の冒頭に述べたこのプロジェクトの三つの目的のうち最初の二つが達成されたことは、次に紹介する資料2007年12月7日付日本経済新聞の以下の記事（一部省略）から実感できると思う。

温かい雰囲気、響き再発見
大成功、再生願う

　結果的には大成功だった。たしかに音響は、サントリーホールなどとは比較にならぬほどデッドだ。しかし二階前方の席などでは残響のなさゆえに各楽器が明快に聴こえ、作曲者の意図がよくわかる。打楽器の威力も強調される。
　そして何よりも肝心なのは、響きがデッドでも、ホール内の空気が実にホットであったことである。どの楽団も相競うように気迫のこもった熱演を続け、のべで一万人をこえた聴衆を興奮させた。それは躍動的な指揮に加えて魅力的なスピーチで聴衆の耳目をひきつけた井上道義の力が大きいけれど、日比谷独特の温かい雰囲気も、たしかに物をいっていた。
　会場、曲、演奏者など、さまざまなものの価値を聴衆が再認識、あるいは初めて発見する、きわめて有意義な催しだった。日比谷が再生されることを、願わずにはいられない。

　　　　　　　　　　　　　　　　　　　　　　　　　山崎浩太郎（音楽評論家）

「日比谷公会堂の再生及び日比谷公園と日比谷地区の活性化に貢献する」を射程に入れるための作業として、井上道義は「日露友好ショスタコーヴィチ交響曲全曲演奏プロジェクト2007」実行委員を中心に賛同者を募り、2008年夏に「日比谷公会堂の再生を願う会」を結成、その代表者となる。

　井上道義は2008年10月14日、石原慎太郎東京都知事宛てに手紙を出した。そのコピーを資料として全文掲載したい。

平成20年10月14日

東京都知事
石原慎太郎殿

「日比谷公会堂の再生を願う会」
代表　井上　道義

日比谷公会堂の再生に関する要望書

　石原都知事にお願いし、ぜひご尽力していただきたいのは、来年80の年輪を加えることになる日比谷公会堂のことです。

　この20年ほどは、組合などの集会、政党大会、入社式などの集会場として主に使われている日比谷公会堂ですが、実はあそこは戦前［1929年＝関東大震災6年後に建設］から続く日本の「音楽の殿堂」でもあったことを、思い起こしていただきたいのです。
　日比谷公会堂は、長い間東京の、かつ日本国内でも数少ない公共ホールのさきがけとして多くの外国からの名だたる音楽家、団体の演奏の場として、そして時にはオペラなどにも使われてまいりました。
　忘れられていますが驚くべきことに、東京大空襲のあった２月まで戦時中も絶えることなく［1944年にさえ年間150回以上の！］演奏会が続けられていたことです。それは、ヒトラーに囲まれたレニングラードで語り継がれれているフィルハーモニーでのコンサートになぞらえるとも言えないでしょうか？
　建築学的にも日比谷公会堂は公会堂本来の使命である講演や音楽演奏を観客に聞こえやすくするため、『大いなるメガホン形状』の設計となっています。これは日本文化に内蔵されている和と洋、また多様な芸術が共存し享受される、日本的多目的ホールの原点として貴重であるといって肯定しても良いのです。
　〈残響？秒〉という数字だけの流行の杓子定規に踊らされながらも、欧州各国より音響的には素晴らしいわが国の音楽専門ホールの数々のみならず、〈箱もの行政〉と揶揄されながらも数多く建設され、今や全国に行き渡った多目的ホールの数々もルーツをたどれば、日比谷公会堂に始まるのです。
　しかも、日本の西欧文化の受容の実験場とさえいえる日比谷周辺は、旧鹿鳴館〔社交〕、旧帝国ホテル〔外交〕、また公園〔公共の広場〕旧松本楼〔食〕日比谷花壇〔花〕などの計画された環境整備に囲まれ、音楽文化などの劇場芸術の中心で長くあり続けていました。
　しかも公会堂は東京の以外と数少ない、ここ百年前後の近代の歴史を背負った建造物で、特に戦火をくぐったものとして、大変貴重な建物ともいえます。
　それは現在60歳以上の人にとっては生きた記憶であり、30歳以下の者にとっては、肌で感じられる歴史として、文化的背景としてよって立つための自信をもたらす、大事な文化のルーツでさえあると思います。
　昨年11月に一ヶ月間公会堂をお借りして、サンクト・ペテルブルグのオーケストラを

含む内外の6交響楽団を招聘し日露友好の名を冠して挙行した『ショスタコーヴィチ交響曲15曲全曲演奏会』では8回の演奏会に10000人ほどが来場し、9割以上の人々がその新鮮な！音響と建物の佇まいに感激していたことをお伝えします。特に若い人たちはそこに何かを発見しているかのようにさえ感じられました。
〔アンケート700枚程度の中から下記にいくつか書き出しました〕

　もちろん時代と共に多くのものは変化しますし、しなければなりません。
公会堂も現在のままでは設備関係の不備など、（エレベーター、冷暖房設備、照明、椅子等々）古色蒼然としています。
　しかしながら、まるで黒板の文字が次の授業のためにあっという間に消されていくような、東京の都市景観の中で、いくつかの消えないシンボルとして、日比谷公会堂は古い記憶と共に、新しい記憶を宿らせて再生させ、これからも新たに存在していくべきではないでしょうか？

　日比谷公会堂の再生は、都市型公園と歴史的建造物による都市イメージの向上にもつながり、2016年の東京オリンピック開催の暁には、世界から集う人々が、東京の都市計画の歴史や、音楽文化受容史など、わが国の西欧文化への理解と周到さを退官することにもなるはずです。
　公会堂が来年80歳を迎えるこの機会に、石原知事のお力によりこの周到かつ壮大な都市の計画と、都民の希望と善意の思想で建てられ、多くの人々の明日への力の源になった歴史の響きと足跡を、ぜひ美しく再生していただきたいのです。どうぞよろしくお願いします。

以上

「日比谷公会堂の再生を願う会」賛同者

代表
井上　道義　（指揮者）

江戸　京子　（財団法人アリオン音楽財団理事長）
大友　直人　（東京文化会館音楽監督）
オノ・ヨーコ　（芸術家）
亀山　郁夫　（東京外国語大学長）
黒柳　徹子　（女優、UNICEF親善大使）
小林　和男　（元NHKモスクワ支局長、作新学院大学教授）
佐藤　正治　（梶本音楽事務所　顧問）
篠田　正浩　（映画監督）
鈴木　博之　（建築史家、東京大学教授）
髙橋　宏　（公立大学法人首都大学東京理事長）
多湖　輝　（東京未来大学名誉楽長、千葉大学名誉教授）
成田　純治　（株式会社博報堂　代表取締役社長）
南部　靖之　（株式会社パソナグループ　代表取締役グループ代表）
福原　義春　（株式会社資生堂　名誉会長）

藤森　照信　（建築家、東京大学教授）
前田　晃伸　（株式会社みずほフィナンシャルグループ　取締役社長）
前橋　汀子　（ヴァイオリニスト）
村上　光一　（株式会社フジテレビジョン　相談役）
山崎　泰孝　（建築家）

＜五十音順、敬称省略＞

「日露友好　ショスタコーヴィチ交響曲全曲演奏プロジェクト2007」
来場者アンケート調査（一部抜粋）

■公演日：2007年11月3日（土・祝）、4日（日）、10日（土）、11日（日）
18日（日）、12月1日（土）、5日（水）、9日（日）　合計：8日間
■来場者数：約10,000名
■調査数：約700名
■設問：「日比谷公会堂はまもなく開館80周年を迎えます。これからこのホールがどのように発展して欲しいか、ご自由にご意見をお聞かせください。」

■回答（一部）：
☐リアルな音。美しい響きというより衝撃的な感じ。今どき新鮮です。
☐ロシアっぽくて良かったです。学校の放課後を思い出しました。
☐残響がない。でもそれが今日の演奏の凄さを強調していると思う。
☐井上さんが「すっぴんのホール」と言われていましたが、本当にその通りでした。
☐出した音がそのまま着席にどんとくる感じ、舞台の音がくもりなくクリアに聴こえてきました。
☐少々無骨で古色蒼然としたところがショスタコーヴィチに似つかわしい。公園に面しているのもいい。これを機会に大いに活用していただきたい。
☐銀座の近くにこんな素敵なホールがあるとは知りませんでした。キレイさはありませんが、レトロな趣があって気に入りました。
☐ヨーロッパの歌劇場のようなシックな雰囲気を絶対に壊さないでください。この趣の良さが演奏に花を添えているのです。
☐日本の芸術発展を支えた大切な公会堂。これからもこのホールならではの音を贈り出して欲しい。
☐このホールの良さは他にない。保存しつつ響きの良いホールに慣れた聴衆をもっと呼ぶべきだ。
☐親しみやすさと利便性を活かし、気軽に聞くことができるクラッシックコンサートをもっと増やして欲しい。日比谷公園に遊びに来た人がふらっと入れるような。
☐観客にとっては勿論ですが、アーティストやスタッフにも快い施設にリニューアルして欲しいと思います。今の技術ならば歴史的外観を残しつつ改善することも可能だと思います。
☐日本は古いものを捨て新しいものへと向かう文化ですが、この様な建物は使われてこ

□そ生きるものです。改修などの方法で歴史そのものが現代に生きることを望みます。
□この古い雰囲気とデットな響きは、ある種の宝物です。サントリーホールとは、また違った良さがあるので、是非今後ともご活用お願いします。
□至れり尽くせりのホールで聴くことに慣れていたことに気付かされました。

　手紙が出た2日後の10月16日、「日比谷公会堂を改修の項目（アイテム）に加える」という都知事の意向が「日比谷公会堂の再生を願う会」の賛同者の一人に口頭で伝えられた。その後、2009年2月11日付日本経済新聞や2009年2月19日付建通新聞で日比谷公会堂の大規模改修計画が報道された。

　2009年の日比谷公会堂は開設80周年をむかえ、開設80周年記念実行委員会が設立、井上道義が委員長を務めている。

　大規模改修は改修規模の調査を経て4、5年後に着手される予定である。井上道義が常に先頭に立ち、「日比谷公会堂の再生に貢献する」というマニフェスト通りに日比谷公会堂の改修計画が動いていることは、支援企業・団体に大きな見返りを残したと思う。

3. シモン・ボリバル・ユース・オーケストラ・オブ・ベネズエラ日本ツアー 2008年

　ベネズエラのユース・オーケストラ招聘の交渉は2005年から始まり、3度のベネズエラ出張を経て、2008年6月に日本ツアーの具体的な話がまとまった。ベネズエラでは計画を実行に移すのに想定外の時間を要する。短期間の間に、このオーケストラの活動を幅広い層に伝え、支援を得るために「日本・ベネズエラ音楽交流支援委員会」を2007年に結成し、筆者はその事務局長を務めた。

（社団法人企業メセナ協議会認定）
日本・ベネズエラ音楽交流支援委員会
Venezuela-Japan Committee for Promoting Musical Exchange
委員長：
　伊藤昌輝（ラテン・アメリカ協会常任理事、元駐ベネズエラ日本大使）
委員：
　児玉幸治（日本オーケストラ連盟理事長）

小林武史（バイオリニスト）
佐治薫子（千葉県少年少女オーケストラ音楽監督）
森下元康（世界アマチュアオーケストラ連盟委員長）
太下義之（三菱ＵＦＪリサーチ＆コンサルティング）
ホセ・アントニオ・アブレウ（FESNOJIV創設者）
グスターボ・ドゥダメル（SBYO芸術監督）
マルタ・アルゲリッチ（ピアニスト）
クラウディオ・アバド（指揮者）
ニコラウス・アーノンクール（指揮者）
サイモン・ラトル（指揮者）
ミヒャエル・ヘフリガー（ルツェルン音楽祭総支配人）

　日本・ベネズエラ音楽交流支援委員会は、日本とベネズエラの音楽交流を通して、危機管理、青少年健全育成と都市の治安の再生、少子化対策、教育再生、文化芸術の振興、企業メセナの課題に取り組んでいるすべての関係機関と人々と協力し、新しい視点を提案いたします。

＊

アブレウ博士の試み

　ベネズエラのホセ・アントニオ・アブレウ博士（1939年生まれ。石油経済学博士、元文化大臣、ユネスコ平和大使。ドイツ文化勲章、世界文化賞、旭日大綬章など受賞）は、1975年、「ベネズエラ全国青少年児童オーケストラシステム財団（FESNOJIV）」を創設しました。
　財団の趣旨は、「貧しい子供達を犯罪から守り、善良な市民に育成し、社会の発展に寄与する人材を育成すること」にありました。
　犯罪に巻き込まれやすい貧民層の子供たちに、オーケストラの楽器と指導を均等に無償で提供し、彼らの音楽活動を大規模に支援することをめざしたのです。
　首都カラカスの最近の犯罪数を東京と比較すると、殺人事件が東京の88倍、強盗事件が75倍、誘拐事件が14倍（在ベネズエラ日本国大使館発表）という多さです。中南米でも類を見ない犯罪発生国ベネズエラにあって、子供たちを犯罪から守ることがいかに緊要な課題であるか想像できます。
　FESNOJIVの運営基金の大半はベネズエラ政府によるもので、数回にわたる政権交代でも歴代政府の支援は継続されており、国家とは独立した団体です。

目覚しい成果

　FESNOJIV創設から30年以上が経過した現在、財団に所属するメンバーはベネズエラ全国300ヵ所の拠点に29万人以上を数え、2007年の年間予算は約35億円にのぼります。メンバーはオーケストラの実践を通して、社会活動と芸術活動に従事しています。2007年11月ベネズエラはFESNOJIVに集まる青少年を今後10年間に100万人まで増やすという計画を発表しMISION MUSICA という新しいプロジェクトがスタートしました。2歳から50歳までのメンバーからは犯罪者がまった

く生まれていないこと、のみならず最近の新聞（ニューヨークタイムス6月24日付け）報道では窃盗罪・殺人罪で刑務所に収容されている女子の囚人が楽器と指導者を提供され、定期的な練習を始め、この活動に年間3百万ドルの支援が行なわれています。

音楽に犯罪者を更生させる力があることをFESNOJIVが実証しているからでしょう。

シモン・ボリバル・ユース・オーケストラ・オブ・ベネズエラ

犯罪の抑制と人格形成を目的としてスタートした活動のなかから、音楽的にも極めて高度な成長を遂げたオーケストラが出現しました。それが、首都カラカスを本拠地とする「シモン・ボリバル・ユース・オーケストラ・オブ・ベネズエラ（SBYO）」です。

名称こそ"ユース"ながら、その演奏にプロのオーケストラを上回る表現力を実感する人も少なくなく、すでに欧米の著名な音楽祭に出演して聴衆から圧倒的な賛辞を贈られています。世界的な指揮者のクラウディオ・アバドやサイモン・ラトル、ベルリン・フィルの団員たちが彼らの演奏に魅了され、定期的にベネズエラを訪れては指揮や演奏指導を行っています。

さらに、このオーケストラからは優れたプロ音楽家も誕生しています。

今世界中から注目を集めている指揮者、グスターボ・ドゥダメル（26歳）はSBYOの出身で、アメリカの名門ロサンゼルス・フィルの次期音楽監督に内定しています。また、17歳でベルリン・フィルに入団したコントラバス奏者エディクソン・ルイーズや、ロイヤル・コンセルトヘボウ管弦楽団首席ファゴット奏者グスターボ・ニュネス、さらにヨーロッパの3つの国際コンクールに立て続けに優勝したトランペット奏者フランシスコ・フローレスなど、世界の頂点から推挙される青少年を輩出しているのです。

あらゆる国の手本となる活動

「これはあらゆる国にとって手本となる活動なのです」（クラウディオ・アバド）、「クラシック音楽の将来に最も重要なことがベネズエラに起こっています」（サイモン・ラトル）。

およそ西洋音楽の先進国とはみなされていなかったベネズエラで、アブレウ博士と彼の財団は、音楽に全く疎遠な環境にある子供たちに楽器に触れる機会を提供するシステムを確立しました。また、そのために必要な優秀な指導者も豊富に確保しています。アブレウ博士は、日本のスズキ・メソードが子供の指導に大きな貢献を果たしていると語っています。

FESNOJIVが育んだこのシステムは、今や中南米を中心に23ヵ国で採用されているのです。

日本をもっと良くしたい

少子化が進む日本においても、学校や家庭で多発しているいじめ、虐待、自殺、傷害事件、学級崩壊など、社会の発展を妨げる現象を直視するとき、それらを根元から断つためのヒントをベネズエラのユース・オーケストラ・システムから得

ることができるのではないでしょうか。
　防犯対策、危機管理の基本は、加害者を作らないことにあります。
　ベネズエラの実践が示すように、オーケストラ活動から感受性や忍耐力、協調性、自己表現力、自尊心、合意の精神と優れた社会性が身に付き、それが青少年を健全な市民に導くのであるならば、わが国の青少年健全育成と教育再生および文化芸術振興基本法の理念にオーケストラの実践をどう位置づけるかについて、改めて議論がなされてもよいと思います。第166回国会の文部科学委員会（2007年6月6日）ではこの話題が取り上げられています。
　2008年は日本とベネズエラの外交関係樹立70周年、ベネズエラ移住80周年にあたります。
　私たち、日本・ベネズエラ音楽交流支援委員会は、ベネズエラのFESNOJIVの活動を参考にしながら、オーケストラの実践が日本の子供たちを「精神的貧困」から救済する方法を探ると同時に、わが国の音楽教育のあり方を各方面から広く考える機会を提供します。併せて、オーケストラ活動が社会の発展と向上にいかに貢献できるかを長期的展望から見守っていきます。
　そこで日本・ベネズエラ音楽交流支援委員会は、以下の活動を支援します。

1. 2008年12月にSBYOの一行250名を日本に招聘し、常任指揮者：グスターボ・ドゥダメル、独奏者：マルタ・アルゲリッチ、ルノー・カプソン、ゴーティエ・カプソンを迎えてコンサートを実現します。
　2008年12月17日東京芸術劇場（チャイコフスキー：交響曲第5番、ラヴェル：ダフニスとクロエ第2組曲、中南米の音楽）
　12月18日東京国際フォーラムホールＡ（ベートーヴェン：三重協奏曲、マーラー：交響曲第1番）
　12月19日広島厚生年金会館（予定）（ベートーヴェン：三重協奏曲、マーラー：交響曲第1番）

2. 日本の音楽家をベネズエラに派遣し、SBYOとの共演を実現します。一方、ベネズエラの音楽家を日本に招聘し、日本のプロオーケストラとの共演を実現します。

3. アブレウ博士およびFESNOJIVの活動を日本の様々なメディアで紹介します。

4. ベネズエラと日本の青少年がオーケストラを通じて継続的な交流を促進するための将来のプロジェクトを検討します。

日本・ベネズエラ音楽交流支援委員会（社団法人企業メセナ協議会認定）
　　　　　　　　　　　事務局長　佐藤正治（梶本音楽事務所顧問）

　計3回のコンサート実施にかかった総経費：8,900万円、チケット収入：6,600万円、寄付・協賛金の総額：2,570万円、繰越金：270万円、が収支結果である。

コンサート・スポンサーシップ（資金のご提供によるパートナーシップ）を以下のカテゴリーで募った。

- ●オフィシャルパートナー：500万円以上
- ●プリンシパルパートナー：250 〜 499万円
- ●コーポレートパートナー：100 〜 249万円
- ●ゴールドパートナー：50 〜 99万円

また「日本・ベネズエラ音楽交流支援委員会」の将来の活動のため繰越金は想定していた。したがって、黒字が出ないことを前提とした公的機関の助成は申請しなかった。（この繰越金の一部は当支援委員会が日本人作曲家にオーケストラのための新作を委嘱し、2011年にグスターボ・ドゥダメルとFESNOJIVに献呈する予定である。）

寄付・協賛に参加した個人と企業・団体は以下の通りである。

永江洋子チェスキーナ、三菱商事、上野トランステック、民主音楽協会、ヤマハ、伊藤忠、神戸製鋼所、国際石油開発帝石、ベネズエラ石油、昭和電工、住友化学、日揮、日本ロレックス、パソナ、ベネフィット・ワン、日立工機、日立プラントテクノロジー、丸紅、三井物産、三菱アルミニウム、三菱マテリアル、紀ノ国屋、明治製菓、日本たばこ産業　（以上順不同）

結果的には繰越金が発生したことになるが、計画段階での収支見通しは暗かった。このユース・オーケストラの知名度がまだ十分ではなかったときである。2005年の12月に行ったベネズエラ出張の理由を説明してそれを理解できたものは、社内でも皆無だった。

図3-1　シモン・ボリバル・ユース・オーケストラ・オブ・ベネズエラ日本ツアーの会見

図3-2　和やかな雰囲気のオーケストラ〈本番〉

（図3-1、2ともに写真：三好英輔）

さらに計画の実行直前には、「赤字が出たらどうするか？ それを埋め合わせるために筆者の個人資産（現在住んでいるマンション）を売却したらいくらになるか？」という質問に答えなければならないほどであった。新しいプロジェクトに反対者や批判者はつきものであるが、そういう人々は物言わぬ者と違って、外部がサポートする動きを見せ始めると次第に支持者になってくれる。プロジェクトを動かすには、一人の熱狂者がいることがとりわけ重要である。

SBYOのコンサートに先立って、アブレウ博士を2008年3月に招聘した国際交流基金に協力して博士の広報活動に協力した。同年の7月と12月にはトランペット奏者フランシスコ・フローレスをベネズエラから招聘し、東京交響楽団、大阪フィルハーモニー交響楽団、NHK交響楽団との協演を果たした。また10月には井上道義と小曽根真をベネズエラに派遣し、SBYOとの共演を実現した。

書籍や新聞、放送の影響を受けて2008年ごろから海外や日本で「ベネズエラ全国青少年児童オーケストラシステム財団（FESNOJIV）」の活動をエル・システマ（El Sistema）という名前で呼ぶようになった。

コンサート終了後、演奏会とエル・システマについて報道した主なメディアは以下の通りである。一つのオーケストラの来日公演にこれだけ大きな反響を呼んだ海外オーケストラは珍しい。音楽分野以外の記者やメディアが報道したことも注目に値する。

NHKTV2009年2月20日「芸術劇場」（8月23日再放送、10月19日再々放送）、4月4日「ハイビジョン・ウィークエンドシアター」、7月31日「BSきょうの世界」、中国新聞2008年12月20日、毎日新聞1月16日、朝日新聞1月17日＆2月7日、月刊誌「ソトコト」2009年3月号。

このほか朝日新聞4月5日「私の視点」に筆者の投稿が掲載されたが、字数制限を施していない。

オリジナルの原稿をここに紹介したい。

オーケストラが子供を救う「エル・システマ」を日本に根付かせたい

10年程前から学校や家庭での殺傷事件が頻繁に報道されている。自殺や通り魔事件など心身を傷つける事件も増えている。

長くクラシック音楽に関わってきた人間として、犯罪加害者は熱心に音楽活動をしてきただろうか、音楽に早くから触れていれば、他人や自分を傷つけることを躊躇したのではないか、という素朴な疑問を持つようになった。

　この疑問を真剣に考えてくれたのが長年の友人、ピアニストのマルタ・アルゲリッチ女史である。私達は「音楽には犯罪を防ぐ力が宿っている＝Music Against Crime」という仮説を立てそれを日本で検証しようと、9年前から小学校や児童自立支援施設を訪れ、音楽に疎遠な子供たちに本物の演奏を聞いてもらう交流を続けてきた。訪問先では歓迎されたが、演奏家の都合で予定が組まれるために、子供達が望むように定期的に出会うことが難しい。そんな限界を感じ始めたときに出会ったのが、ベネズエラの経済学者ホセ・アントニオ・アブレウ博士である。

　「子供を犯罪から救い、善良な市民に育成し社会の発展に寄与する」ことをオーケストラで34年間実践している人物だ。2月7日付本紙国際面にも紹介されている通り、貧困層の子供が楽器と指導を無償で提供され、音が出るようになるとすぐにオーケストラの合奏に加わる。それを実施する施設「ヌクレオ」が全国に300ヵ所あり、子供たちは送迎バスと警備員に守られ、放課後の4時間を毎日ここで過ごす。

　このような人材教育システムがエル・システマという言葉で定着してきた。このシステムがオーケストラを採用しているのは、オーケストラが「忍耐、自尊心、自己表現力、協調性、コミュニケーション力を養い、究極は全員で合意に向かっていく共同体であり、それは社会の縮図でもある」からだとアブレウ博士は語っている。ベネズエラのエル・システマは現在、参加している子供たちとスタッフ総勢約30万人、年間予算約65億円という規模に膨れ上がっている。

　犯罪発生率が高いベネズエラで、犯罪加害者がオーケストラに誰もいないこと、さらに少年院や刑務所に服役中の受刑者をもオーケストラで更生させていること（刑務所プロジェクトには米州開発銀行とベネズエラ政府から年間3億円の助成金が出ている）、障害者が健常者と同様の音楽活動が可能なように特別な教育プログラムを開発していることなどがエル・システマの成果と言えよう。音楽の力を信じること。それが目覚ましい成果を生み出している。中南米諸国と欧米諸国もこのシステムの導入を開始しており、「ヌクレオ」には各国からの見学者が絶えない。

　私はエル・システマを日本に導入することが上述の問題解決に貢献できると考えてベネズエラを度々視察し、伊藤昌輝元駐ベネズエラ日本大使をはじめ多くの関係者の協力を得て「日本・ベネズエラ音楽交流支援委員会」を結成した。エル・システマを日本に紹介するために、まずシステムの頂点にあるシモン・ボリバル・ユース・オーケストラ・オブ・ベネズエラ（SBYO）を招いて昨年12月東京と広島でコンサートを実現した。エル・システマの出身で世界中の話題となっている若手指揮者グスターボ・ドゥダメルとSBYOの感動的な演奏に目を見張った人も多かったと思う。

　日本でも青少年のオーケストラ活動は活発である。自治体が応援している千葉県少年少女オーケストラの場合、全県からオーディションに合格した10歳から20歳までの160人のメンバーが、団の楽器を貸与され、一流の指導者の下に本番のホールで練習ができる、という恵まれた環境にある。また今春はヨーロッパ公演

にも招かれて国際交流にも貢献している。

　音楽活動が趣味の一つとみなされると、保護者の関心が薄くて音楽に疎遠な環境にある子供がオーケストラに参加することが困難である。これが日本のユース・オーケストラ全般にあてはまる現象であり、エル・システマとの大きな違いである。「音楽へのアクセスは子供に平等に自由に与えられるべきだ」と言うアブレウ博士の言葉が自然に受け入れられるほど日本は成熟していない。

　私はエル・システマの社会的活動を日本で実践したいと思う。エル・システマに参加している子供の学業成績がその他の子供を上回っているというベネズエラの統計があるが、日本では塾に行かせるほうが子供の将来のため、と考える保護者が多いかもしれない。そんな保護者の理解と賛同を得て楽器の調達や指導者の確保、地域社会との連携などの課題を克服することが重要となる。

　理想的には自治体の主導で内閣府に「オーケストラ特区」を申請することである。それに時間がかかるようであれば、地域の小さなユニット、たとえば学童保育の施設でエル・システマを始めるのはどうだろうか？

　10年後にはその成果がはっきり現れるものと信じている。

　　　佐藤正治（日本・ベネズエラ音楽交流支援委員会事務局長、KAJIMOTO 顧問）

　エル・システマの導入で日本をもっと良くしたい、というマニフェストは、音楽の力で日本社会を良く変える、という挑戦である。したがって、その成果がはっきりと現れるまで10年を要すると思う。

　エル・システマの導入には新しい工夫が必要だと思う。例えば「"音楽演奏"を万人の身近な楽しみにしようともくろんだ」（朝日新聞2009年4月11日）任天堂の「Wii Music」の理念とエル・システマが協力し合うのはどうだろうか？

　子どもから音楽のおちこぼれをなくし、全員に音楽表現の楽しさを提供しようとする任天堂とのコラボレーションが実現すれば、日本におけるエル・システマをユニークなものにしてくれると思う。

　これまでに福山、大阪、京都からエル・システマに共感して類似の活動を開始または準備を始めたという話を聞いている。このプロジェクトを支援した個人や企業に見返りを実感してもらうときが、必ずやってくると確信している。

4. 千葉県少年少女オーケストラヨーロッパツアー　2009年

①デュッセルドルフ市　トーンハレ（ドイツ）

　「ビッグバン4・ヤングトーンハレ」演奏会

　日　時：3月26日（木）20時開演

会　　場：トーンハレ・デュッセルドルフ
　主催者：デュッセルドルフ交響楽団
　共　　演：トーンハレ・デュッセルドルフ・ユース・オーケストラ
　曲　　目：(千葉県少年少女オーケストラ)
　　　　　芥川也寸志/交響管弦楽のための音楽
　　　　　(トーンハレ・デュッセルドルフ・ユース・オーケストラ)
　　　　　ジョージ・ガーシュウィン／ラプソディ・イン・ブルー
　　　　　(千葉県少年少女オーケストラ)
　　　　　ファリャ/組曲「三角帽子」よりScenes and Dances,
　　　　　Three Dances
　　　　　ショスタコーヴィチ/交響曲第1番
　　　　　伊福部昭/管弦楽のための日本組曲より「盆踊」(アンコール)

②ソフィア市　ブルガリアホール（ブルガリア）
「日本・ブルガリア国交回復50周年記念演奏会」
　日　　時：3月29日（日）11時30分開演
　会　　場：ブルガリアホール
　主催者：ソフィア・フィルハーモニック
　共　　演：フィルハーモニア・ピオネル・オーケストラ
　曲　　目：(フィルハーモニア・ピオネルオーケストラ)
　　　　　ペトコ スタイノフ／組曲「トラキースキ・タンツィ」から2曲
　　　　　(千葉県少年少女オーケストラ)
　　　　　芥川也寸志/交響管弦楽のための音楽
　　　　　ファリャ/組曲「三角帽子」よりScenes and Dances,
　　　　　Three Dances
　　　　　ショスタコーヴィチ/交響曲第1番
　　　　　藤倉大/ Nazdravitza！for Orchestra 2009（ヨーロッパ初演）

③ケルン市　フィルハーモニック（ドイツ）
　日　　時：4月1日（水）20時開演

会　場：ケルナー・フィルハーモニー
主催者：ケルン・ミュージック
共　演：ボーフム音楽学校・ユース・オーケストラ
曲　目：（ボーフム音楽学校・ユース・オーケストラ）
　　　　ウェーバー／魔弾の射手
　　　　（千葉県少年少女オーケストラ）
　　　　ショスタコーヴィチ／交響曲第一番
　　　　芥川也寸志／交響管弦楽のための音楽
　　　　（合同演奏）
　　　　ムソルグスキー／組曲≪展覧会の絵≫より
　　　　ベルリオーズ／ラコッツィ行進曲
　　　　伊福部昭/管弦楽のための日本組曲より「盆踊」（アンコール）

　前述の千葉県少年少女オーケストラ（CPYO）と指揮者井上道義は2005年の韓国ツアーが成功し、次の目標はヨーロッパツアーとなった。井上道義のマネジメントを担当してきた筆者に与えられた任務は、訪問する時期と都市の選定および演奏会の総合調整役であった。
　時期をCPYOの団員が旅行可能な2009年の春休みと決定し、CPYOの演奏を千葉で聞いたデュッセルドルフ市の招待でデュッセルドルフ・トーンハレが先に決まり、ほかの2都市の主催者を選ぶ仕事を引き受けた。
　ウイーン、パリ、ベルリン、アムステルダム、サンクトペテルブルクなどの候補を当たったが、その都市を代表するホールで演奏できること、ホール自身が主催すること、この二つを満たすブルガリアのソフィア・ブルガリアホールとドイツのケルン・フィルハーモニーが最終的に決定した。プロのオーケストラでもホールを借りて自主公演をせざるを得ないケースが多い中、日本のユース・オーケストラの海外コンサートのすべてがホールの主催公演に組み込まれた例を筆者は知らない。
　また、2006年から2010年にかけてヨーロッパのコンサート・ツアーを計画していた日本のいくつかのプロオーケストラが財政的理由により、交渉半ばで先方にキャンセルを通告する仕事にかかわった筆者としては、CPYOが予定通り

ツアーを実行したことは嬉しかった。

各都市では地元のユース・オーケストラが歓迎演奏をしてくれたほか、ケルンでは合同演奏の交流が行われた。

2009年、日本との国交回復50周年に当たったブルガリアのコンサートに向けて、両国の親善友好のシンボルとなるようなお土産をソフィアに持参したらどうか？ そのために筆者はブルガリア出身の大関琴欧洲関を応援する新曲を委嘱するという筆者の案を佐治薫子音楽監督と井上道義が受け入れた。NHK交響楽団が最も優れた管弦楽作品に与える尾高賞の受賞が決まった藤倉大に作曲を依頼し、「乾杯する」を意味する「ナズダラヴィッツァ！」（約2分）がこうして誕生した。千葉における世界初演日3月15日が大相撲大阪場所の初日、ソフィアにおける欧州初演日3月29日が大相撲大阪場所千秋楽、作曲家藤倉大の夫人はブルガリア人、千葉県松戸市佐渡ヶ嶽部屋に住む琴欧洲関の婚約者は日本人、という偶然が重なって注目を浴び、世界初演の様子は3月22日のNHKの相撲中継で放送された。

図4-1 ケルナー：フィルハーモニーでのCPYO

（写真：フォトライフ）

この話はツアーがはじまる3カ月前に起こったため、作曲者に支払う委嘱料をどう捻出するかが課題だった。琴欧洲関を応援している乳製品企業に協賛を依頼してみたところ、急な話はすべて辞退する、という理由で賛同を得ることができなかった。これは千葉県文化振興財団が委嘱料を負担することで解決した。筆者は今回ファンドレイジングを担当しなかったが、日本・ベネズエラ音楽交流支援委員でもある佐治薫子音楽監督を三菱商事のメセナ担当者と繋いだことで、一行124名のヨーロッパ滞在期間中に必要なミネラルウォーターを三菱商事が無償提供してくれた。このツアーを支援したのは千葉県に拠点を置く企業が中心である。今回訪問した各都市の主催者の最高責任者からの声をお知らせしたい。

「昨夜、トーンハレで行われた演奏会に、私は大変感激しました。千葉県少

年少女オーケストラは、堂々とした若いオーケストラであり、芸術でした。そして完璧な指揮者マエストロ井上。素晴らしいパフォーマンスであり、芸術でした。こんな素晴らしい演奏をデュッセルドルフで披露していただき感謝いたします。今後ともデュッセルドルフと千葉県の友好関係が続くことを祈念いたします。ミヒャエル・ベッカー、デュッセルドルフ」

「千葉県少年少女オーケストラのソフィア公演が、2009年3月29日に実現できたことをとてもうれしく思います。私にとってもソフィアの聴衆にとっても、千葉県少年少女オーケストラの演奏はとても楽しいものでした。若い音楽家たちはとても表現豊かに、プロフェッショナルに難しいプログラムを演奏していましたし、マエストロ井上道義氏の素晴らしい指揮に出会えたことも、とても素晴らしいことでした。このオーケストラが今後も日本や海外で、素晴らしい演奏を行っていくことを願っています。ヤヴォー・ディミトロフ、ソフィア」

「聴衆は間違いなく最高の音楽を聴いた。日本から来た108人の団員がマエストロ井上の指揮に正確に応えて奏でた音楽は、本当に素晴らしかった。音楽によって言語の壁を乗り越えた若い音楽家たちの演奏は、プロの演奏よりも明確に、私に音楽の普遍性を教えてくれた。ローレンス・ランゲフォルト、ケルン」

千葉県少年少女オーケストラのヨーロッパ公演は、腕試し的な演奏をはるかに超える文化の発信力を発揮したと思う。ヨーロッパが初めての10代の少年少女が集団で奏でる音楽を通じて伝えること大切さと繋がることの喜びを感じた。「伝えると繋がる、繋がると伝わる」これをオーケストラ活動から離れた世界でも意識することで、大きな人材に成長していく。このツアーを支援した企業は大きな見返りを受けるだろう。

5. CHOPIN 2010 委員会

2010年はショパン生誕200年にあたり、5年ごとに行われる国際ショパンピアノコンクールが開催される年でもある。

筆者は2008年3月、CHOPIN 2010 Celebrations Committee（ショパン2010委員会、委員長：ウォルデマール・ドブロンスキ　元文化大臣）の委員になってほしいとの打診を受けた。ポーランド政府がショパン生誕年にコンクールを含む2010年の様々な文化イベントを統括する機関である。

　筆者がピアニストのマルタ・アルゲリッチやマウリツィオ・ポリーニと長年の信頼関係で仕事を続けて来られたのは、ショパンコンクールがこの二人を世界に送り出したおかげである。それがこの委員を引き受けるに十分な理由であるが、引き受けるもう一つの理由は2005年のショパンコンクールで起こった不適切かつ不健全な出来事を知ったことにある。

　2005年のコンクールの主催者がテレビメディアの取材活動に法外な立ち入り料を請求したため、NHKが取材を断念したこと。

　入賞者全員の10年間にわたる日本での活動を独占できる契約を日本のスポンサーが要求したこと。

　関係者から聞いたこのような事例が2010年という記念年には起こってほしくないと願い、メディアやスポンサーを健全な方向に導くのが筆者の役割である。アジア地域における広報・メディア・スポンサーのコーディネーターとして、時には受け身に、また時には能動的に動くことになる。

　2008年の金融危機以来鳴りを潜めていたパートナーシップに関しては、景気が好転すれば検討する企業が出現するかもしれない。CHOPIN2010委員会は日本やアジアのスポンサーにポーランドにおける2010年2月下旬から3月1日にかけてのショパン・バースデー・コンサーツ、8月の「ショパンと彼のヨーロッパ」音楽祭、10月のショパンコンクールの3本柱をまとめて支援してほしいと希望している。

　しかし、ショパンコンクールに対する関心が異常なまで高い日本では、コンクールへの支援に傾きがちである。日本が入賞者を出した1965年から2005年の40年間に6位以内の入賞者数は、ロシアに次いで日本がポーランドと並んで世界で2番目に多いことも影響しているかもしれない。コンクールの優勝者と契約することでビジネスチャンスを狙う音楽業界にスポンサーやメディアがどういう対応を見せるか？　日本の品格が問われる。筆者は企業イメージや知名度だけの向上を狙う短絡的なメセナ活動に走ってほしくないと願う。

ショパンは同時代に生まれたシューマン、リストとともに、楽器としてのピアノ、ピアノ音楽、ピアノ演奏家及びピアノの聴衆を発展・育成することに大きな貢献を果たした。彼が生まれた200年後に、この3人の作品があらゆる年代のピアニストの重要なレパートリーとして生き残っていることは驚くべきことだ。そして現代のピアニストは当たり前のようにモダンピアノで彼らのピアノ作品を演奏する。彼らは楽器が大きな空間で演奏する傾向に合わせて、何かの犠牲を伴いつつ、時代とともに今日のように進化していくことを予告しているようだ。

　筆者の関心は、これから先の200年にショパンのピアノ音楽がどのように受け継がれていくのか、である。この鍵を握るのは楽器ではないかと思う。弦楽器と違って消耗品とみなされているモダンピアノは使用頻度が多いコンサートホールでは10年ごとに新品に取り替えられる。ピアノの響きを決定するのは響板で、世界の大半のピアニストが弾いている高品質のピアノの響板には、アラスカ産のスプルースという松が使用されている。現在、響板としては最良の素材と言われているスプルースが今後200年間に森林環境を損なうことなく安定供給されるのか、それとも響板に適した別の素材が開発され、ピアニストが弾く喜びを感じるピアノが生産され続けるのか？

　ショパンが生まれて最初の200年で彼の音楽から大きな恩恵を受けた我々の任務は、次の200年を担う世代にショパンの美しい音楽をどう継承していくかを提案することだと思う。

　この視点からCHOPIN2010 のパートナーシップに加わる企業が出現してほしいと願う。そしてそれが地球環境を大切にする企業であれば理想的である。

　日本の民間放送局が2009年のメンデルスゾーンに続いて、2010年はショパンを中心とした音楽ドキュメンタリー番組を制作する。ふとしたキッカケで筆者は番組の監修を引き受けた。2010年の番組はショパンのほかにシューマンやリストの足跡もたどり、上述のコンセプトを番組の中に取り入れていきたいと考えている。

　2010年11月、日本ではマルタ・アルゲリッチが一晩でショパン、シューマン、リストを弾くコンサートを行う。室内楽、ソロ、コンチェルトの3種類を計6回演奏する。これも次の200年を見据えるコンセプトで行われる。

6. おわりに

　はじめに「芸術文化活動の表現者とメセナを施す側が共通のゴールを意識することが重要であると考える」と述べた。この「共通のゴール」を筆者は以下のように考えている。

　音楽益＝音楽がその力を発揮した結果にもたらす利益。政治家が国益にために仕えるように、音楽家は音楽益のために動く。音楽益が日比谷公会堂という日本の洋楽の発祥地であり歴史的建造物の保存と改修を導いた。

　音楽益は「音楽の女神＝ミューズ」と置き換えてもよいのではないかと思う。音楽益を必要としているのは、音楽に疎遠な環境にいる圧倒的多数の人々である。音楽関係者の過ちは、このような人々を無意識のうちに無視し排除してしまっていることである。

　第3節に述べたアブレウ博士はこの問題を根本的に解決するシステムを生み出し、それを大規模に実践した。芸術の優位性を競い合う音楽業界の枠から離れて、音楽が社会を良い方向に変える力を持っていることを実証している。この章では、メセナの受け手と送り手が音楽に疎遠な人間の側に立って音楽を見る視点から音楽益がもたらす先の長い共通のゴールに向かった。

　一方で、優れた芸術が重要であることは言うまでもない。感動をもたらす音楽表現は人間が生きることの尊厳を与えてくれる。井上道義指揮のショスタコーヴィチ交響曲全曲演奏や千葉県少年少女オーケストラの演奏、グスターボ・ドゥダメル指揮のシモン・ボリバル・ユース・オーケストラ・オブ・ベネズエラ、このいずれもが感動を与える演奏だったからこそ、見返りの純度は高くなるのである。

Chapter—8

NPOは
企業メセナの潤滑油

―アートNPOとメセナ活動の連携―

古賀 弥生 KOGA Yayoi

1. はじめに

　地域で企業活動を展開するためには、営利活動のみならず、立地する地域における企業市民としての活動が重要である。メセナ活動もその一環として捉えることができよう。その際、地域の芸術文化活動について知識と経験、ネットワークを有するアートNPOとの連携によって、企業メセナはより地域に根ざし、効率的で効果的なものとなる。

　本チャプターでは、芸術文化と社会をつなぐアートNPOと企業メセナの関係について、全国の動向と福岡都市圏を中心とした地域の状況を紹介し、アートNPOと企業メセナの連携の意義や、両者の関係をより深めるための環境整備について考えてみたい。

2. 芸術文化と社会をつなぐアートNPO

　近年、行政・企業と並び、現代社会を構成する新しい公共の担い手としてNPOが注目を集めている。NPOはNon-profit Organizationの略で、「民間」「非営利」の立場で公共的な活動を行う「組織」であり、既存のセクターである行政・企業と比較して、意思決定や行動の迅速性、柔軟性などの点で優れ、地域のニーズに対するきめ細やかな対応が可能なセクターであるとして期待されている。現代の市民社会において様々な領域でNPOの台頭はめざましいものが

ある。地域に密着した公共サービスを供給し、また、政策立案や評価に関しても活発な活動を展開しており、さらに指定管理者制度の導入によって公の施設の管理運営への参画が促進されるなど、NPOはその存在感をますます増しつつあるといえるだろう。

　NPOの中でも、芸術文化を活動の中心的な領域とし、特に芸術文化と社会をつなぐ活動を行っているのがアートNPOである。

　アートNPOのネットワークである特定非営利活動法人アートNPOリンクによれば、アートNPOとは「市民自治の理念にもとづき、アートと社会の橋渡しを通して、幅広く領域をこえたNPOと連携し豊かな市民社会を創出する役割を担う」（公式サイトより）ものである。また同法人の「アートNPOの基盤整備のためのリサーチ」（2007年9月〜10月実施）では、2007年9月末時点で32,630ある全国の特定非営利活動法人のうち、定款に「学術、文化、芸術又はスポーツの振興を図る活動」（第四号）を掲げている団体は全体の約32％にあたる10,552あり、そのうちアートを主たる活動分野とする団体は2,006とカウントしている（アートNPOデータバンク2007）。アートNPOの具体的な活動について、同じく同法人の2006年度の調査では、公演・展覧会・映写会など「鑑賞機会の提供」に特に力を入れている団体が全体の63.0％と最も多く、次いで市民向けワークショップなど芸術普及事業42.4％、アーティスト・芸術団体支援（発表機会の提供など）37.5％、まちづくり・地域コミュニティの活性化36.4％、子ども向け事業31.0％などとなっており、多彩な活動を行っていることがうかがわれる（複数回答。アートNPOデータバンク2006）。

　文化政策の分野では、文化財の保全・活用、芸術文化振興など従来からの政策目的に加えて、最近では教育・福祉・医療・経済振興・まちづくりなど様々な領域と文化が連携し、総合的な政策へと文化の役割が拡大しつつある。このような総合政策としての文化政策の担い手として、行政のみならずアートNPOが注目されている。

　アートNPOには芸術文化の分野間、芸術文化と社会の他の領域との間の境界を越える柔軟性があり、そのことが行政、企業等にはないアートNPOの特性と認識されている。

3. アートNPOと企業メセナの関係
～㈳企業メセナ協議会調査部会の報告から～

こうしたアートNPOと企業との関係はどのような状況にあるのだろうか。

企業セクターにおいては近年、CSR（企業の社会的責任）に関する取り組みも進み、地域社会との良好な関係づくりを重視する企業が増えつつある。企業メセナ活動に関する代表的なデータである㈳企業メセナ協議会の「2009年度メセナ活動実態調査」（2008年度のメセナ活動に関する調査）によれば、企業がメセナ活動を行う目的は「社会貢献の一環として」（90.9％）が最も多い回答となっているが、次いで「地域社会の芸術文化振興のため」（69.0％）という回答があがっており、年々増加している。また、メセナ活動で企業が得たことは「地域との関係が深まった」（68.3％）が最多であり、メセナの領域でも地域社会との関係を重視する企業の姿勢を見ることができる。

このような地域社会のニーズに応えた企業メセナの展開にあたっては、地域の実情を把握しアートに関する専門知識を有するアートNPOとの連携が重要である。

企業メセナ協議会でも、アートNPOとの連携によるメセナ活動を促進する観点から、メセナに関する基盤整備や課題研究のために設けている研究部会の2003年度テーマとして「アートNPOと企業メセナ」を選択している。研究部会の報告書『企業メセナの新たな展開－アートNPOとの連携－』では、「これからの芸術文化を発展させるのは市民主導の活動です。地域や社会の期待に応えたメセナ活動を行うには、地域に根ざし専門性と先駆的な創造力を備えたアートNPOとのパートナーシップが有効です」（p. 4.）と企業メセナとアートNPOのパートナーシップの必要性について強調するとともに、実際のアートNPOにかかわる企業メセナの事例を紹介している。例えば、トヨタ自動車による「トヨタ・子どもとアーティストの出会い」は、全国各地の学校へのアーティスト派遣事業をその地域で活動するアートNPOとの協働によって展開している。さらに現場のコーディネートにあたっては、アーティストが学校で教師との連携による授業を実施する活動について経験豊富な特定非営利活動法人「芸術家と子どもたち」や「子どもとアーティストの出会い」などのNPOが協

力している。これは芸術文化を通じて教育分野への働きかけをしたい企業が、芸術と教育の架け橋となるような活動をしているアートNPOと連携し、地域の実情に詳しいアートNPOを支援することを通じてその目的を達成している事例である。また、上述の報告書では、アートNPOの特性として①「常識破壊力」「価値創造力」を持つ、②「守備範囲」が広い、の2点をあげ、企業にとってアートNPOと連携することで①ミッション・目標の顕在化、②社会性・公共性の確保、③専門性の確保、④資金の効果的活用、などのメリットが得られ、「これらを通して、結果的にメセナの質的向上・転換を達成できる」(p. 13.)としている。

　このように、アートNPOは、メセナ活動の場面において企業と地域社会とのつながりを深め、広がりのある活動を可能にする媒介あるいは潤滑油ともいうべきものであるといえるだろう。

4. 地方都市における企業メセナの実態とアートNPO
　　〜福岡都市圏の場合〜

　前項で取り上げた企業メセナ協議会の研究部会に参加したメンバーが所属する企業及び報告書に事例として取り上げられた各社は、いずれも同協議会の構成員を中心とした大企業である。しかしながら、地方都市においては中小規模の企業が多く、上述のような企業とアートNPOの関係が一般的であるとは言いがたい面もある。そこで、福岡都市圏の中小規模の企業について、メセナ活動の実施状況やアートNPOとの連携状況などを探ったアンケート調査の結果を紹介したい。

　この調査は、福岡都市圏を中心とした地域に存立する企業194社を対象とし、メセナ活動実施の有無、実施形態、支援の対象、担当部署の有無、NPOとの連携の有無等、またメセナ未実施の場合には実施していない理由等を尋ねた。2005年2月に調査を実施し、有効回答数は36件（有効回答率18.6%）であった。（サンプル数が少なく対象企業が無作為抽出ではないなど特殊な条件下での調査であるため、ここではNPOとの連携に関する部分についてのみ参考として紹介するに留める。）

　その結果を見ると、回答企業36社のうちメセナ実施企業は14社であり、さら

にそのうちNPOとの連携について実績があるのは3社であった。また、NPOとの連携が「必要である」と回答したのは5社、「必要でない」と回答した企業が7社であった。連携実績のある企業は3社とも「必要である」と回答しているが、一般には企業にとってNPOとの連携の意義が認知されておらず、今後の連携の必要性も認識されていない状況である。このように福岡都市圏における調査ではメセナ活動を実施している企業でもアートNPOとの連携事例はまだ少ない。ただし、NPOとの連携によるメセナを実施している企業は、地域の文化的魅力向上を目指した展覧会等の開催に地元のアートNPO関係者の知識や経験、人的ネットワークを活用するなどしており、アートNPOの芸術文化に関する専門性や柔軟性、革新性、そして様々な人材をつなぐネットワーク化の可能性を活用する点で、上述の企業メセナ協議会調査部会の報告にあるアートNPOの特性や連携のメリットとも重なり合う部分が見られる（古賀2008）。

5. CSRの潮流の中で見るNPOセクターと企業セクターの関係〜アートNPOと企業メセナの関係との比較〜

では、アート関係に限定しないセクター全体としてのNPOと企業の関係は、現在どのような状況にあるのだろうか。

近年、CSR（企業の社会的責任）への関心が高まる中、企業とNPOとの関係も新しい視点から捉える試みが行われている。その一環として日本NPO学会が2007年度に実施した研究会では「CSRと市民社会」をテーマに計8回の研究交流会を重ね、2008年3月の日本NPO学会第10回年次大会でのパネルディスカッションを行った。同研究会の『日本の市民社会とCSR　CSRアフィニティグループ報告書』（日本NPO学会編　2008年12月）に所収されている木原裕子氏（株式会社野村総合研究所）の「企業とNPOの協働〜『お互いに必要とされる関係』の始まり〜」によれば、企業とNPOの協働の場面は、これまで主に本業とは別に行う社会貢献活動の領域で成熟してきたが、現在はより多様化しており、企業の本業そのものや組織改革にかかわる場面でも協働が広がっているという。企業の本業におけるNPOとの協働事例では、環境やフェアトレードなど社会性の高い事業開発の分野において、専門性の高いNPOと企業が連携して社会

問題の解決に資する商品開発や販売網の確立を行う事例が紹介されている。また、企業の組織改革に関する協働事例では、子育て経験者の女性や高齢者を保育スタッフとして雇用するNPOが病児保育サービスの事業を実施し、企業を会員として安定した活動を展開しながら企業従業員のワーク・ライフ・バランス推進に寄与している例などが紹介されている。これらの事例では、NPO側に当該分野における高度な専門性や社会課題解決型のプロジェクトを提案する能力と企業とのコミュニケーション力が認められ、また、企業側には社会課題の解決を事業拡大や組織変革の機会と捉える力が備わっている。木原氏は、企業とNPOが、一方的通行の「支援する側」「支援される側」ではなくwin-winの関係になっていることが求められると述べている（pp. 12-15）。

一方、アートNPOとメセナ活動の関係はどうだろうか。

前述の企業メセナ協議会による「企業メセナ実態調査」の2008年版（2007年度調査）によれば、「メセナ活動をCSRの一環として位置付けている」とした企業は回答企業の70.0%で、2004年版の調査（2003年度調査）での51.1%と比べて大きく上昇しており、メセナをCSRと明確に関連付ける認識が高まっているといえる。しかしながら、同調査2009年度版での「メセナ活動の目的」に関する回答では、「社会貢献の一環」90.9%、「地域社会の芸術文化振興のため」69.0%、「芸術文化全般の振興のため」55.6%などが上位を占めており、NPOセクターと企業セクター全体における協働の場面ほどには、企業活動の本業や組織変革にかかわるような取り組みは顕在化していない。さらに前項で述べたように、福岡都市圏のような地方においては、メセナの場面におけるアートNPOとの連携事例そのものが少ないこととあわせて考えると、両者の関係はいまだ成熟度が低いと言わざるをえない。

そもそも芸術文化は「趣味・嗜好」の領域であり、好きな人が好きなように楽しむものといった意識を持つ人が多い。環境や福祉、ワーク・ライフ・バランスなど、社会的に解決すべき問題であることがストレートに理解される分野と異なり、芸術文化についてはその社会的意義に関する認識は高いとはいえないだろう。こうした意識の下では、企業においても芸術文化支援を社会的課題解決に結びつける発想は起こりにくいと考えられ、アートNPO側からの一層のアピールが必要とされている。

6. アートNPOと企業メセナの良好な関係づくりのために

　筆者は、福岡市に拠点を置くアートNPO「アートサポートふくおか」の代表として、「誰もが芸術文化を楽しめる環境づくり」に取り組んでいる。「アートサポートふくおか」では、このミッションの実現のため、学校や地域にアーティストを派遣し、子どもたちを対象としたワークショップ等のコーディネートや、こうした活動ができるアーティストを紹介する「アーティスト・カタログ」の制作、セミナーの開催を行ってきた。また、2005年の福岡県西方沖地震の際には、被災した福岡市西区玄界島の方々を勇気づけるべくアーティストとともに芸術文化を通じた活動を行うなどしてきた。その折々で、資金調達のため福岡市内の企業に対し、メセナとしての支援を要請した経験がある。支援をいただいた各社には深く感謝しているものの、依頼の際、対応した窓口担当者たちから聞かされた言葉に落胆したことも多々あった。

　「NPOへの支援は、行政が運営している市民活動支援のための基金に出資することで実施済みです。個別のNPOへの支援はしておりません」「より多くの市民が参加できる事業に支援するため、大規模なイベントに限定して支援することにしています。そのため、どうしても行政主催のイベントが支援の中心になりますね」「他社はどこを回られましたか？　行政の支援はありますか？」「弊社の役員に知り合いがおありですか？」……。

　こうした言葉から垣間見えたのは、独自の基準で支援先を決めることができず、行政や他社の判断を頼みにしたり、縁古に寄ることで支援の可否が決定されている現実である。

　この背景には、先述のとおり芸術文化という「趣味・嗜好」と考えられがちな領域にかかわることへのためらいや、芸術文化活動に関する知識や情報の不足があると思われる。さらに、メセナを単純な資金援助と捉え、地域社会の課題解決に芸術文化を通じて貢献できる可能性にいまだ気づいていない状況があるのではないか。

　このような経験から、アートNPOが企業メセナの「潤滑油」として、さらに力量を発揮するためには、以下のような活動をアートNPO側から仕掛けることが必要であると考える。

①芸術文化の社会的な意義を訴える

　芸術文化は「趣味・嗜好」にかかわるものだけではない。芸術文化には既存の価値観を問い直し、時代を先取りする力がある。つまり、社会を発展させる創造性の源であるといえる。さらに、芸術文化にかかわることで、環境、福祉、教育など社会における他の領域の課題を創造的に解決することもありうる。このような芸術文化の社会的な意義が、企業をはじめとする地域社会の各アクターに理解してもらえるよう、積極的に訴え続けることが必要である。

②アートNPOがメセナ活動に介在することの意義を訴える

　アートNPOの専門性、ネットワーク、柔軟性、革新性などによって、メセナ活動の社会的な広がりや企業自体の変革が期待できる。このように、アートNPOとの連携によって企業が得るメリットに関する認識を広げることで、企業とアートNPOとの連携の意義を伝えることも重要である。そのベースとして、NPOセクター全般に対する企業の理解を促進する取り組みも必要であろう。

③具体的なプロジェクトでアートNPOの存在感をアピールする

　芸術文化の社会的意義やメセナにアートNPOがかかわる意味について、訴求力の高い具体的なプロジェクトを提案することが、アートNPOに求められる。例えば、芸術文化による環境保全活動など、具体的な社会課題の解決に芸術文化を通じたアプローチで切り込むようなプロジェクトを提示する専門性や企画力、そしてプレゼンテーション能力などが求められ、その場面でもアートNPOの創造性が発揮されるべきである。

④メセナ活動とアートNPOの連携を促進するシステムを多様なセクターの参
　画によって構築する

　さらに、このようなメセナ活動及びアートNPOとの連携を喚起するための活動を担う態勢づくりも必要である。アートNPO情報の発信やメセナへのアドバイスを行うサポートシステムづくりをNPO間の協力、行政・企業等の参画で検討することが求められる。例えば、企業のメセナ担当者とアートNPOの関係者、文化行政担当者が一つのテーブルを囲み、それぞれの活動に関する

情報交換や抱えている悩みを話し合う場を設けるなどの試みから始めてはどうだろうか。

7. おわりに

　メセナのありようは経済の事情に左右されがちであるが、地域に存立する企業を地域住民が深い理解で支えているかぎり、企業は時代を超えて生き延びていくだろう。そのためにはアートNPOなど市民社会の新たな担い手とも連携したメセナ活動は必須ともいえる。これからの日本社会でその活動が進展していくであろうアートNPOと、企業メセナの関係の進化に今後も注目したい。

〈参考文献〉
㈳企業メセナ協議会　研究部会『企業メセナの新たな展開 ― アートNPOとの連携 ―』（2004年3月）。
㈳企業メセナ協議会『メセナリポート2008』（2008年10月）。
㈳企業メセナ協議会『メセナリポート2009』（2009年11月）。
古賀弥生『芸術文化がまちをつくる～地域文化政策の担い手たち～』（九州大学出版会　2008年5月）。
特定非営利活動法人アートNPOリンク『アートNPOデータバンク2006』（2007年3月）。
特定非営利活動法人アートNPOリンク『アートNPOデータバンク2007』（2008年3月）。
日本NPO学会編『日本の市民社会とCSR　CSRアフィニティグループ報告書』（2008年12月）。
吉本光宏「再考、文化政策－拡大する役割と求められるパラダイムシフト　―支援・保護される芸術文化からアートを起点としたイノベーションへ―」『ニッセイ基礎研所報．Autumn　2008　Vol.51』（2008年9月）。

【ケーススタディ紹介 Chapter-8】

～企業とNPOの協働による、子どもとアート／メディアをつなぐ取り組み～
NTT西日本スペシャル「おいでよ！ 絵本ミュージアム」

多様なセクターがかかわり実現した「おいでよ！ 絵本ミュージアム」

　福岡・博多のまちの中心部に建つ商業施設・博多リバレインの7・8階にある福岡アジア美術館は、福岡市が長年にわたって集積してきたアジアの美術作品のコレクションを保有し、アジアの近現代美術を専門とする美術館である。夏になると、いつもは静かな美術館の空間に子どもたちのにぎやかな歓声が響き、展示室の前にはベビーカーがズラリと並ぶ。約1000冊の絵本が並ぶ絵本ギャラリーや絵本から飛び出したような世界が展開する展示、関連ワークショップやイベントが目白押しの「おいでよ！ 絵本ミュージアム」の期間中、美術館は子どもたちの楽しい遊び場になる。

　「おいでよ！ 絵本ミュージアム」（以下、絵本ミュージアム）は、2007年に開始された夏の特別企画である。公式サイトに「子どもにとって身近な絵本を

テーマに、福岡アジア美術館と西日本新聞社と子ども文化コミュニティが協同で生み出した新しい形の『子どものためのミュージアム』。その特徴は、子どもや親子に親しみやすい絵本に関わる企画展とオリジナルの絵本の魅力を体感できる展示や空間、体験型のイベント（ワークショップや人形劇等）を一体化したところにあります。観るだけでなく、触ったり、匂いを嗅いだり、耳をすましたりと五感と身体全体を使ってファンタジーの世界を楽しめる構成となっています」とあるように、市立美術館と企業、そしてNPO（子ども文化コミュニティ）がともに主催する文化イベントになっている（主催者にはほかにテレビ西日本）。2009年は7月23日から8月16日の会期中、約3万9,000人が訪れた。

絵本ミュージアムが始まった2007年は、地元の西日本新聞が創刊130周年を迎える年であった。西日本新聞社の事業局では、「絵本」に着目し、子どもを対象とした記念事業ができないかと模索していた。活字離れが叫ばれる中、幼いころから活字に親しむ手段としての「絵本」に注目したのである。

新聞社事業局は、美術館での展覧会開催やスポーツイベントの実施を通じて地域に貢献しており、また、地域の様々な企業・行政・民間団体が実施するイベントへの協力も行っている。絵本ミュージアムでは、こうした事業局の活動の中で培われたネットワークを生かし、美術館での絵本展示、NPOによる企画参与、企業によるスポンサーシップなどを獲得するプロデュース機能を発揮した。

「私たちの役割は、『餅は餅屋』といえる各分野の専門家を集めることで、事業実施の糸口をつくること。そして、事業が動き出したら、メディアの強みを生かし、広報面でのサポートを行うことですね」と、西日本新聞社事業局長の都合雅彦氏は語る。こうした新聞社の取り組みは、メセナ活動とは一線を画すものであるが、企業と文化のかかわり方の一端であるといえよう。

こうして絵本ミュージアムは、NTT西日本の協賛のもと、福岡アジア美術館を会場に特定非営利活動法人子ども文化コミュニティが企画にかかわるという、協働体制によって実現した。そして、各団体が同じテーブルにつき対等に意見を交わしながら作りあげる事業として継続されている。

NTT西日本と「絵本ミュージアム」

　NTT西日本（正式名称は西日本電信電話株式会社）は、西日本地域における電気通信サービスを提供する企業である。本社は大阪市に所在し、六つの地域事業本部と33の支店を持つ。電気通信サービスの提供が主たる業務であることから、人と人、人と社会をつなぐ「コミュニケーション」を促進することが、いわば企業としてのミッションともいえよう。

　絵本ミュージアムとのかかわりは、絵本を媒介として親子、友だちなどの間で様々なコミュニケーションが促進されるという企画趣旨が企業理念と一致していることから実現した。資金提供にとどまらず、関連イベントである、子どもたちが美術館をPRする映像作品をつくって情報発信する取り組みや、ビジュアルプログラミングの体験ワークショップ「ビスケット」等の実施にあたってパソコン等の機材やソフト、デジタル技術などの提供も行っている。「ビスケット」はNTTコミュニケーション科学基礎研究所が開発したソフトで、パソコン上で描いた絵を動かすことができ、子どもたちに人気のコーナーとなっている。2008年に実施された、NTT東日本が運営する東京の文化施設ICC（NTTインターコミュニケーション・センター）と福岡アジア美術館を光ファイバーでつなぎ、離れた場所にいる子どもたちが通信技術を介して一つの作品を一緒につくるワークショップでは、NTT西日本が光ブロードバンドの技術を提供し、メディアを通した表現やコミュニケーションの広がりを体感する機会を提供した。

　このようなイベントに同社がかかわることは、CSR活動の一環と位置付けられている。NTT西日本グループではCSRを「社会的」「経済的」「人間的」価値の創造を図ることにより企業価値を高めていく「価値創造」活動であると捉えている。「当グループの強みである、情報通信サービスにおける技術・資源・ノウハウ等を活かし、三つの価値を高めていくことで、ユビキタスな情報ネットワークを基本とした安心・安全、かつ持続可能な社会づくりに貢献していきます」（NTT西日本公式サイトより）。絵本ミュージアムへのかかわりは、まさに同社の技術・資源・ノウハウを活用した文化イベントへの支援であり、本業を生かしたメセナ活動であるといえよう。

メセナ活動とNPOとの協働

　NTT西日本の絵本ミュージアムへのかかわりは、イベント主催団体の一つである特定非営利活動法人子ども文化コミュニティの協力に支えられている。子ども文化コミュニティは、福岡市に拠点を置く民間非営利団体で、子どもの文化・芸術活動への参加の促進と子どもの社会参画の機会を広げていくことを通して子どもが豊かに育つまちづくりをすすめていくことをミッションに掲げている。その活動は、親子でさまざまな体験を通して学ぶ「遊びと学びのコミュニティスクール」、生まれて間もない子どもたちに初めての舞台芸術との出会いの場を提供する「シアタースタート」、入院中の子どもたちとその家族に、文化・芸術を通した楽しいコミュニケーションの場づくりを行う事業など多岐にわたる。特に、情報化社会を生きる子どもたちのために、メディアの特性を知り、メディアからの情報を主体的に読み解き、自ら表現発信する総合的なコミュニケーション能力（メディアリテラシー能力）の育成と普及のための事業に早くから取り組み、専門性の高い活動を展開している。絵本ミュージアムには、主催者として展示企画にかかわるほか、多彩な関連イベントの企画運営も担っている。関連イベントの一つである「ビスケット」を使った創造的なワークショップは、子ども文化コミュニティによるコンテンツの企画と、NTTグループからの機材や技術協力という、各々の専門性を持ち寄ったパートナーシップのもと実施が可能となっている。

　NPOとの協働によるイベントの実施について、NTT西日本福岡支店の広報室長・川淵琴美氏は「プログラミングというと難しい、一部の専門家にしか理解できないもののように思われがちです。ビスケットは、プログラミングについて優しく理解できるように弊社の研究所が開発したソフトですが、それを実際にワークショップで子どもたちが使うと、絵本やゲームなどの世界で創造力あふれる表現へと展開されていきました。子ども文化コミュニティさんと一緒に活動しているからこそできたことです。また、変化の激しい時代にあって、本業でもパートナーとの協業はすでに一般的なことになっており、社会貢献の場面においても、自社にない強みを持つパートナーとの協業は自然なことだと思います」と語る。また、「企業だから、NPOだから、という壁はないし、お互いの役割に明確な線も引いていません。子どもたちに喜んでほしい、いいも

のを提供したいという熱い思いを共有しながらみんなでつくっている実感があり、とても楽しい仕事です」とも言う。

　一方、子ども文化コミュニティの代表理事・高宮由美子氏は、企業とともに事業を行う意義をNPO側からこう語る。「企業と一緒に活動することを通じて、ワークショップやイベントの新たなプログラムを開発しノウハウを蓄積することができ、NPOの活動に広がりが出てきました。NTT西日本さんの技術協力によるワークショップでは、メディアの扱いには注意が必要だけれど、メディアを通して表現や創造、コミュニケーションが大きく広がることを知ってもらう機会をつくることができました。こうしたノウハウを活用して、学校をはじめ様々な場でのプログラム実施などに展開していきたいと思っています」

「目的の共有」「強みを持ち寄る対等なパートナーシップ」がカギ

　NTT西日本と子ども文化コミュニティの協働は、企業本来の事業活動を生かした社会貢献活動がNPOの協力のもとに展開されているケースである。本業を生かした、成果が見える社会貢献、あるいはメセナ活動は、企業活動に厳しい説明責任が課される現代の潮流に求められるあり方であろう。

　NTT西日本も子ども文化コミュニティも、次の時代のメディアと社会の新しい関係を見つめながら活動しており、安全で可能性が広がるメディアの世界を築きたいという思いが一致していることが、協働による活動が円滑に展開されている背景にあると思われる。業務委託のような関係ではなく、互いの強みを持ち寄る対等なパートナーとして、同じテーブルについて議論しながら信頼関係を構築してきたことも成功の秘訣であるといえよう。

Chapter—9

企業メセナと
音楽教育

―スクールコンサートを事例として―

加納 暁子 KANO Akiko

1. はじめに

　本チャプターの目的は、企業が子どもたちの音楽教育のために何ができるのか、その方向性と可能性について考察することである。経済が不況に陥ると、企業で何よりもまず真っ先に削減されるのが文化芸術分野に対する支援であろう。子どもに対する文化教育はなおさらである。大都市圏では、企業メセナとして子どもたちをホールに招き、プロオーケストラの演奏会を鑑賞する活動などが盛んに行われている。しかし、地方都市では、経済力、文化的なバックグラウンド、情報量、人材など、明らかに差があり、大都市圏のような活動がなかなか行われていないのが現状である。

　しかし、莫大な資金を投じなくても、草の根運動のように継続して行うことができる子どものための音楽活動に、演奏家が直接学校に赴いて、子どもの間近で演奏するスクールコンサートという活動がある。本章では、趣向の全く異なるスクールコンサートの実践例を概観したうえで、企業メセナによる音楽教育の取り組みの可能性と有効性について考察していきたい。

2. クラシックを主体としたスクールコンサート

　まず、クラシックを主体としたスクールコンサートの事例として、2000年11月15日に行われた東京都目黒区立東山小学校の「ふれあいコンサート」をあげ

る。演奏者はヴァイオリニストのイヴリー・ギトリスとピアニストのマルタ・アルゲリッチである。このコンサートは小学校の体育館で行われ、全校児童を対象としている。以下にコンサートの概要を示す[1]。

［1］コンサートの概要
　①吹奏楽による校歌の演奏と共に演奏者入場
　②演奏曲目の説明
　③ヴァイオリンソナタ第五番（ベートーヴェン）より第三楽章
　④ソナタ（スカルラッティ）L422
　⑤ヴァイオリンソナタ第九番（ベートーヴェン）より第一楽章
　⑥ヴァイオリンソナタ第九番（ベートーヴェン）より第二楽章
　⑦ヴァイオリンソナタ第九番（ベートーヴェン）より第三楽章
　⑧花束贈呈
　⑨アンコール　愛の悲しみ（クライスラー）
　⑩プレゼント贈呈
　⑪質問コーナー
　⑫「東山賛歌」
　⑬ピアノの中にサイン（パッヘルベルのカノンの演奏中）
　⑭カノンが流れる中、握手、退場。

［2］コンサートの解説
　このコンサートはあらかじめ、プログラムなどは決まっておらず、演奏者のその場での話し合いによって進められている。まず②の演奏曲目の紹介では、ベートーヴェンやクライスラーなどが紹介されているが、通訳がうまく伝わらず「有名な曲をたくさん演奏します」としか児童に伝えられていない。③ではベートーヴェンのスプリングソナタ第三楽章の冒頭をギトリスが弾き、やや即興的に演奏が始められている。スプリングソナタの第三楽章は演奏時間もとても短く、スケルツァンドで楽しげな曲である。この曲が終わった後、ギトリスが弓の掃除を始めたので、④でアルゲリッチはまたも即興的にスカルラッティのソナタを演奏する。この曲もピアノの超絶技巧を駆使した曲であり、児童た

ちはびっくりしながら興味深そうに聴き入っている。ピアノソロの後、ベートーヴェンのヴァイオリンソナタ第九番の第一楽章が演奏される。この曲には「クロイツェル」という副題が付けられており、ギトリスは「人名からインスピレーションを受けたもの」と口頭で説明している。この曲は大変重厚な曲で、高学年はまだしっかり聴いているが、低学年はやや間がもたなくなってきている。また、この楽章の中間部に差し掛かる頃には興味の差によって、真剣に聴いている児童もいれば、うつむいている児童も見受けられる。一楽章が終わり、拍手があった後、続けて第二楽章、第三楽章が演奏された。⑥の第二楽章が始まる前に、曲の説明が演奏者からなされるが、「同じソナタの二楽章」と通訳され、ヴァリエーションであることの説明は訳されていない。第三楽章は第二楽章とは対称的でとてもテンポの速い曲であるので、児童はやや興奮気味である。

　演奏の後は花束贈呈、アンコール、プレゼント贈呈と続く。⑪の質問コーナーでは、児童の「何歳から楽器を始めましたか？」という質問に、アルゲリッチは「2歳8カ月」と答え、ギトリスは「自分は歳をとってからで6歳」と答えている。また「ヴァイオリンは何年ですか？」という質問に「1713年のストラディヴァリウス」と答えている。そして演奏の御礼として、「東山賛歌」というシベリウスの「フィンランディア」の一部に歌詞を付けた東山小学校独自の歌を、同小学校の管弦楽クラブの伴奏で全校児童が歌った。その後、ピアノの中に演奏者がサインをし、アルゲリッチからせっかくなのでこのオーケストラと次にまた何かをやりたいという提案がある。後はパッヘルベルのカノンが流れる中、演奏者の退場となる。

[3] 考察

　このコンサートでのアルゲリッチの提案はその後実現され、2002年7月23日にアルゲリッチは再び東山小学校を訪問、ベートーヴェンのピアノ協奏曲第1番を同小学校の管弦楽クラブと共演し、2002年10月18日には、めぐろパーシモンホールにて、同協奏曲を演奏している。東山小学校の事例は極めて特殊であると思われる。同小学校は地域的にも非常に恵まれており、帰国子女を多く受け入れ管弦楽クラブも持っていることから、教育的にも文化的にも水準がかなり高いといえる。初回のコンサートでは、特にプログラムも決まっておらず、

曲も決して子ども向けとは言えない難いクラシックのプログラムである。その中で、おそらくピアノやヴァイオリンを習っていたり、管弦楽クラブに所属しているような児童は真剣に聴き入っている様子であったが、低学年や音楽に対して興味の低い児童はやや集中力がもたない状況であったといえる。しかし、そのような子どもたちであっても、よい音楽を体で感じ取り、何か言葉では言い表されないような感動は心の中に起きていたはずである。したがって、クラシックを主体としたコンサートでは、演奏者が一流の場合、音だけで心に訴えかけ、感動を起こさせる力があるものと思われる。特に東山小学校の事例は、世界トップレベルの演奏家によるコンサートだからこそ、実現できた演奏会であるといえるが、一般の演奏家では同じようにはいかないかもしれない。次項では、工夫を凝らしたスクールコンサートのあり方について現実的に考察を進めていく。

なお、本コンサートは企業メセナとして行われたものではなく、梶本音楽事務所（現KAJIMOTO）の佐藤正治氏が企画され、アルゲリッチがボランティアで演奏されたものである。

3. 工夫を凝らしたスクールコンサートの事例

地方では、大都市圏のように世界的な演奏家がそう頻繁に来訪する機会も少ない。また、僻地、離島地域になると、学校の音楽教室にあるピアノやリコーダー、打楽器以外は見たことも聴いたこともないという児童、生徒が大半になり、文化的なバックグラウンドも都市部とは全く異なってくる。このような地方の状況において、企業メセナを試みる場合、大都市圏の真似をするのではなく、地方ならではの工夫が必要であろう。本節では自らが行っているスクールコンサートを事例としながら、地方における企業メセナ実施への可能性を探っていきたい。

参考とする事例は、2008年9月16日、長崎県の松浦市立田代小学校の音楽教室で行われた「やまびこコンサート～みんな集まれドレミ・ファミリー」である。全校児童25人のとても小規模な学校で、このスクールコンサートは、ながさき音楽祭2008の一環で行われたものである。演奏者は長崎大学教育学部教員、

堀内伊吹（ピアノ）、小川勉（クラリネット）、加納暁子（ヴァイオリン）、学生4名（ソプラノ、ファゴット、ホルン、オーボエ）である。

［1］コンサートの概要

①〈オープニング〉
　ともだち賛歌（アメリカ民謡）
②〈教科書に載っている曲で楽器紹介、さて曲名が当てられるかな？〉
　弦楽器の仲間：ヴァイオリン（おぼろ月夜　5・6年）
　木管楽器の仲間：クラリネット（我は海の子　5・6年）
　　　　　　　　　オーボエ（ゆかいな牧場　3・4年）
　　　　　　　　　ファゴット（グリーン・グリーン　3・4年）
　金管楽器の仲間：ホルン（かくれんぼ　1・2年）
　アンサンブル：誰がメロディーを弾いているのかな？（うみ　1・2年）
③〈一緒に歌って、音楽リズム〉
　虹の向こうに（坂田修）〜森のくまさん（アメリカ民謡）〜公園に行きましょう（坂田修）
④〈アンサンブルでスタジオジブリ作品をお楽しみください〉
　崖の上のポニョファンタジー（崖の上のポニョ）〜イノセント（天空の城ラピュタ）〜さんぽ（となりのトトロ）
　休憩
⑤〈ディズニーランド25周年特集〉
　星に願いを（ピノキオ）〜ミッキーマウスマーチ〜ベラ・ノッテ（わんわん物語）〜小さな世界
⑥〈リクエストにお応えして、懐かしのメロディー〉
　ズンドコ節〜岸壁の母〜長崎は今日も雨だった
⑦〈クラシックの名曲を〉
　チャールダッシュ（モンティ）
　美しきロスマリン（クライスラー）
⑧〈フィナーレ〉
　気球に乗ってどこまでも（平吉毅州）

⑨〈アンコール〉
　学校坂道〜世界の約束（ハウルの動く城）〜もみじ

[２] コンサートの解説
　①〈オープニング〉の「ともだち賛歌」は全員でのアンサンブル演奏で説明なく始め、児童もすぐ曲に合わせて手拍子をする。②〈教科書クイズ〉は田代小学校から音楽の教科書に載っている曲を演奏してほしいというリクエストを受け、それをクイズ形式に展開させたものである。教科書に載っているオリジナルではなく、「おぼろ月夜」は少し編曲されたもの、「我は海の子」ではワルツ風にして工夫しながら演奏しているので、児童も最初はわからない様子だが、知っているメロディーが出てくると元気よく答える。クイズ形式にすると、変化が生まれ集中して演奏を楽しんで聴くようになる。③〈一緒に歌って、音楽リズム〉では、児童も演奏に参加できるプログラムになっている。「森のくまさん」では「ある日〜」と歌うと続けて「ある日〜」と掛け声が続くようになっており、積極的に体や声を使うようにして、演奏者との一体感をもたせるようにしている。④〈スタジオジブリ〉では2008年にヒットした「崖の上のポニョ」の主題歌をメインとしながら、ほかのジブリ作品（天空の城ラピュタ、となりのトトロ、千と千尋の神隠し）を合わせ、編曲したものを演奏した。児童は「ポニョ」のときは元気よく歌い、違う曲に移ると「この曲は何だったかな？」というような反応を見せ、お互いに相談している。
　休憩後はやはり児童のよく知っている、⑤〈ディズニーの名曲〉の中からアンサンブルで演奏している。これらの曲も市販されている楽譜ではなく、あらかじめ作曲科専攻の学生に編曲を依頼し、それぞれの楽器の特性を活かしながらオーケストラのようなサウンドで演奏した。⑥〈リクエスト〜懐かしのメロディー〜〉は、児童の両親だけでなく、コンサートを聴きにきている彼らの祖父母、曽祖父母からあらかじめリクエストを得た懐かしのメロディーを演奏した。このような地方でのコンサートでは、児童だけでなく、年配の世代や、児童の兄弟（乳児から中学生）も多く参加しており、様々な年代に配慮したプログラムが必要である。⑦〈クラシックの名曲〉では、ヴァイオリンソロでチャールダッシュ、クラリネットのソロで美しきロスマリンを演奏した。今回はリク

エストが多かったのでクラシックが少なめではあるが、経験上、児童のよく知った曲などを演奏して心をつかんだ後、難いクラシックを演奏しても、かなり集中して聴く傾向がある。⑧〈フィナーレ〉は小学校の方からリクエストのあった「気球に乗ってどこまでも」を児童と一緒に演奏し、歌った。この曲は小学校の「今月の歌」で児童が歌い慣れているもので、25人とは思えないほどの力強い歌声であり、大人も一緒に張り切って歌い、コンサートは最高潮を向かえた。⑨〈アンコール〉で用意していた曲は「学校坂道」であったが、その後もアンコールが続き、最後は「もみじ」の大合唱で締めくくられた。

[3] 考察

田代小学校の児童の感想には以下のようなものがあった。

・「初めてバイオリンを見て、弾いてみたいなと思いました。崖の上のポニョを弾いてもらって嬉しかったです。森のくまさんも面白かったです。クラリネットの音色がきれいでした。いろいろな楽器があってすごかったです。」(2年)

・「やまびこコンサートでの、いろんな楽器の音色はとてもきれいでした。見たことがない楽器が多かったけれど、楽器ってすごいなと思いました。いろいろな曲が弾けるってすごいな。僕も弾けるようになりたいと思いました。ポニョやトトロ、いろいろな曲を聴けたので良かったです。」(2年)

・「私は、やまびこコンサートで、いろいろな曲や歌を聴いて、とてもきれいな音だなぁと思いました。クイズなどもあって、とても面白かったし、楽しかったです。そして、今まで本当に見たことのない楽器が見られました。そして演奏に合わせて歌った『気球に乗ってどこまでも』はとても楽しく歌えました。」(5年)

・「私は、やまびこコンサートを聴いて、聴いたことのない美しい音色が聴けてとても嬉しかったです。また、見たことのない楽器があり、とてもびっくりしました。皆さんと一緒に歌えて嬉しかったし、元気が出ました。」(6年)

・「楽器は全部良い音で、全部の楽器が重なり合ったとき、とても美しい音が出ていました。」(6年)

児童たちはまず一様に、初めて見る楽器やその音色にびっくりしている様子であるが、よく知っている「ポニョ」が演奏されたり、「気球に乗ってどこま

でも」を一緒に歌ったりすることによって、とても親しみを持っていることがわかる。その中で、楽器の音色や響きなど本質的なところまで、感じ取っている様子がわかる。いつも、スクールコンサートを行うときは、いろいろな楽器の音色を聴いてもらうために、様々な楽器を専攻している学生を同行させている。このことによって、学生も貴重な発表の場が得られるとともに、大学生が子どもたちとふれあう機会が増えることは教育学部が果たすべき重要な役割であるといえる。

　本節では、工夫を凝らしたスクールコンサートとして、田代小学校でのコンサートの事例を取りあげた。工夫の種類として、先方のリクエストを受けて、なるべく児童と共演する場を設け、日頃できないような音楽体験を共有すること、リズム遊びやクイズなどを取り入れて、音楽の楽しさを発見すること、児童の知っている曲の中にクラシックの名曲やアンサンブルなども取り入れて、音楽の素晴らしさを体感してもらうことがあげられ、これらの工夫を組み合わせていくことによって、地元のニーズに応じた楽しいコンサートが可能になるのではないかと思われる。

　また、本スクールコンサートは企業メセナとの関係はなく、ながさき音楽祭2008の一環として行われたので運営費は音楽祭の経費である。音楽祭の経費は、大部分は長崎県の予算であるが、長崎に縁のある多くの企業が協賛している。したがって、着実に地元企業が地域文化に貢献すべきであるという動きの芽は育ちつつある。

4. おわりに

　本チャプターでは、クラシックを主体としたスクールコンサートと、工夫を凝らしたスクールコンサートの事例を取りあげた。両者は比較対象にはならない、あるいは邪道であると批判を受けるかもしれない。しかし、世界的な演奏家であれば音を聴いているだけで感動を与えられる力があるのかもしれないが、音楽は素晴らしいものだ、有り難いことだとしても、一般の人が同じようにやればそれは受け取る側にとっては苦痛な時間であるかもしれない。そのためにもコンサートに工夫が必要なのである。

大都市とは条件が全く異なる地方では、音楽の楽しさが発見できるようなコンサートになるよう、地元の演奏家たちは日々努力をし、工夫を凝らしている。地元には、まだこのような楽しいコンサートを待ち焦がれていても、経験できていない小さな学校は数多くある。しかし、残念ながら、すべての学校を訪問することはできず、地元の演奏家たちの活動も大都市圏での演奏家に比べて注目度が低い。

図4-1　松浦市立田代小学校でのスクールコンサートの様子（2008年9月16日）

　クラシックを主体としたコンサートにおいて与えられる感動に加えて、リクエストをした曲が演奏されたり、音遊びやクイズ形式などで音楽の楽しさが発見できれば、より演奏者と聴衆が一体となった楽しいコンサートが実現できるであろう。地元の演奏家であれば、音楽を必要としている地元地域に隈なく行けること、何度も訪問することができて、より音楽が身近になることが可能である。企業メセナとして、世界的な演奏家を呼ぼうとすれば大変であるが、地元の演奏家や音楽を学ぶ学生を活用することによって、企業メセナの第一歩を踏み出し、なおかつ地域文化に貢献することができるのではないだろうか？今後、地元企業のメセナ活動として、地元の子どもたちに文化的な恩恵が与えられるような機会に恵まれることを期待する。

〈注〉
1) 同コンサートは梶本音楽事務所の佐藤正治氏が企画されたものであり、佐藤氏から同コンサートの資料を提供して頂いた。

Chapter–10

聴衆と企業メセナ

―聴衆にとってメセナ運動と企業の後援とは―

片倉 康行 KATAKURA Yasuyuki

1. はじめに

　結論からいえば、我々聴衆にはメセナもスポンサーも区別がつかないのです。我々は一言でいえば、質の良い音楽を安い料金で聞ければ満足なのです。
　私にとって、メセナとは、日本文化向上のための後援であり、音楽会の後援とは一つの音楽会のためのスポンサーであるという認識です。さらに、メセナとは一つのポリシーをもち持続性が必要でしょうし、逆にスポンサーは企業の宣伝の一手段であり当然宣伝くさくなるのはある程度止むを得ないと思っています。
　しかしながら我々聴衆にとって迷惑なのは、このスポンサーなのです。もちろん大半のスポンサーは問題ないのですが、一部におおいに問題があるのです。

2. スポンサーの非常識

　演奏会場を会社の一部と勘違いし、ロビーに社員が勢揃い、会社の招待客が来場するたびに最敬礼または名刺交換、これに対し主催者は全く感知せず。
　実例をあげると、かなり以前に来日した「ボローニャ歌劇場」、このスポンサーは「かっぱえびせん」でしたが、上野文化会館の入口に同社の招待客用のアーチを設置、赤い絨毯を敷き、招待客はそこを通って入場、入場と同時にファンファーレが鳴り、招待客は館内にあるレストラン「上野精養軒」にご案内とい

った具合。一般客はというと左側の入口から入場。スポンサーの非常識は当然ですが、主催者のフジTVの態度もおおいに問題ありと感じた次第です。この顛末は我々十数人で主催者に抗議したものです。

また実は、この種の招待客の会場での態度もおおいに問題なのです。特に保険会社がスポンサーの場合、外交員のご婦人がたが多数来られます。無邪気といえば無邪気なのですがそのうるさいこと、さすがに弁当は注意されているのか食べませんが、ことクラシック音楽会場にはそぐわないこと間違いありません。これらの人々が良い音楽を聞いて音楽のファンになることは、広い意味の日本文化の向上といえないこともないと思いますが、やはり他人に対する迷惑は常に考えておかなくてはならないと思います。（ただし、現在では「かっぱえびせん」のごときスポンサーはまずあり得ません。）

逆にメセナ活動の宣伝が少なく、その実態が私には掴みきれません。想像するに、財団を結成し、若手の演奏家の発掘、現代音楽の催事、フェスティバルへの援助等、様々な事柄を手掛けていると思いますが、あまり知られていないのが実情です。音楽にしろ絵画にしろ一般大衆が聞き、かつ見なくてはその芸術は成り立たないと思います。

3. オーケストラへの援助

メセナ活動の一環として何故か日本は、オーケストラに対する援助が大変少ないのが現状だと思います。音楽文化のバロメーターとしてオーケストラの存在は欠かせない存在だと思います。東京に九つの常設オーケストラ、関西には四つの常設そのほか、地方にも札響、群響等多くのオーケストラが活躍しています。戦争が終わった昭和20年には日本交響楽団（現在のNHK交響楽団）、東宝交響楽団（現在の東京交響楽団）、東京フィルハーモニーの三団体でした。昭和30年代になり日本フィルハーモニー、読売日本交響楽団が誕生、現在に至っています。その間の道のりは厳しく、東京交響楽団の解散、再編成（当時の樂団長が責任をとって自殺という悲劇がありました）、日本フィルハーモニーの分裂、新星日響と東京フィルハーモニーの合併と様々なことがありました。東京に九つのオーケストラは世界でも一都市として質はともかく、数としては最高ではな

いでしょうか。約1,500万人の人口に対しての比率はほかの都市に比べて高いか低いか不明ですが、私としてはかなり過熱状態ではないかと感じています。

　さて、これらオーケストラの財務状況ですが、もちろん部外者の我々に詳細がわかるはずがありませんが、一部を除いてはかなり苦しいと想像しています。例えば、今年になって東京交響楽団の大口スポンサーである「スカイラーク」が経営者の交替によりスポンサーを降りています。経営が苦しくなれば最終的には質の問題も必然的に出てきます。

　現在の不況の下、メセナ活動も苦しいことは想像できますが、日本のオーケストラに対しての支援をさらにすべきではないでしょうか。輸出企業の会社が外国のオーケストラ、歌劇場を支援することはその企業の方針であり、かつ日本の国力のバロメーターとして必要とは思いますが、まず国内に目を向けてもらいたい。各オーケストラの定期演奏会のプログラムには協賛の企業名、個人名が掲載されていますが、スポンサー数はオーケストラによってかなりの差があります。NHK交響楽団から東京シティまでその差は大変なものです。しかしながら経営の苦況はオーケストラ側にもかなりの責任があると感じています。必ずしも環境の変化だけではないと思います。

　オーケストラもオペラも間違いなく金食い虫です。入場料だけで経営ができると考えている経営者はいないはずです。これは学校経営も同じですが、学校の場合は私立でも生徒数に応じてかなりの公的資金の援助があるのです。大半の学校はそれでも足りず寄付を募っているのが現状です。ところがオーケストラもオペラも一部の団体を除いては公的援助はなく、チケットの売上と寄付に頼っているわけです。寄付する側からいえば、我が国の税制に問題があり、寄付金は所得控除でアメリカのごとく税額控除ではありません。したがって、寄付するメリットは少なくなるということです。

　さらに問題点は、オーケストラ側の努力の度合いです。一般的にいって日本の音楽団体は営業努力が不足しています。寄付についても一般に浸透させるべく努力すべきです。大口スポンサーも大変結構なことですが、一般大衆の小口スポンサーが大事なのです。大衆を侮ることは慎むべきです。

　アメリカのメトロポリタン歌劇場はすべて寄付金で経営しています。アメリカのことですから大口のスポンサーは我々が想像できないものを寄付している

と思いますが、小口の一般大衆に対しても大変熱心に勧誘しているのです。私事で恐縮ですが、私に対しても100ドルから1,000ドルまでの寄付金を毎年手紙で依頼してきます。たまたま何回か直接チケットを購入したため名簿に記録されたのだと思いますが、そのしつこさは相当なもので、100ドルでも寄付するまで手紙を送ってきます。最後は根負けして寄付するという次第です。残念ながら日本の各音楽団体はこの努力が不足しているのです。

　以上の件については、メセナ運動または協賛とは直接関係はありませんが、文化とは経営の対象にはなりません。我々としてはメセナでも協賛でもあまり気にしていないというのが実情です。

4. 聴衆・演奏家・エージェントの関係は！

　メセナあるいは協賛にしても、文化の向上に寄与という大きな目的はあっても最終的には金が物をいうことになると思います。
　それでは我々一般大衆は何をすべきか。音楽・絵画等見、聞いてただ感激していればよいのか。確かに個人個人の心を豊かにし、間接的には文化の向上につながるとは思いますが、何か不足しているのではないでしょうか。一般大衆が文化向上に直接寄与する一つは、これ等芸術に対して批評家みたいに醒めた目で見ていたのでは駄目なのです。もっと一体感をもって盛り上げることが必要なのです。
　それには、聴衆・演奏家・エージェントの三者一体感が必要だと思います。精神的なものではなく行動に移すことが必要なのです。
　ここ数年毎年5月に東京国際フォーラムで開催されているジュルネ・ジャポンは従来の音楽会の常識を破り、低料金で大衆に提供。肩のこらない音楽会ということでクラシック音楽会の一つの方向を示したことで有意義だとは思いますが、ここでも演奏家と聴衆の壁は取り除かれていません。
　過去を振り返ってみますと、昭和20年代は外貨不足により貴重な外貨はすべて割り当てられていました。当然のことながら、新聞社、放送局等に多く割り当てがあり、したがって外国人アーティストの招聘は放送局（といっても民間放送局誕生前なのでNHKのみ）新聞社が招聘元でした。戦後最初の大物アーティス

トのメニューインは朝日新聞社、シゲティは毎日新聞社、カラヤン ウイーン・フィル、ミュンシュ ボストンはNHKといった具合でした。当時より現在まで続いているエージェントはカジモト音楽事務所（現KAJIMOTO、カジモトと同様有力であった神原音楽事務所は数年前社長の死と同時に解散）。その後誕生したのが新芸術家協会、ジャパン・アーツ、NBSなどですが、なかでも新芸術家協会が大物の招聘を行いプライス・リーダーとなったのです。その価格の高いこと、さらには態度の横柄なこと、チケットを売ってやるという思想です。文化の向上の使命感等は全くなし。逆にいえば商売に徹したともいえるのですが、我々にとっては後味の悪い時期でした。商売はすべてにいえますが、景気が悪くなると売手側は低姿勢になるのは止むを得ないことですが、こと文化を売るエージェントは商売以外にプライド、買手側に対する気遣いが必要だと思います。すべて金で解決するのでは物品の販売と同じになってしまいます。逆に受ける聴衆側も、お客様は神様という概念を捨てエージェントに接する。そこに両者のコミュニケーションが生まれ、さらには文化の向上に発展すると思います。さらに加わるのがアーティストなのです。我が国ではアーティストとの交流が少なくない。前述した新芸術家協会はアーティストとの接触を極端に規制したエージェントです。一種の特権意識をもっているとしかいえません。

　現在では、もちろん新芸のごときエージェントはいませんが、まだその傾向は若干といえ続いています。問題は主催者あるいはエージェントが我々一般聴衆をどのように見ているかということです。どうも大口スポンサーに目がむいているとしか思えないのです。平均してスポンサーの寄付金と一般に販売したチケットの売上の比率がどのようになっているかは不明ですが、一般聴衆を重要視してもらいたい。私事で恐縮ですが、私は故郷の長野県諏訪市の旅館でロビー・コンサートを開催しています。演奏後アーティストと聴衆とのワイン・パーティを開いています。演奏家が演奏後サヨナラではあまりにもあっけないのです。大げさにいわせていただければ、演奏家と聴衆の接点が音楽文化のさらなる発展が出てくるのではないでしょうか。100人前後のお客さんだからこのような催物ができるわけですし、東京の音楽会の2,000人もの聴衆相手では不可能であることは当然です。しかしながら、種々の条件を考慮しても、演奏家と聴衆の接点は少な過ぎると思います。これはエージェントばかりでなく、

我々聴衆にも問題があります。終演後、聴衆が演奏家に会いに楽屋にいくのはその大半がサインの希望です。これが10人、20人ならばまあまあですが、人気アーティストに対しては100人、200人です。これではアーティストも疲れるでしょうし、関係者も同様です。遅くなれば会場を閉める時間の延長、アーティストの食事等種々の問題が発生するのです。最近の例では11月1日のP・ヤルヴィのサインは200人以上並んだのです。また1970年代来日したバーンスタインは氷柱を置き、ウィスキー片手に延々1時間以上サインをしていました。いずれもアーティストのサービス精神発揮、主催者の努力によるものですが、このような例は少ないのです。一番問題なのは少数のサイン希望者に対しての主催者の態度が悪い。再三触れますが、以前に比べれば格段にその態度は改善されていますが、まだまだ改善してもらいたい。私事でいわせてもらえればアーテストに会いながらサインだけではあまりにも味気がない。やはり若干なりとも音楽の話をしたいものなのです。そこで問題となるのは語学の問題です。世界共通の英語が十分こなせれば問題ないのですが、こみ入った話になればどうしても通訳が必要となります。この通訳が問題なのです。何故か演奏家に付く通訳は大半が女性ですが、ごく一部の女性通訳はなかなか通訳をしない。それどころか現場を取りしきってしまう。私も以前何回か嫌な目にあっています。

　それではアーティストと会話していったい何が起こるのか。もちろん1回や2回会って話しても何も起こりません。回を重ねるたびにその考え方や行動が理解できてきます。それを一人占めにしないで多くの音楽愛好家に伝えることができれば、大げさにいえばさらなる音楽発展に寄与できるのではないかと考えるのです。

　ところが我が国では、聴衆は大半が演奏会が終われば大急ぎで帰路にという状況です。乗物の問題、レストランの早い閉店時間。種々の状況が、そのような文化活動をはばんでいるのです。外国に目を移すと、大半の開演が20時です。ゆえに当然その終演は日本より1時間遅くなり22時過ぎです。しかしながら演奏会場周辺のレストランは大半が営業中。ニューヨーク、パリ、そのほかの大都市はだいたいそのようです。特にパリは夜中の2時になっても日本のレストランのごとく追い出しはしません。そこでグループごとにコミュニケーションを行っている状況がよく見受けられます。日本ではそのような環境が整ってい

ないため、演奏会場特にオペラの会場では喋りたくて困っている人々が数多くいるのです。

　日本だけではないと思いますが、人気アーティストには「友の会」があります。そのアーティストが来日するたびにアーティストとの交流会を開き、また会報まで出しているのもあり、それなりの効果は出ているようですが、比較的閉鎖的であり、かつ一般的にあまり知られていません。何事も同様ですが、一般大衆の力は強いのです。したがってこのような文化交流も多くの人々を巻き込み、それをアーティスト、エージェントにぶつけていくことが大きな意味で文化発展につながると思います。と同時にメセナ活動も音楽を創作する側には地道に働きかけているわけですが、受ける側に対しても働きかけが必要だと思います。両者が一体となってこそ発展があるのです。アーティストもただ援助してもらえばそれで終わりということではないと思います。優良企業或は文化に関心のある企業が財団を設立、活動しているのは承知していますが、名前、ましてやその活動内容はほとんど思い出せないのが実情です。

5. 戦後から今日までの音楽界

　私は、戦後の昭和23年から今日まで約60年、クラシック音楽を聞き通してきました。
　当時の状況からは今日の音楽界の盛況は全く想像できませんでした。当時、私は中学生であり最初の生演奏に接したのはベートーヴェンの「田園」でした。これはアンドレ・ジィドの小説「田園交響曲」が上映されたのを機会にベートーヴェンの「田園」が演奏されたもので、ホールは日劇、演奏は近衛秀麿指揮の東宝交響楽団でした。東宝交響楽団といってもおわかりにならない方々が多いと思いますが、これは現在の東京交響楽団で当時は映画の「東宝」専属のオーケストラでした。会場が日劇というのも奇異な感じを受けられたと思いますが、何しろ戦後の東京は焼野原、音楽会は大半が日比谷公会堂でした。この演奏会はたぶん映画上映のため日劇になったと思われます。ところで当時の東京の常設オーケストラはNHK交響楽団、東京交響楽団、東京フィルハーモニーの三楽団、指揮者はN響が尾高尚志と山田和男、東宝交響楽団が近衛秀麿と上田仁、

東京フィルハーモニーがマンフレッド・グルリットと高田信一といずれも故人となったなつかしい方々です。昭和20年後半になるとN響はクルト・ヴェスを、東京交響楽団（昭和26年に東京交響楽団に改名）はアルヴィド・ヤンソンス（マリス・ヤンソンスの父親）を招聘、外国人指揮者の始まりです。

　昭和30年代になると新しいオーケストラ誕生が続きます。昭和31年に日本フィルハーモニー（渡辺暁雄）、37年読売日本交響楽団（オート・マツェラート、但し定期を2回指揮して死亡、41年より若杉）、47年には日本フィルの分裂により新日本フィルハーモニー（小澤征爾）が誕生、その後東京シティ、東京ニューシティと続いたのですが、逆に44年に誕生した新星日響は東京フィルハーモニーに合併といった具合です。現在、東京にフル編成の常設オーケストラは七つありこれは世界のどの都市より多いと思われます。地方都市でも大阪の四楽団を中心に北海道から九州まで（四国にはナシ）多くの常設オーケストラがあり、戦後60年この発展は驚くべきものがあると思います。それでは経営はどうなっているのでしょうか。N響、読響はバックがNHK、読売新聞で比較的安泰なのですが、ほかのオーケストラは基盤が弱く、例えば、最近では長年東京交響楽団のスポンサーだったファミリー・レストラン「スカイラーク」が経営者の交代により降りたということがあります。経営の弱体は当然質の低下にもつながるといってもよいと思います。質については20年代と現在とでは比較にならないほど上達しているのは事実です。何しろ昔はホルンのとちりは当たり前。《魔弾の射手》序曲《英雄》のトリオ等聴いている者がはらはらしたものです。弦楽器の質の問題もあるとは思いますが、つやのない音など、私としてはかなり減滅を味わったことは事実です。ただし最近のオーケストラはあまりにも楽員が若返ったこともあって、技術の向上と反比例しこくがなくなってきたこともまた事実です。

　オーケストラの運営については多くの疑問をもっています。この件については後述しますが、これは質と直結するためさらなる努力が必要と思われます。

　次に戦後の外来演奏家の動向をみてみたいと思います。戦前もハイフェッツ、シャリアピン、クライスラー、ワインガルトナー等来日していますが、今から思えば現在とは比較にならない数です。戦後最初の大物アーティストの来日は昭和26年のピアニスト、ラザール・レヴィ（安川加寿子、原智恵子の先生）です。

その後メニューイン、ピアティゴルスキー、シゲティ、ジャン・ピアーズ、タッカー、ルビンスタイン、ハイフェッツ等今日まで数えきれないほど来日しています。オーケストラに目を向けると、最初の来日オーケストラは昭和29年にきたシンフォニー・オブ・ジ・エアー（元NBC交響楽団）です。指揮者はジョンソンとヘンドルの2人のアメリカ人で今日から考えると二流の指揮者でしたが、オーケストラの威力は爆発的なもので豊富な音量、驚異的な金管、すばらしいアンサンブル等我々が受けた衝撃は想像以上のものでした。またスタープレーヤーが数多くいるのもびっくりしたものです。コンサートマスターのダニエル・ギレー、チェロのベナール・ハイフェッツ、ハープのエドワルド・ヴィトー、ホルンのジェムス・スタリリアーノ等、これは現在のアメリカのオーケストラと比べても全く遜色なく、トスカニーニの威力のほどがわかった次第です。その後はカラヤンとウイーン・フィル、ミュンシュとボストン交響楽団と続き、昭和30年後半になると今では故人となった超大物（ストコフスキー、セル、モントー、クリュイタンス、オイストラフ、ピアティゴルスキー等）が来日、そのピークは昭和38年の万博の年でした。
　ここでオペラに目を転じてみますと、今日でこそオペラは大衆の間に浸透し大変なブームを呈していますが、戦後は藤原義江の率いる藤原オペラ（今日も存在しており日本オペラ振興会として活躍）が主体で、さらには長門美保のオペラ（長門美保の死により清算）グルリット・オペラ協会等が活躍していたのです。昔でも今日でもオペラにお金がかかることに変わりなく、戦後の混乱期をよく乗り切ったと感心せざるを得ません。今でいうスポンサーはどうなっていたのか詳しいことはもちろん知る由もありませんが、責任者達の努力には頭の下がるばかりです。私は昭和32年に卒業し、繊維会社に入りましたが当時は夢中で働いたものでした。現在のように理屈が先行する社会ではなかったのです。音楽界もそれに似た状況だったと思います。例えば、昭和26年藤原オペラ公演の《ミニョン》に例をとれば、会場は旧帝劇、公演回数は約21回、その中数日はダブルヘッダーもあり、原則として当然ダブルキャストですが、御大の藤原義江はほとんど出ずっぱりでした。今日ではオペラの主役が毎日歌うことなど考えられません。ましてや1カ月近くほとんど出ずっぱりなど、その超人的な体力はただ頭が下がるのみです。藤原義江自身はオペラに一生捧げ最後は財産もなく

し、晩年は帝国ホテルとビクターの好意で帝国ホテルに居住し帝国ホテルで、亡くなりましたが、少なくとも今日のオペラの基礎をきずいた第一人者です。

ところでオペラの本当の醍醐味を教えてくれたのは、昭和31年から51年まで9回にわたって開催されたNHK主催のイタリア・オペラ（うち1回はスラヴ・オペラ）の公演です。オーケストラはNHK交響楽団、合唱はこの公演のための臨時編成の合唱団。指揮者、歌手、演出家はイタリアから招聘したものです。しかしその顔ぶれがすごい。指揮者ではヴィトリオ・グイ、アルベルト・エレーデ、フランコ・カプアーナ、オリヴィオ・デ・ファブリティス等、歌手はデル・モナコ、テバルディ、プロッティ、バスティアニーニ、タリアヴィーニ、シミオナート、スコット等往年の名歌手がその全盛時代にきたのです。特にデル・モナコのオテロの第一声及び道化師の捨て身の演技はいまだに忘れられません。また、かつての三大テナー、パバロッティ、ドミンゴ、カレラスもイタリア・オペラで我が国にデビューしたのです。ただ、今日の演出重視と比較するものではありませんが、イタリア・オペラの演出家はブルーノ・ノフリというローマ歌劇場所属の演出家が初来日から最終までほとんど一人で行ったのですが、これが大変常識的な演出で、当時でも若干不満の出るものでした。またカラスがマネージャーの関係でこのオペラに参加しなかったのがいまだに残念でなりません。カラスはその後、ディ・ステファノと世界の主な国を廻り日本にも来ましたが、最晩年で全く期待はずれでした。

ところで、この一連の招聘はNHKだからできたのはないでしょうか。何しろデル・モナコを筆頭に全盛期の歌手が主役を務めたのですから、そのギャラの高さは想像できます。大口のスポンサーがあったかどうかは今では忘れてしまいましたが、巨大な放送局だからできたのであって、その文化に対する貢献は多大のものあったと思います。

藤原オペラ、長門美保オペラ、二期会、グルリット・オペラ協会、それにこのイタリア・オペラが昭和20年〜30年代の主流だったのです。

最初のオペラ・ハウスの引っ越し公演は、昭和38年10、11月に日生劇場の開場を記念して、日本生命が招いたベルリン・ドイツ・オペラです。ベーム、マゼール、ホルライザーの3人の指揮者、F・ディスカウ、ワルター・ベリー、ジェームス・キング、クリスタ・ルードヴィッヒ、エリザベート・グリュンマー

等、演出はもちろん同オペラの総監督のルドルフ・ゼルナー、出し物は《フィデリオ》、《フィガロの結婚》、《トリスタンとイゾルデ》、《ヴォツェック》の4演目、私はイタリア、フランス・オペラが好きですがドイツ・オペラの真髄に触れ圧倒されたものです。演劇出身のゼルナーの演出はイタリア・オペラのノフリの単調な演出に接していた我々にとっては演出の重要性を認識した次第です。（ただし、今日の演出重視のオペラ界は問題あり）。

　ところで、この公演は日生劇場が主催、朝日新聞が共催でした。確か共催、または後援はこの公演が最初だったと思います。プログラムの広告も8社のみ。現在の本文と広告が同じ頁位あるのとは全く正反対です。

　3年後に2回目の来日をしていますが、朝日新聞のほかに塩野義製薬が協賛、プログラムの広告は21社と増えています。

　余談ですが、毎年松本市で開催されるサイトー・キネンの協賛及びプログラムの広告は異常なほど多い。逆にいえば、それだけ経営状況は大変だということです。

　昭和38年のベルリン・ドイツ・オペラ以降約45年が経ち、その間オペラの引っ越し公演、オーケストラの来日はあまりにも多く覚えきれないというのが実情です。その間エージェントの浮き沈みも数多くあったのですが、この業界で理解できないのがチケットの売り上げだけでは会社経営ができないのではないかということです。文化では食べていけないといわれますが、寄付を頼りにしているこの業界はそれを端的に物語っています。種々の業界はありますが、寄付を頼りにしているのは大変めずらしく、また不安定そのものです。似ている業界は学校経営です。私立でも生徒一人当たりに公より補助金が出ているのですが、それでも苦しい。校舎の新築、土地の購入等、生産会社でいえば設備投資に当たるのですが、資金不足の場合は寄付で賄うといった有様です。音楽業界では公の援助がないためさらに苦しいのは当然です。公が運営しているのはホールではないでしょうか。何しろ日本全国びっくりするくらい多数のホールがあるのが現状です。時の市長等が自分のスティタス・シンボルとしてホールまたは美術館を建設。建設後の使用方法、経営等は計算せず。結果は建物はできても内容は空っぽ。そのようなホールが全国数多くあるのです。水戸芸術館のごとくすばらしい内容で成功しているホールもありますが、数少くないので

はないでしょうか。地方のホールの問題点は、音楽のプロが少ないということだと思います。というのは、ただ単に音楽の専門学校を出ているということではなく、プラス経営を熟知していることが必要だということです。はたして各ホールにこのような人々がどの程度配置されているか疑問です。さらにホールの職員の大半が市役所等の窓際族が配置されていることです。それに運営そのものがすべて予算で行われている。予算それ自体は当然あるべきで、これを基にして運営することは当たり前ですが、あまりにも硬直化していることに問題ありなのです。公の経営の最も悪いところが出ており、一旦予算内容が決まってしまえば、その後すばらしい企画が出てきても採用できない例が多いのです。さらに高い買物をしているのではないか。逆にいえばエージェントは東京で自社の主催公演の赤字のうめ合わせはある程度できるのではないか。いってみればもちつもたれつということです。どうも、一般社会からみると特殊な業界といえると思います。

　寄付はもちろんのこと、メセナ活動も景気に左右されるのは当然といえます。自社の従業員を退社させているのに文化活動に金を出すことはあり得ないことです。寄付に頼らない経営、会社の規模相応の経営、極端にいえば大物は呼べないことになりかねない。大物は新聞社、放送局が呼ぶということです。必然的に数は減ります。

　ここでこの業界の不思議な点は調整機関がないことです。どの業界でも上部機構があり、強制力があるか否かは別として種々の調整をしているのです。はたして音楽業界にあるのか。今までの結果から判断すると、ないに等しいといえます。オペラの引っ越し公演は同時期にある。オーケストラは一流二流を問わず限りなく来日する。曲目は不景気になればなるほど当然とはいえ、ポピュラーのオンパレード。昨年来日したプレトニョフが語っていたのですが、実際はドイツ物を指揮したかったものの主催者側にすべて拒否され、ロシア物オンパレードになったとのことです。

　聴く側からいわせていただくと、一度に大物が来日されると我々聴衆の支払い能力を超えるということです。これは必然的にチケットが売れないことになるのですが、エージェントはどのように考えているのか。売れ残ったチケットは学校なり団体に安く売るのか、聴衆が少なくてはアーティストに失礼という

こともあります。最悪の場合はバラ巻きです。定価で購入した人々が馬鹿を見るとはこのことです。いずれにしても主催者、聴衆の両者にとってマイナスであり、今後調整をしていただきたい。著名なアーティストほど何年か先の契約になり調整はむずかしいことは承知していますが、努力を願いたい。

　ところで、前述しましたが聴衆とアーティストの関係がはっきりしない。私としては聴衆はすべて受け身であってよいのか、疑問に感じます。我々聴衆の意見をアーティストに伝えることはやはり大事ですし、またアーティストもすべてはとはいいませんが、聴衆の希望、むしろ日本人の感覚、西洋音楽に対する理解度を知りたいと思っているのではないでしょうか。何しろ日本は極東であり、かつアメリカ、ヨーロッパから見れば地球のウラに近い存在なのです。

　聴衆、アーティストがお互いに接触したいという希望をもっていてもその接点がなかなか見い出せない。語学の問題もありますが、我々を取り巻く環境、エージェントのビジネスライクの態度など、なかなかむずかしいのではないでしょうか。

6. おわりに

　最後に、私自身数人の指揮者といちおう交流はありますが、最初から交流目的で接したことはありません。私自身演奏会場では一階の最前列が好きで大半は最前列に座るため、演奏家に顔を覚えられることが多々あります。演奏家はステージから見ていないようで見ているものなのです。さらに加えてサインをもらいによく楽屋にいくため、そこから交流の芽が出るものと思われます。今から思うと昭和20、30年代に来日した大物アーティストと交流したかった。しかし当時私自身も若かったのですが、何しろ相手は大物ばかりで、要するに近寄りがたい雰囲気があり、さらに主催者のガードが大変堅かったのです。サインをもらうのがやっとという状況だったのです。ストコフスキー、モントー、ミュンシュ、セル、クリュイタンス、カザルス、デル・モナコ、カラス、テバルディ等演奏史に残る人々ばかりです。なかでも残念だったのは、私の一番好きなシャルル・ミュンシュです。練習も見学させてもらったものの、サインをもらうのがやっとで会話ができなかったことが今でも残念でなりません。

近年は前述したように数人の指揮者との交流がありますが、一流となると個性的であり、またステージと楽屋とではその性格はかなり落差があります。一般的にいって、契約及び金銭面ではかなりシヴィアな人が多いようですが、逆にマタチッチ、ワルベルクのようにすべて奥様任せという方々もいるようです。
　私自身一番長く接しているのは、N響の元音楽監督のシャルル・デュトワです。すでに20年になりますが、契約面に関しては大変厳しいといわれています。ただし、我々聴衆に対しては大変親切で明るい性格ですが、一定のところまでの付き合いでそれ以上には入れさせないという面をもち合わせています。したがって、語学ができるからといって喋り過ぎは禁物。また文化面では東洋美術などが好きなようで、日本ばかりでなく、東洋に魅せられているようです。このような指揮者をN響が種々の条件が合わなかったとはいえ、その任期を継続しなかったのは大変残念といえます。また彼は若手の育成に大変熱心で、多くの若手をデビューさせています。この点からも我が国には必要な指揮者なのです。ただ録音には大変厳しく、以前よりデッカ専属で活躍したこともあってレコード録音はデッカと決めていたようです。N響時代にはそのデッカに2枚録音しただけで、日本のオクタヴィアンよりの録音も断っていました。デュトワの次の監督になったアシュケナージが数多くの録音をオクタヴィアンに残したのに比べると対照的といえます。70歳を超したにもかかわらず、最近フィラデルフィアの主席指揮者、ロイアル・フィルハーモニーの音楽監督に就任したことは驚きです。
　ドイツの指揮者マルク・ヤノウスキーもかなり以前より来日、N響を振り、さらにはパリのフランス放送フィルハーモニーを、現在の手兵のオーケストラであるベルリン放送交響楽団と来日、日本でもお馴染みの指揮者です。しかしながら派手な音楽作りはなく、性格的にも地味なためかデュトワのような人気はないといえます。したがって若干取っつきにくい面はあるものの、一旦知り合うと気持ちが通い合うことができるのは事実です。私がどの程度気持ちが通い合ったのかは別問題として、ヤノウスキーの意見の中でオペラ指揮は前世紀で止めたということです。演出上位の現在に我慢ができないようです。特に時代、場所の設定を演出家が勝手に変えることは問題ありとのことです。確かに近年の演出はひどいものが多々あります。3年前、東京音楽祭での《タンホイ

ザー》(小澤指揮、カーセン演出)ですが、中世の騎士団が画家の一団に取り替えられたのです。《タンホイザー》を知っている人はともかく、初めての人はとまどったのではないでしょうか。ヤノウスキーにいわせればカーセンを採用すること自体がナンセンスとのことです。

　また彼は学研肌であると同時に、かなりの企画マンと見受けられ、ベートーヴェンの交響曲の理解には弦楽四重奏曲を聞く必要があるとの意見をもっており、実際に本年5月を中心に交響曲2曲、弦楽四重奏曲1曲の組み合わせのコンサートを本拠地ベルリンで4回開催するとのことです。また来年にはワーグナーの「リング」を除く樂劇を演奏会形式で取りあげるとのことです。残念ながら日本のオーケストラではこのような長期的な企画が不足しています。一部のオーケストラは確かに立派な仕事をしていますが、演奏家、事務局、スポンサーの一体感をいかに出すかが問題だと思います。

　また彼は経済、政治等あらゆる面に関心がある人物です。特に自分オーケストラ(ベルリン放送交響楽団)の将来について不安視しておられます。今日のような経済不安定な時代を乗り越えるにはある程度ワンマンな人物が必要だと感じる次第です。

　エストニア出身の指揮者ニーメ・ヤルヴィは息子のパーヴォとクリスチャンが指揮者、一人娘はフルーティストとまさに音楽一家です。エストニアの首都タリンでは4年に1回合唱祭が開催されます。私も数年前この合唱祭を聴きにタリンにいきましたが、当地でのヤルヴィ一家はまさに重要人物そのものです。

　父親のニーメさんは、チャンドスに膨大な録音をし我が国にはスコティッシュ・ナショナル管弦楽団を率いて来日して以来、その回数は10回以上となります。近年は日本フィルの客演指揮者として登場しています。息子のパーヴォは近年急上昇の指揮者で、毎年のごとくオーケストラと来日、来年度からはオルケストル・ド・パリの音楽監督に就任、四つのオーケストラの音楽監督と売れっ子の指揮者です。クリスチャンは現在ウィーン・トーンキュンストラーの音楽監督ですが、これからの指揮者という次第です。

　この一家のすばらしいことは、ニーメ婦人が一家の中心で采配をふるっておられることです。大変健全な家族と見受けられ、彼等の音楽もそれに比例するように明るく健全な音楽を創造していると思われます。

故郷エストニアがロシアの支配下にあったころはかなり苦労されたと思いますが、そのような影は見受けられず、現在のヤルヴィ一家は音楽家の家族としては理想的に映ります。

最後にゲルト・アルブレヒトについて。長らく読売日響を務められたドイツの指揮者です。ヨーロッパでは比較的地方で活躍しておられた関係上我が国での知名度はそれほど高くはなかったのですが、チェコ・フィルの常任指揮者になって急速に知られるようになり、その後、読売日響に迎えられたのです。読売日響の時代は数年続いたのですが、ドイツ音楽はもちろんのこと現代物を幅広く聞かせてもらいました。アルブレヒトのすばらしさはその企画力です。今まで各オーケストラが音楽監督または常任指揮者の称号で多くの指揮者を招いていますが、アルブレヒト以上の企画力をもち合わせている指揮者は私の経験上いません。

列挙してみますと、
○マンフレッド・グルリットの「ヴォツェック」
　　作曲家グルリットは、戦後日本で活躍した指揮者で、主として藤原オペラで指揮、日本オペラ界のドンでした。
○ヘンツェの「午後の曳船」
　　三島由紀夫の小説のオペラ化。アルブレヒトは同じメンバーでザルツブルグ音楽祭で演奏しています
○第二次大戦中、ナチの強制収容所ティレジンで殺害されたチェコの作家たちの特集。
　この演奏会は、アルブレヒト自身が解説し多大の感銘を受けたものです。

このような演奏会はオーケストラの定期演奏会だから出来たのであって、外来のオーケストラまたは通常な演奏会では成り立たないと思います。

メセナあるいは後援にしても、今後作曲面に対してもっと目を向けてもらいたい。一般的に作曲よりも演奏そのものに目が向けられるのは止むを得ないと思いますが、世の中にはまだまだ聞きたい曲があるのです。なかには珍曲というだけで駄作もありますが聞いてみなくてはわからない。毎夏サントリー主催の「夏の音楽祭」で現代曲が紹介されますが、昨年はシュトックハウゼンの「グ

ルッペリン」が取り上げられ、チケットが売り切れという盛況でした。このように特別に取りあげられるのも有意義だとは思いますが、日常的にも取りあげてもらいたい。東京には常設オーケストラが八つあるのです。各オーケストラが年1回取り上げても8回の演奏会が出来るのです。このような企画に対してメセナ活動は目を向けるべきではないでしょうか。また、単なる後援も力を貸すべきだと思います。名曲をすばらしい演奏で聞くのはもちろん必要ですが、我々現代人は視野を広げるためにも、もっと現・近代音楽を聞くべきだと思います。主催者はこのようなチケットが売れそうもない演奏会に対しては、後援、あるいはメセナに働きかけ援助をしてもらい、その分野を広げるべきだと考えます。

企業メセナの理論と実践
企業はなぜアートを支援するのか

発行日　2010年3月31日　初版第1刷

監修者　菅家正瑞
編　者　菅家正瑞・佐藤正治
発行人　仙道弘生
発行所　株式会社水曜社
　　　　〒160-0022　東京都新宿区新宿1-14-12
　　　　TEL 03-3351-8768　FAX 03-5362-7279
　　　　URL www.bookdom.net/suiyosha/
印　刷　大日本印刷株式会社
制　作　株式会社青丹社

Ⓒ KANKE Masamitsu, 2010, Printed in Japan
ISBN 978-4-88065-237-5 C0034
本書の無断複製（コピー）は、著作権上の例外を除き、著作権侵害となります。
定価はカバーに表示してあります。乱丁・落丁本はお取り替えいたします。

文化と
まちづくり
叢書 地域社会の明日を描く――。

文化政策学入門
根木昭 著
2,625円

文化行政法の展開
文化政策の一般法原理
根木昭 著
3,150円

文化政策の法的基盤
文化芸術振興基本法と文化振興条例
根木昭 著
2,835円

ライネフェルデの奇跡
まちと団地はいかによみがえったか
原著 独語版 W.キール・G.ツヴィッケルト 他著
日本語版 翻訳 澤田誠二・河村和久
3,885円

創造都市と社会包摂
文化多様性・市民知・まちづくり
佐々木雅幸・水内俊雄 編著
3,360円

文化政策と臨地まちづくり
織田直文 編著
2,835円

団地再生まちづくり
建て替えずによみがえる団地・マンション・コミュニティ
NPO団地再生研究会・合人社計画研究所 編著
1,890円

団地再生まちづくり2
よみがえるコミュニティと住環境
団地再生産業協議会・NPO団地再生研究会・合人社計画研究所 編著
1,995円

IBAエムシャーパークの地域再生
「成長しない時代」のサスティナブルなデザイン
永松栄 編著 澤田誠二 監修
2,100円

アーツ・マネジメント概論 三訂版
小林真理・片山泰輔 監修
伊藤裕夫・中川幾郎・山﨑稔惠 編著
3,150円

アーツ・マーケティング入門
芸術市場に戦略をデザインする
山田真一 著
3,150円

指定管理者は今どうなっているのか
中川幾郎・松本茂章 編著
2,100円

まちづくりと共感、協育としての観光
地域に学ぶ文化政策
井口貢 編著
2,625円

フランスの文化政策
芸術作品の創造と文化的実践
クサビエ・グレフ 著 垣内恵美子 監訳
3,675円

全国の書店でお買い求めください。価格はすべて税込(5%)です。